Udo Cremer

BWL für Einsteiger, Aufsteiger und Existenzgründer

Udo Cremer

BWL für Einsteiger, Aufsteiger und Existenzgründer

REDLINE WIRTSCHAFT
bei verlag moderne industrie

Die Deutsche Bibliothek – CIP-Einheitsaufnahme

Cremer, Udo:
BWL für Einsteiger, Aufsteiger und Existenzgründer / Udo Cremer. – München :
Redline Wirtschaft bei Verl. Moderne Industrie, 2002
   ISBN 3-478-85500-4

Umschlaggestaltung: Vierthaler & Braun, München
Satz: abc.Mediaservice GmbH, Buchloe
Druck: Himmer, Augsburg
Bindearbeiten: Thomas, Augsburg
Printed in Germany 85500/070201
ISBN 3-478-85500-4

Inhalt

Anmerkung

Um das Arbeiten mit diesem Buch für Sie möglichst einfach und effizient zu gestalten, haben wir wichtige Textpassagen mit den folgenden Icons gekennzeichnet:

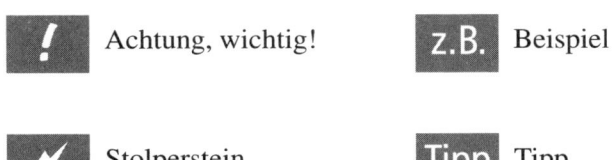

Achtung, wichtig!   z.B. Beispiel

Stolperstein   Tipp Tipp

Das sollten Sie auf jeden Fall vermeiden!

Ihre Meinung ist uns wichtig!

Bei Anregungen, Fragen und Kritik erreichen Sie uns unter folgender Adresse:

REDLINE WIRTSCHAFT
bei verlag moderne industrie
Lektorat
80992 München

oder im Internet unter:
http://www.redline-wirtschaft.de

Vorwort

Auch die Praxis erkennt in zunehmendem Maße, dass betriebswirtschaftliche Überlegungen in allen wirtschaftlich relevanten Bereichen einen immer höheren Stellenwert einnehmen.

Ohne grundlegendes betriebswirtschaftliches Verständnis wird heute kaum noch jemand in der Lage sein, mit Erfolg am wirtschaftlichen Geschehen teilzunehmen. Es wird immer wichtiger, die Verstrickung der einzelnen Teilbereiche zu verstehen und sich den betrieblichen Ablauf vorzustellen, um daraus mögliche Alternativen ableiten zu können.

Ziel dieses Buches ist, Ihnen einen konkreten Überblick zu verschaffen, welche Teilbereiche für unter betriebswirtschaftlichen Aspekten geführte Unternehmen wichtig sind, und vor allem, wie sich die einzelnen Teilbereiche zu einem geschlossenen System ergänzen.

Um Ihr Unternehmen auf eine betriebswirtschaftlich gesunde Basis zu stellen, erfahren Sie nicht nur, was Sie bei der Beschaffung von Material (Kapitel 2) und Personal (Kapitel 4) alles beachten müssen, sondern auch, wie die Ihnen zur Verfügung stehenden Mittel zur Produktion neuer Güter am sinnvollsten kombiniert werden (Kapitel 3).

Alles macht aber nur einen Sinn, wenn Ihre Produkte auch „marktreif" sind. Aus diesem Grund wird in Kapitel 5 nicht nur auf die Bedeutung der Werbung eingegangen, sondern es werden auch Kostengesichtspunkte sowie preispolitische Absatzstrategien in die Überlegungen mit einbezogen.

Nachdem der eigentliche „Produktionsprozess" beendet ist, beschäftigt sich das Kapitel 6 mit Handels- und Gesellschaftsrecht. Hier finden Sie Antworten auf die Fragen in Bezug auf Kaufmannseigenschaft, Handelsregister und Unternehmensform.

Einen größeren Rahmen erhält das Kapitel 7, in dem der Frage nach der Finanzierbarkeit nachgegangen wird. Gerade bei der Kapitalbedarfsermittlung werden bereits die Grundlagen für eine erfolgreiche Zukunft gelegt. Es werden die gängigsten Finanzierungsgrundsätze aufgezeigt und Möglichkeiten der Geldbeschaffung erläutert. Neben den „Stolpersteinen" in einem Kreditvertrag wird auch auf das leidige Thema der Kreditsicherheiten eingegangen.

Eine große Gefahr lauert für Sie als Unternehmer auch darin, dass der Verkaufspreis zu hoch angesetzt wird, so dass nicht genügend Käufer gefunden werden können. Genauso tragisch ist aber auch, wenn die Verkaufs-
preise unter den Herstellungskosten liegen, mit dem Ergebnis, dass Sie
zwar eine große Stückzahl absetzen können, letztendlich aber dennoch in
der Verlustzone liegen. Damit Ihnen das nicht passiert, werden im Kapitel
8 die Grundsätze der Kostenrechnung erläutert.

Zum Abschluss wird in Kapitel 9 vorgestellt, welche Informationen Sie für
die richtige Führung Ihres Unternehmens aus den Zahlen der Buchführung
„herausfiltern" sollten, um eine optimale Entscheidungsgrundlage zu haben.

Die Konzeption des Buches sieht vor, dass auch ein Anfänger, der sich mit
der Thematik „Betriebswirtschaftslehre" das erste Mal beschäftigt, nach-
vollziehbare und wertvolle Tipps und Ratschläge erhält, die sofort auf
seine eigene Situation anwendbar sind.

Wiederum möchte ich meiner Frau Sigrid dafür danken, dass sie mich bei
der Ausarbeitung dieses Buches nach bestem Wissen unterstützt hat. Danken möchte ich auch Frau Kerstin Gawenda von REDLINE WIRT-
SCHAFT, die während der gesamten Bearbeitungszeit kooperierend zur
Seite stand.

Aldenhoven, im März 2002

Udo Cremer

 Einleitung

Gerade in der heutigen schnelllebigen Zeit, die von Innovationen in kurzen Zeitabständen geprägt ist, ist es wichtig, mit den zur Verfügung stehenden Recourcen sinnvoll und ökonomisch umzugehen. Vor allem im wirtschaftlichen Geschäftsleben müssen Materialien und Personal nicht nur Zeit sparend, sondern auch kostengünstig eingesetzt werden, damit ein verkaufsfähiges Produkt oder eine Dienstleistung am Absatzmarkt angeboten werden kann.

Zu hohe Lagerbestände an nicht benötigtem Material binden anderweitig sinnvoller einsetzbares Kapital, ebenso unzufriedene Mitarbeiter, die nicht ihre volle Arbeitskraft in das Unternehmen einbringen. Gerade in der Zeit der Existenzgründungen bläst einem der „kalte Wind" der Konkurrenz ins Gesicht, auf den es sich vorzubereiten gilt.

Das ist nur einer von zahlreichen Gründen, warum Existenzgründer erkannt haben, dass sie sich mit der Betriebswirtschaftslehre befassen müssen. Die Betriebswirtschaft liefert nicht nur wertvolle Erkenntnisse über das optimale Zusammenwirken von Mensch und Maschine, sondern auch Verfahren und Methoden zur besseren Entscheidungsfindung.

Jeder, der am wirtschaftlichen Geschehen teilnimmt, wird bestrebt sein, sein Vermögen zu vermehren. Das muss auch die Leitmaxime des potenziellen Existenzgründers sein, aber nicht um jeden Preis. Spätestens nach Ablauf einer Betrachtungsperiode wird jeder sich dieselbe Frage stellen müssen:

„Hat sich mein wirtschaftliches Engagement finanziell gelohnt?"

2 Materialbeschaffung – Lagerwirtschaft

2.1 Richtige Ermittlung des Bedarfs und entsprechende Organisation

Unabhängig davon, ob in Ihrem Unternehmen Güter produziert werden oder nicht, müssen Sie für eine reibungslose Bereitstellung von Gütern und Dienstleistungen sorgen. Sie muss geplant werden, damit alles Benötigte zur rechten Zeit in der richtigen Menge am richtigen Ort ist.

Aufgrund der heutigen Gegebenheiten auf dem Absatzmarkt wird das gesamte betriebliche Geschehen nach dem ausgerichtet, was der Absatzmarkt „hergibt". Bei produzierenden Unternehmen hängt die Mengenplanung der zu beschaffenden Güter und Dienstleistungen vom Produktions- und Absatzplan ab. Zuerst wird prognostiziert, was in welcher Periode an Gütern verkauft und abgesetzt werden kann. Daraus wird der Produktionsplan abgeleitet, der Aussagen darüber enthält, was wann in welcher Stückzahl produziert werden muss, damit der Absatzplan eingehalten wird. Für die Produktion müssen aber zuvor die entsprechenden Roh-, Hilfs- und Betriebsstoffe bereitstehen. Eine weitere Überlegung ist, ob ausreichende Lagerkapazitäten vorhanden sind oder ob auf Fremdfertigung ausgewichen werden muss.

Bei der Planung des Produktionsbedarfs geht es immer um das Erreichen der optimalen Bestellmenge. Von einer optimalen Bestellmenge kann dann gesprochen werden, wenn die Preisvorteile durch größeren Einkauf, z. B. durch ausgehandelten Mengenrabatt, die Kostennachteile einer vermehrten Lagerhaltung ausgleichen.

z.B. Aufgrund vorliegender Absatzplanzahlen prognostizieren Sie einen Jahresbedarf an Rohstoffen der Marke Y von 10 Tonnen. Nach intensiven Verhandlungen mit Ihrem Lieferanten wird Ihnen bei Abnahme einer Jahresmenge von 10 Tonnen ein am Jahresende zu gewährender Jahresbonus von 20 % der eingekauften Ware zugesichert.

Der augenscheinliche Preisvorteil von 20 % könnte schnell zum Nachteil werden, wenn Sie aufgrund von Modewandel, nicht geplanter Konjunkturentwicklung, nachteiliger Absatzpreisentwicklung die prognostizierte Absatzplanung nicht erfüllen und die geplante Absatzmenge nicht abgesetzt und auch nicht produziert wird. Dann stehen dem anfänglichen Preisvorteil von 20 % durch die garantierte Mindestabnahme von 10 Tonnen des Rohstoffs der Marke Y überhöhte, nicht geplante Lagerkosten gegenüber, die den Preisvorteil schnell wieder „auffressen" werden. Denn in nicht weiterverarbeiteten Rohstoffen investiertes Kapital ist „totes Kapital", weil es keinen Ertrag abwirft und darüber hinaus für andere, lohnendere Investitionen nicht mehr zur Verfügung steht.

Neben der Menge muss auch der Zeitpunkt der Bestellung geplant werden, damit nicht zu viel Kapital in zur Zeit nicht benötigten Rohstoffen gebunden ist. Die Praxis wendet bezüglich des Bestellzeitpunktes zwei unterschiedliche Verfahren an: das Bestellpunktverfahren und das Bestellrhythmusverfahren.

Bestellpunktverfahren

Das Bestellpunktverfahren setzt voraus, dass folgende Informationen bekannt sind:

↑ der durchschnittliche Tagesverbrauch der jeweiligen Ware
↑ die durchschnittliche Lieferzeit des Lieferanten

Unter Einbezug eines zusätzlichen Mindestbestandes kann mithilfe der zuvor genannten Angaben ein so genannter „Meldebestand" errechnet werden, bei dessen Unterschreiten sofort beim Lieferanten nachbestellt wird.

z.B. Für einen Rohstoff sind folgende Daten bekannt: Die durchschnittliche Lieferzeit des Lieferanten beträgt sieben Kalendertage. Pro Tag werden in Ihrem
Unternehmen 100 kg des Rohstoffs in der Produktion verbraucht. Um eventuellen Lie-
ferengpässen vorzubeugen, ist von Ihnen festgelegt worden, dass 500 kg des Rohstoffs immer im Rohstofflager vorhanden sein müssen. Aus diesen Angaben kann ein
„Meldebestand" von 1200 kg errechnet werden. Dieser Wert ergibt sich wie folgt:
Werden 100 kg pro Tag verbraucht, ergibt das einen Gesamtverbrauch von 700 kg innerhalb der siebentägigen Lieferzeit Ihres Lieferanten. Werden die 500 kg Mindestreserve hinzuaddiert, muss bei einer Menge von 1200 kg neu bestellt werden. Grafisch
ergibt sich folgendes Bild:

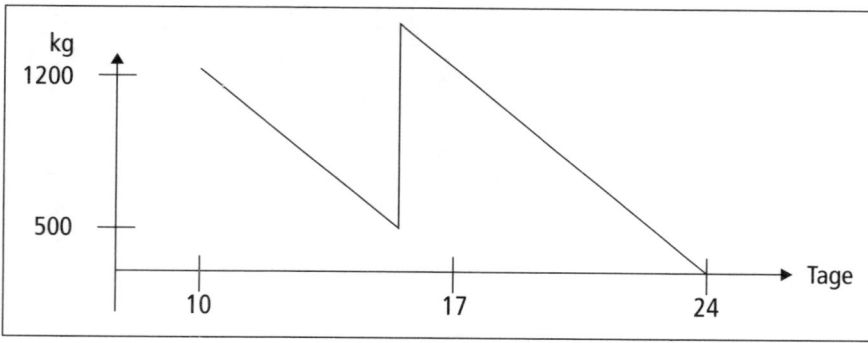

Sie sollten daraus aber jetzt nicht schließen, dass immer nach diesem
Schema die Neubestellung zu erfolgen hat. Sie können und sollten die Bestellmenge unter wirtschaftlichen und kostenrechnerischen Gesichtspunkten immer wieder neu festlegen. Selbstverständlich ist es angebracht, die
Bestellmenge zu erhöhen, wenn der Bedarf steigt, mit längeren Lieferzei-
ten seitens des Lieferanten oder mit zukünftigen Preiserhöhungen zu rechnen ist. Die Bestellmenge ist entsprechend zu verringern, wenn die Nachfrage zurückgeht oder der Lieferant in kürzeren Zeitabständen liefern
kann.

Bestellrhythmusverfahren

Im Gegensatz zum Bestellpunktverfahren werden beim Bestellrhythmusverfahren periodisch festgelegte Liefertermine eingehalten. Das hat allerdings den Nachteil, dass sich zeitweise höhere Lagerbestände aufbauen

können, weil gegebenenfalls früher – wegen der festgelegten Bestelltermine – nachbestellt wird.

Die Beschaffungsorganisation könnte dabei nach folgendem Zeitraster ablaufen:

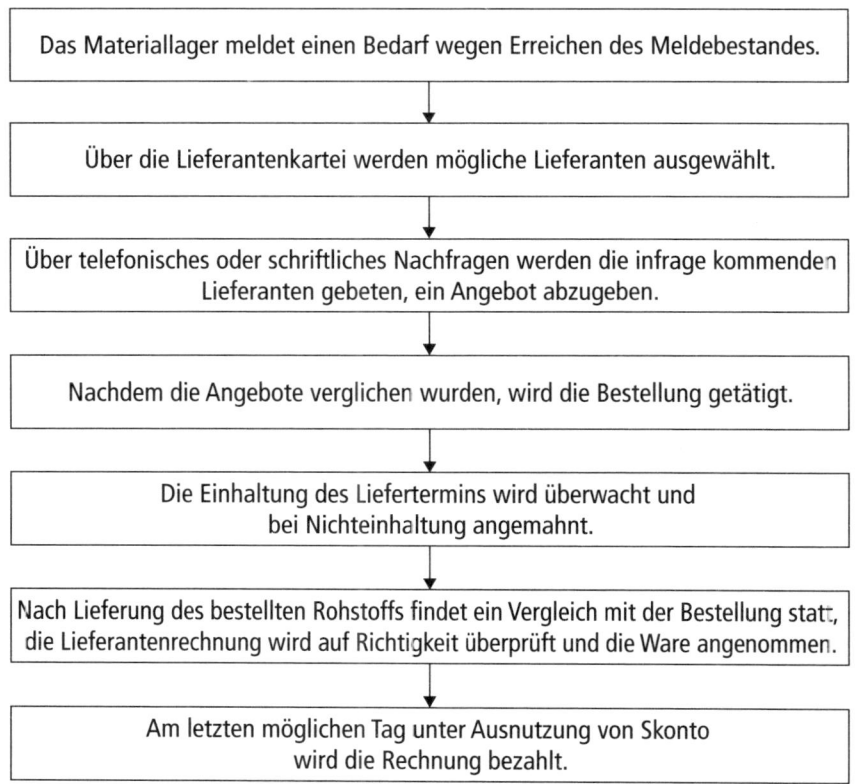

Das Materiallager meldet einen Bedarf wegen Erreichen des Meldebestandes.

Über die Lieferantenkartei werden mögliche Lieferanten ausgewählt.

Über telefonisches oder schriftliches Nachfragen werden die infrage kommenden Lieferanten gebeten, ein Angebot abzugeben.

Nachdem die Angebote verglichen wurden, wird die Bestellung getätigt.

Die Einhaltung des Liefertermins wird überwacht und bei Nichteinhaltung angemahnt.

Nach Lieferung des bestellten Rohstoffs findet ein Vergleich mit der Bestellung statt, die Lieferantenrechnung wird auf Richtigkeit überprüft und die Ware angenommen.

Am letzten möglichen Tag unter Ausnutzung von Skonto wird die Rechnung bezahlt.

Lagerhaltungspolitik

Zum Schluss soll noch einmal der Zusammenhang zwischen Lagerbestand, Lagerumschlag und Lagerrisiko verdeutlicht werden:
Der Lagerhaltung kommt die Aufgabe zu, sicherzustellen, dass sämtliche Materialien von der Beschaffung über die Fertigung bis zum Absatz in ausreichender Menge zur Verfügung stehen. Dabei sollen aber nicht unendlich

hohe Lagerbestände angehäuft werden, die unnötig viel Kapital binden, sondern es muss eine Balance gefunden werden zwischen ausreichender Versorgung mit benötigten Materialien, um das betriebliche Geschehen täglich aufrechtzuerhalten, und einem Mindestmaß an gebundenem Geldvermögen. Was geschieht, wenn vom „optimalen" Lagerbestand nach oben oder nach untern abgewichen wird?

Der Lagerbestand ist höher als erforderlich.	Der Lagerbestand ist zu niedrig.
Es entstehen unnötige Lager- und Zinskosten.	Durch Unterversorgung mit erforderlichen Materialien können Produktionsausfälle auftreten.
Hohes Risiko, dass Lagerbestände veralten, verderben oder gestohlen werden.	Kurzfristig anderweitige Beschaffung wird meistens teurer.
	Keine Ausnutzung günstiger Mengenrabatte.

Um eine wirtschaftlich sinnvolle Lagerhaltung einzuführen oder allgemein zu gewährleisten, müssen folgende vier Werte bekannt sein:

↑ **Mindestlagerbestand**: Um einen störungsfreien Betriebs- und Produktionsablauf zu gewährleisten, sollte von jedem gängigen Roh-, Hilfs- und Betriebsstoff eine gewisse Mindestreserve (wird auch „eiserner Bestand" genannt) immer auf Lager sein. Der Mindestlagerbestand stellt die Menge dar, die den optimalen Lagerbestand mengenmäßig nach unten hin eingrenzt.

↑ **Höchstlagerbestand**: Der Höchstlagerbestand gibt den mengenmäßigen Bestand an, der aufgrund der örtlich vorhandenen Kapazitäten überhaupt machbar ist; er wird regelmäßig beim Eintreffen von bestellten Materialien erreicht. In der Regel ist es nicht sinnvoll, den Höchstlagerbestand zu überschreiten, weil damit überproportionale Kostensteigerungen verbunden sind, was in jedem Fall zu vermeiden ist.

↑ **Meldebestand**: Der Meldebestand liegt unterhalb des Höchstbestandes und oberhalb des Mindestbestandes. Der Meldebestand ist abhängig von

    ↑ der täglichen Verbrauchsmenge,
    ↑ der Lieferdauer ab dem Bestellzeitpunkt,
    ↑ der festgelegten Höhe des Mindestbestandes.

Sinnvollerweise sollte der Meldebestand so hoch sein, dass bei Eintreffen neu bestellter Materialien der Mindestlagerbestand erreicht wird. Der Meldebestand kann für jedes Wirtschaftsgut unterschiedlich hoch sein.

↑ **Optimaler Lagerbestand**: Der optimale Lagerbestand ist ein Zusammenspiel von Bestellmenge mit den entsprechenden Vorteilen z. B. durch einen ausgehandelten Mengenrabatt und den Nachteilen eines zu hohen Lagerbestandes mit entsprechend höheren Lagerkosten.

Durch eine sinnvolle Lagerhaltungspolitik sollten Sie in jedem Fall versuchen, den Lagerumschlag zu erhöhen. Je häufiger Ihr Lager umgeschlagen wird, desto niedriger sind die Lagerkosten und das Lagerrisiko. Dazu ein paar wichtige Kennzahlen:

$$\text{Durchschnittlicher Lagerbestand (jährlich)} = \frac{\text{Warenbestand zu Jahresbeginn} + \text{Warenbestand zum Jahresende}}{2}$$

$$\text{Durchschnittlicher Lagerbestand (monatlich)} = \frac{\text{Warenbestand zu Jahresbeginn} + \text{12 Warenbestände zum jeweiligen Monatsende}}{13}$$

Bei der Ermittlung des Warenbestandes wird mit folgendem Wertansatz gerechnet:

$$
\begin{array}{ll}
 & \text{Einkaufspreis der Ware} \\
- & \text{eingeräumter Rabatt des Lieferanten} \\
- & \text{in Anspruch genommenes Skonto} \\
+ & \text{zusätzliche Einkaufskosten (z. B. Zollgebühren)} \\
+ & \text{Bezugskosten (z. B. Kosten der Verpackung)} \\
\hline
= & \text{Einstandspreis}
\end{array}
$$

Der im Laufe des Jahres eingetretene Verbrauch von Materialien lässt sich durch die folgende Gegenüberstellung ermitteln:

Wareneinkaufskonto

Warenanfangsbestand	... €	Warenendbestand	... €
Warenzugänge im lfd. Jahr	... €	Verbrauch	... €

Der Verbrauch und damit Ihr buchungsmäßiger Aufwand für die Herstellung von Gütern lässt sich durch die wertmäßige Gegenüberstellung von Warenanfangsbestand plus Zugänge im laufenden Jahr auf der einen Seite und dem wertmäßigen Warenendbestand am Schluss des Jahres (durch körperliche Inventur mengenmäßig aufgenommen und anschließend bewertet) auf der anderen Seite relativ genau ermitteln.

Bildet man nun noch eine Relation von Wareneinsatz zu Einstandspreisen und dem ermittelten durchschnittlichen Lagerbestand, wird die Umschlagshäufigkeit ermittelt. Die Umschlagshäufigkeit zeigt an, wie oft der gesamte Lagerbestand pro Jahr durchschnittlich ausgetauscht worden ist.

$$\text{Umschlagshäufigkeit} = \frac{\text{Wareneinsatz zu Einstandspreisen}}{\text{durchschnittlicher Lagerbestand}}$$

Die Umschlagshäufigkeit kann auch in Tagen ausgedrückt werden, indem die durchschnittliche Lagerdauer ermittelt wird.

$$\text{Durchschnittliche Lagerdauer (Tagen)} = \frac{360 \text{ Tage}}{\text{Umschlagshäufigkeit}}$$

Eine vermehrte Umschlagshäufigkeit geht mit der Reduzierung der durchschnittlichen Lagerdauer einher und damit auch mit einer Verminderung des im Lagerbereich eingesetzten Kapitals. Wenn es Ihnen gelingt, Ihre Umschlagshäufigkeit zu erhöhen, setzen Sie folgende Spirale in Gang:

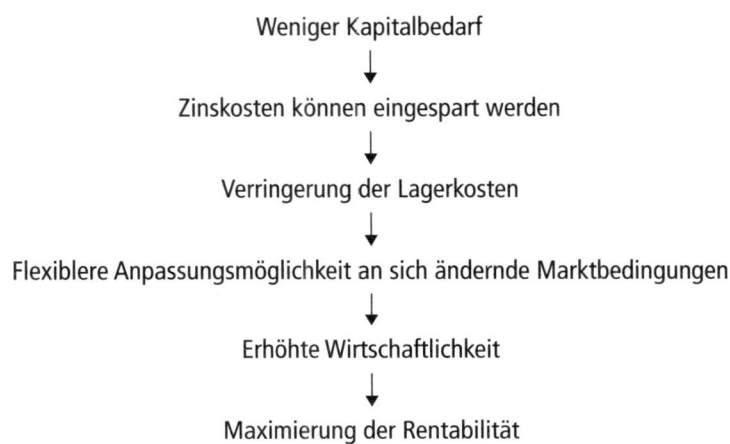

Weniger Kapitalbedarf

↓

Zinskosten können eingespart werden

↓

Verringerung der Lagerkosten

↓

Flexiblere Anpassungsmöglichkeit an sich ändernde Marktbedingungen

↓

Erhöhte Wirtschaftlichkeit

↓

Maximierung der Rentabilität

Sie werden sich jetzt sicher fragen: „Wie kann ich die Erhöhung der Umschlagshäufigkeit in meinem Unternehmen forcieren?" In der Praxis lassen sich folgende Maßnahmen ergreifen:

↑ Vereinbaren Sie Jahresrahmenverträge mit Ihren Lieferanten und rufen Sie die entsprechenden Mengen bei Bedarf bei Ihren Lieferanten ab.
↑ Stellen Sie Beschaffungspläne auf, die Sie aus den prognostizierten Produktions- und Absatzplänen ableiten.
↑ Legen Sie realistische Höchstbestände für jeden Artikel fest.
↑ Lagern Sie nur häufig verwendete Materialien.

Sie sollten dabei niemals aus den Augen verlieren, dass mit einer Erhöhung der Umschlagshäufigkeit nicht nur die Lagerdauer reduziert wird, sondern auch Ihr Lagerrisiko und damit die Lagerkosten minimiert werden.

Lagerkosten

An folgender beispielhaften Aufzählung lässt sich relativ leicht erkennen, dass an vielen Ecken im Zweifel der „Rotstift" angesetzt werden kann.

Kosten für die Lagerräume	↑ Abschreibungsbeträge für Gebäude und Betriebs- und Geschäftsausstattung ↑ Kapitalverzinsung für Gebäude und Ausstattung ↑ Versicherungsbeiträge ↑ Laufende Kosten für Heizung, Instandhaltung, Säuberung, Beleuchtung ↑ Über Schlüsselung umgelegte Steuerbeträge
Kosten für die Lagerbestände	↑ das in den Lagerbeständen gebundene Kapital muss verzinst werden ↑ Versicherungsbeiträge für die Lagerbestände ↑ Veralterung, Verderb, Schwund ↑ Über Schlüsselung umgelegte Steuerbeträge
Kosten für die Lagerverwaltung	↑ Lohn- und Gehaltsaufwendungen für die im Lagerbereich beschäftigten Mitarbeiter ↑ Anteilige Lohn- und Gehaltsnebenkosten (z. B. Weihnachts- und Urlaubsgeld, Arbeitgeberanteil zur Sozialversicherung)
Kosten für Warenbewegungen	↑ Innerbetriebliche Transportkosten (z. B. durch Gabelstabler, Aufzug, Förderbänder) ↑ Kosten für erforderliche Kühlanlagen

2.2 Die richtigen Schritte bis zum Kaufvertrag

Vertragsfreiheit

In der Bundesrepublik Deutschland besteht grundsätzlich Vertragsfreiheit, d.h., jeder kann unter gewissen Bedingungen Verträge abschließen, mit wem er möchte, und auch vertraglich das von ihm Gewollte vereinbaren. Der Inhalt eines Vertrags kann von jedem innerhalb des gesetzlich zulässigen Rahmens frei bestimmt werden. Machen die Vertragspartner von ihrer freien Vertragsgestaltung keinen Gebrauch, gibt es gesetzliche Regelungen (vor allem im Bürgerlichen Gesetzbuch), die die „Lücke" schließen, um einen Missbrauch der Vertragsfreiheit zu vermeiden. Dieser liegt immer dann vor, wenn Verträge gegen die guten Sitten verstoßen (z.B. wenn Wucherzinsen für einen gegebenen Kredit verlangt werden). Solche Verträge führen aufgrund einer gesetzlichen Vorschrift von Anfang an zur Nichtigkeit und werden so behandelt, als ob die Vertragsparteien niemals einen Vertrag geschlossen hätten.

Grundsätzlich kommt ein Vertrag (z. B. Kaufvertrag) durch zwei übereinstimmende Willenserklärungen zustande.

↑ Ausdrückliche Äußerung (mündlich oder schriftlich)
↑ Konkludentes Handeln (z. B. Handheben bei einer Versteigerung)

Dagegen kommt durch Schweigen unter normalen Bundesbürgern kein Vertrag zustande, weil das Schweigen nicht als Willenserklärung gewertet wird. Äußert sich dagegen ein Kaufmann auf ein Auftragsbestätigungsschreiben des Vertragspartners nicht, so gilt dieses Schweigen eines Kaufmanns im Zweifel als Zustimmung.

Eine Willenserklärung ist eine Äußerung einer geschäftsfähigen Person mit rechtsverbindlichem Charakter. Diese Willenserklärung kann z. B. in der Abgabe eines Angebotes bestehen. Damit ein Vertrag zustande kommt, müssen zwei übereinstimmende Willenserklärungen vorliegen, d. h., der Antrag (= Willenserklärung des einen Vertragspartners) muss mit der Annahme (= Willenserklärung des anderen Vertragspartners) übereinstimmen.

Ist nichts anderweitiges vereinbart worden, ist das vom Vertragspartner I unterbreitete Angebot so lange bindend, bis der Empfänger des Angebots unter verkehrsüblichen Umständen eine Antwort erwarten kann. Im Falle eines schriftlichen Angebots, das mit der Post übermittelt worden ist, kann in der Regel von einer einwöchigen Bindung ausgegangen werden. Der Vertragspartner I ist aber nicht auf „unendlich" an ein einmal abgegebenes Angebot gebunden. Er hat die Möglichkeit, bereits bei Abgabe des Angebots eine Bindung von vornherein auszuschließen. Ansonsten erlischt das Angebot, wenn es

↑ dem Antragenden gegenüber abgelehnt wird,
↑ verspätet angenommen wurde oder
↑ in veränderter Form angenommen wurde.

Wird ein Angebot telefonisch unterbreitet, kann es auch nur telefonisch angenommen werden. Ist für die Annahme im Angebot selber eine kalendermäßig bestimmte Frist gesetzt, z. B. „Das Angebot gilt bis zum 15.2. 2002", ist die Annahme nur bis zum 15.2. 2002 möglich.

Wird ein Angebot entweder verspätet angenommen oder abgeändert, so gilt die Annahme als neues Angebot, welches vom ursprünglichen Angebotsabgeber angenommen werden muss.

z.B. Beispiel für verspätetes Angebot:

Verkäufer V schickt dem Käufer K ein schriftliches Angebot über den Verkauf von 100 Flaschen Wein „Edelfein" Jahrgang 2002 zum Preis von 5 € pro Flasche und befristet sein Angebot bis einschließlich 15. 5. 2002. Am 16. 5. 2002 meldet sich K bei V und bestellt 200 Flaschen Wein „Edelfein" Jahrgang 2002.

Weil die Angebotsfrist am 16.5. 2002 bereits verstrichen ist, stellt die „Bestellung" des K bei V keine Annahme des Angebots von V dar, sondern ein neues Angebot seitens des K gegenüber V, welches V annehmen oder ablehnen kann. Hat sich für V nichts Wesentliches gegenüber dem ursprünglichen Angebot geändert, wird V das Angebot von K annehmen, indem er z.B. die bestellten 200 Flaschen Wein liefert. Hat sich aber der Preis pro Flasche z. B. auf 5,50 € erhöht, wird V das Angebot des K ablehnen. Mit der Ablehnung von V ist endgültig kein Kaufvertrag zustande gekommen.

z.B. Beispiel für abgeändertes Angebot:

Verkäufer V schickt dem Käufer K ein schriftliches Angebot über den Verkauf von 100 Flaschen Wein „Edelfein" Jahrgang 2002 zum Preis von 5 € pro Flasche und befristet sein Angebot bis einschließlich 15. 5. 2002. Am 10. 5. 2002 meldet sich K bei V und bestellt 200 Flaschen zum Preis von 4,50 €.

Obwohl K bei V innerhalb der Angebotsfrist bestellt, stellt die „Bestellung" des K bei V keine Annahme des Angebots von V dar. Aufgrund der veränderten Bedingungen (es bestehen unterschiedliche Willenserklärungen bezüglich des Preises) hat K dem V ein neues Angebot unterbreitet, welches V annehmen oder ablehnen kann.

Die Grenzen der Vertragsfreiheit

Der Gesetzgeber hat besonders regelungswürdige Vertragsvarianten im Gesetz in der Form geregelt, dass zwei Ausgestaltungen möglich sein können:

↑ Es wurde zwar ein Vertrag geschlossen, dieser ist aber von Anfang an nichtig.

↑ Ein geschlossener Vertrag kann unter bestimmten Bedingungen angefochten werden.

Ein von Beginn an nichtiger Vertrag

Aufgrund gesetzlicher Vorschriften gibt es bestimmte Verträge, die von Anfang an ungültig und damit nichtig sind. Die Tatbestände, die zu einer Nichtigkeit des abgeschlossenen Vertrages führen:

Geschäftsunfähigkeit	Die vierjährige Nina kauft sich am Kiosk eine Puppe.
Bewusstlosigkeit/Störung der Geistestätigkeit	Ein Betrunkener verkauft im Vollrausch seinen teuren Markenanzug.
Scheingeschäfte	Um einige Euro Grunderwerbsteuer zu sparen, wird das Grundstück zu einem weit unter Wert liegenden Kaufpreis veräußert.
Scherzgeschäfte	Ein Hunger leidender Mensch bittet „für das gesamte Vermögen" um ein Stück Brot.
Gesetzliches Verbot	Der Rauschgiftdealer A verkauft 20 g Heroin.
Verstoß gegen die guten Sitten	Vergabe eines Kredits zu 40 % Zinsen pro Jahr
Verstoß gegen gesetzliche Formvorschrift	Verkauf eines Grundstückes ohne notarielle Beurkundung

Die Anfechtbarkeit von Verträgen

Im Gegensatz dazu können zunächst in vollem Umfang rechtswirksam gewordene Verträge im Nachhinein, d.h. rückwirkend, für nichtig erklärt werden, wenn eine Vertragspartei den Vertrag anficht. Ist der Vertrag angefochten, werden die Vertragspartner so gestellt, als wenn kein Vertrag geschlossen worden wäre. Angefochten werden können nicht alle Verträge, sondern nur solche, in denen man

↑ bei der Abgabe der Willenserklärung im Irrtum war,
↑ arglistig getäuscht wurde,
↑ gezwungen wurde, den Vertrag aufgrund widerrechtlicher Drohung abzuschließen.

Ein Erklärungsirrtum kann in drei verschiedenen Varianten auftreten:

↑ Irrtum in der Erklärung. In der Erklärung kann man sich durch Verschreiben oder Versprechen irren.

z.B. Der Verkäufer unterbreitet dem Käufer ein schriftliches Angebot zum Verkauf einer Ware für 8,99 Euro, obwohl der Verkäufer die Ware eigentlich für 9,88 Euro verkaufen wollte.

↑ Irrtum durch falsche Übermittlung

z.B. Ein von Ihnen beauftragter Bote gibt beim Vertragspartner nicht den genauen Wortlaut Ihrer Botschaft weiter.

↑ Irrtum über verkehrswesentliche Eigenschaften einer Person oder Sache

z.B. Kauf eines echten Ölgemäldes, das sich nach dem Kauf als Fälschung erweist.

↑ Arglistige Täuschung

z.B. Kauf eines gebrauchten Pkw, der den Angaben des Verkäufers zufolge unfallfrei ist und sich im Nachhinein herausstellt, dass der Pkw vor dem Kauf einen Unfall hatte.

↑ Widerrechtliche Drohung

z.B. Der auf frischer Tat ertappte Dieb wird unter Androhung, seinen Diebstahl in der ganzen Stadt zu erzählen, gezwungen, eine nicht benötigte Ware zu kaufen.

Nicht angefochten werden kann der so genannte „Motivirrtum".

z.B. Wer bei der Abgabe eines Angebots den falschen Preis „kalkuliert" hat, kann sich nicht auf einen Erklärungsirrtum berufen, weil im Erklärungsvorgang gegenüber dem Dritten kein Irrtum steckt.

Wird ein zunächst rechtswirksam abgeschlossener Vertrag wegen Irrtum angefochten, muss das unverzüglich, d.h. ohne schuldhaftes Verzögern, erfolgen, nachdem der Irrtum entdeckt worden ist. Wird der Vertrag wegen Täuschung oder widerrechtlicher Drohung angefochten, kann dies innerhalb eines Jahres nach Kenntnis der Täuschung bzw. Aufhören der Zwangslage erfolgen. In beiden Fällen ist eine Anfechtung ausgeschlossen, wenn seit Abgabe der Willenserklärung ein Zeitraum von 10 Jahren vergangen ist.

Ficht ein Vertragspartner einen Vertrag wegen Irrtum an, muss der Anfechtende dem Vertragspartner unter Umständen Schadenersatz leisten, weil dieser auf die Rechtskräftigkeit des Vertrages vertraut hat.

> **z.B.** Der Verkäufer unterbreitet dem Käufer ein schriftliches Angebot zum Verkauf einer Ware X für 8,99 Euro, obwohl der Verkäufer die Ware X eigentlich für 9,88 Euro verkaufen wollte. Der Käufer nimmt das Angebot des Verkäufers innerhalb der Angebotsfrist an und bestellt 100 Waren X zum Preis von 8,99 Euro pro Stück. Bei der Bestellung fällt dem Verkäufer der Irrtum auf und er ficht den Vertrag wegen Irrtum an.

Der Käufer konnte nicht wissen, dass der Verkäufer sich im Irrtum über den Preis befand und konnte zu Recht auf die Richtigkeit des Angebots vertrauen. Wenn der Verkäufer den Vertrag, der durch das Angebot des Verkäufers und die Annahme (= Bestellung) des Käufer rechtswirksam durch zwei übereinstimmende Willenserklärungen zustande gekommen ist, anficht, ist der Verkäufer dem Käufer zum Schadenersatz verpflichtet. Ein möglicher Schaden für den Käufer wäre z.B. ein teurerer Einkauf bei einer Konkurrenzfirma. Der Käufer soll durch den zu leistenden Schadenersatz durch den Verkäufer keinen Schaden dadurch erleiden, dass er (= der Käufer) auf die Gültigkeit des Kaufvertrags vertraute.

2.3 Was ist ein Eigentumsvorbehalt?

In der Regel geht mit der Lieferung einer Sache das Eigentum an der Sache auf den Käufer über. Was ist aber, wenn der Käufer die Sache angeliefert bekommt, den Kaufpreis aber noch nicht komplett bezahlt hat, wie das z.B. häufig bei Teilzahlungsgeschäften oder Ratenkäufen der Fall ist.

Hat sich der Verkäufer einer beweglichen Sache das Eigentum bis zur Zahlung des Kaufpreises vorbehalten, so ist im Zweifel anzunehmen, dass das Eigentum unter der aufschiebenden Bedingung vollständiger Zahlung des

Kaufpreises übertragen wird (= Eigentumsvorbehalt im Sinne des § 449 Bürgerliches Gesetzbuch).

Sie kennen bestimmt die Vertragsklausel: „Die Ware bleibt bis zur vollständigen Bezahlung Eigentum des Verkäufers." Damit sichert sich der Verkäufer gegenüber dem Käufer insofern ab, als dass dem Verkäufer das Recht zusteht, die Ware zurückzunehmen und vom Vertrag zurückzutreten, wenn der Käufer den vereinbarten Kaufpreis nicht zahlt oder nicht zahlen kann.

Obwohl beim Kauf unter Eigentumsvorbehalt der Verkäufer bis zur vollständigen Bezahlung des Kaufpreises Eigentümer der gelieferten Ware bleibt, heißt das nicht, dass der Käufer bis zur vollständigen Kaufpreiszahlung nicht über den gelieferten Gegenstand verfügen kann. Es ist also trotz vereinbartem Eigentumsvorbehalt dem Käufer auch bei noch nicht vollständiger Kaufpreiszahlung erlaubt, die gelieferte Ware in seinem Unternehmen weiterzuverarbeiten, um daraus z.B. verkaufsfähige Produkte herzustellen.

Im Falle einer Weiterverarbeitung des unter Eigentumsvorbehalt stehenden Gegenstandes erlischt aber nach dem Willen des Gesetzgebers das dem Verkäufer zustehende Eigentumsvorbehaltsrecht. Das Gleiche gilt, wenn die Ware an einen gutgläubigen Dritten veräußert wird, die Ware verarbeitet, zerstört oder mit einem Grundstück in der Weise verbunden wird, dass der gelieferte Gegenstand wesentlicher Bestandteil des Grundstücks wird.

Damit der Verkäufer im Falle einer Weiterveräußerung der gelieferten Ware an den Käufer die rechtlichen Vorzüge aus dem Eigentumsvorbehalt nicht verliert, auf der anderen Seite der Käufer aber nicht durch gesetzliche Regelungen in seiner unternehmerischen Entscheidungsfreiheit eingeschränkt wird, wird in der Praxis häufig vom „verlängerten Eigentumsvorbehalt" Gebrauch gemacht. Der verlängerte Eigentumsvorbehalt unterscheidet sich gegenüber dem ursprünglichen Eigentumsvorbehalt insofern, als dass dem Verkäufer beim Weiterverkauf der Waren die dabei entstehenden Forderungen abgetreten werden.

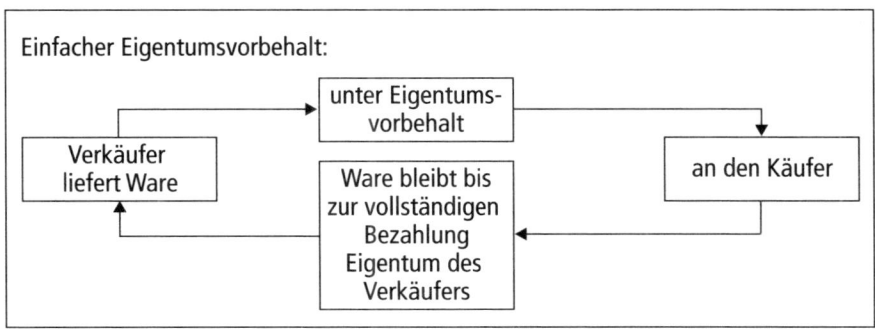

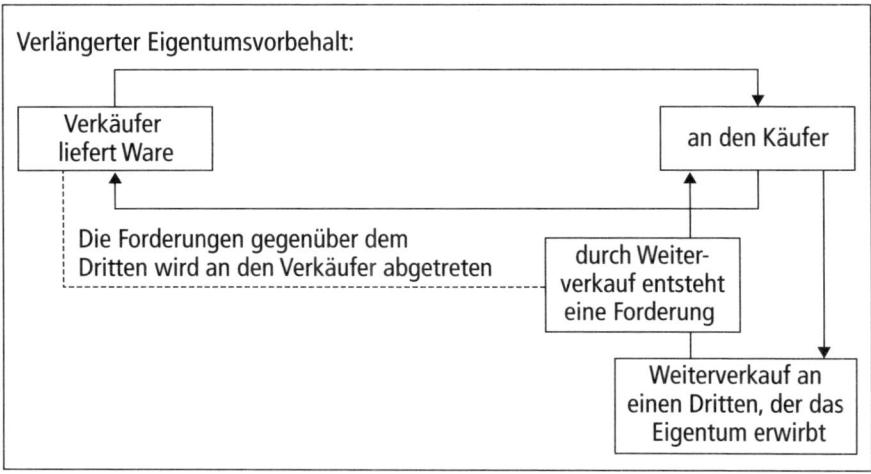

2.4 Besondere Kaufverträge im Alltag

Neben den allgemein üblichen Kaufverträgen haben sich in der Praxis zahlreiche Sonderformen entwickelt. Diese können danach katalogisiert werden, ob sie im Zusammenhang mit der Warenart bzw. Beschaffenheit stehen oder etwas mit Lieferungs- und Zahlungsbedingungen zu tun haben.

Kaufverträge im Zusammenhang mit Liefer- und Zahlungsbedingungen

Kauf auf Probe (§ 454 Bürgerliches Gesetzbuch): Wird ein Kaufvertrag als Kauf auf Probe abgeschlossen, steht dem Käufer bei Nichtgefallen innerhalb einer vereinbarten oder angemessenen Frist ein Rückgaberecht zu. Äußert sich der Käufer nicht, wird sein Schweigen als Billigung des Kaufvertrags gewertet.

Einen Kauf zur Probe tätigt man, wenn man vorsichtshalber zuerst einmal kleine Mengen eines Produkts kauft. Bei Gefallen kann man immer noch in größerem Umfang nachkaufen.

Der **Spezifikationskauf** zeichnet sich dadurch aus, dass eine gekaufte Produktmenge erst innerhalb einer vorher vereinbarten Frist hinsichtlich Größe, Farbe, Maße, Form usw. genauer bestimmt wird (§ 375 Handelsgesetzbuch). Äußert sich der Käufer innerhalb der vereinbarten Frist nicht, hat der Verkäufer drei Möglichkeiten: a) er kann vom Vertrag zurücktreten, b) er kann Schadenersatz wegen Nichterfüllung verlangen oder c) die Bestimmung selber vornehmen. Im Falle des Wahlrechtes von c) hat der Verkäufer dem Käufer die von ihm getroffene Spezifikation hinsichtlich Größe, Farbe, Maße, Form usw. mitzuteilen und dem Käufer gleichzeitig eine angemessene Frist zur Vornahme einer anderweitigen Bestimmung zu setzen. Wird eine solche anderweitige Bestimmung nicht innerhalb der Frist vom Käufer vorgenommen, so ist die von dem Verkäufer getroffene Bestimmung maßgebend. Der unschlagbare Vorteil des Spezifikationskaufs ist die langfristige Sicherung der vorhandenen Produktionskapazitäten.

Hin und wieder kommt in der Praxis auch ein „**Ramschkauf**" vor. Darunter wird ein Kauf von Produkten im Ganzen zu einem Pauschalpreis verstanden. Beispiele dafür sind: Haushaltsauflösungen, Geschäftsauflösungen, Verkauf einer Münzsammlung im Ganzen.

Kaufverträge nach Warenarten

Beim **Kommissionskauf** braucht der Kommissionär die Ware beim Kommittenten erst dann zu bezahlen, wenn er sie selber an einen außenstehenden Kunden verkauft hat. Nicht verkaufte unbeschädigte Ware kann der Kommissionär an den Kommittenten ohne Zahlung des Kaufpreises zurückgeben.

Soll das erworbene Produkt auf Anweisung des Käufers erst zu einem späteren Zeitpunkt ganz oder in Teilen geliefert werden, spricht man von einem **Kauf auf Abruf**. Diese Methode kommt immer mehr in Mode, weil der Käufer durch größere Abnahmemengen einen günstigeren Preis heraushandeln kann und er die Mengen so abruft, wie er sie benötigt, ohne dass zusätzliche Lagerkosten entstehen.

2.5 Was kann man bei Liefer- und Zahlungsbedingungen alles falsch machen?

Lieferbedingungen

Mit den Lieferbedingungen werden in der Regel folgende Punkte zwischen den Vertragspartnern geklärt:

↑ Kosten der Verpackung
↑ Kosten der Beförderung
↑ Lieferzeit

Ist nichts anderes vertraglich vereinbart, trägt grundsätzlich der Käufer die Kosten der Verpackung. In der heutigen modernen Welt stellt die Verpackung neben dem eigentlichen Inhalt einen Kaufanreiz dar, so dass es vereinzelt vorkommen kann, dass die Kosten der Verpackung höher sind als die Kosten der eigentlichen Ware. Neben der Warenverpackung zwecks besserer Stabilität können noch weitere Transportverpackungen vonnöten sein, damit der Transport vom Unternehmen des Verkäufers zum Unternehmen des Käufers reibungslos verläuft. Die häufigsten vertraglichen Absprachen, wer die Verpackung (damit ist meistens die Transportverpackung gemeint) zu tragen hat:

↑ Der Preis der Ware beträgt 30 € einschließlich Verpackung.
↑ Bei Rücksendung der Verpackung werden 50 % gutgeschrieben.
↑ Die Verpackung wird vom Lieferanten kostenlos zur Verfügung gestellt und muss vom Käufer nach Abschluss der Lieferung unverzüglich zurückgeschickt werden.
↑ Der Käufer stellt die Transportverpackung.

Wird die Ware durch den Lieferanten selbst beim Käufer angeliefert, beinhaltet der Preis für die Ware meistens bereits die Transportkosten. Da es für kleinere Firmen aber nicht wirtschaftlich ist, sich selbst einen LKW anzuschaffen und zu unterhalten, wird immer häufiger ein Spediteur damit beauftragt, die bestellte Ware beim Verkäufer abzuholen und zum Käufer zu transportieren. Diese Kosten hat in der Regel der Käufer zu tragen.
Bei manchen Geschäften spielt die Lieferzeit eine entscheidende Rolle. Stellen Sie sich z.B. vor, dass Sie die Ware vor der Bestellung beim Liefe-

ranten bereits an Ihren Kunden weiterverkaufen konnten. Um Ihren Kunden zufrieden zu stellen, müssen Sie sich darauf verlassen, dass Ihr Lieferant Sie pünktlich beliefert, damit Sie Ihren Kunden zügig bedienen können. Haben Sie mit Ihrem Lieferanten nichts anderes vereinbart, muss dem Gesetz nach sofort geliefert werden. Sie haben allerdings die Möglichkeit, vertraglich eine andere Regelung zu treffen, z.B. indem Sie vereinbaren, dass die Lieferung innerhalb von zwei Wochen ab Bestellung zu erfolgen hat. Geht es um wertvolle Ware oder um einen für Sie wichtigen Kunden, sollten Sie den Liefertermin kalendermäßig genau bestimmen. Das bietet sich immer dann an, wenn die Lieferung nach dem Termin für Sie keinen Wert mehr hat, wie z.B. die Anlieferung von Schokoladen-Osterhasen nach Ostern. Die Lieferungsbedingung muss dann z.B. lauten: Lieferung am 15. 02. 2002.

Allgemein gültige, in Kaufverträgen immer wieder verwendete Lieferungsbedingungen:

Lieferungsbedingungen	Bedeutung
↑ ab Werk ↑ ab Fabrik	Der Käufer trägt sämtliche Kosten des Transports ab Werkstor des Lieferanten bis zum Bestimmungsort.
↑ ab Bahnhof ↑ unfrei	Der Verkäufer hat sich dazu verpflichtet, die Kosten bis zur Versandstation selber zu tragen. Alle anderen Kosten gehen zulasten des Käufers.
↑ frei Bahnhof ↑ frachtfrei	Der Verkäufer trägt sämtliche Kosten bis zur Empfangsstation des Käufers.
↑ frei Haus ↑ frei Werk	Sämtliche Transportkosten werden ausnahmslos vom Verkäufer getragen.

Zahlungsbedingungen

Ist der Verkäufer seiner vertraglichen Lieferpflicht nachgekommen, steht der Käufer in der Pflicht, den Kaufpreis zu zahlen. Sollten Sie nichts vereinbart haben, ist der Kaufpreis sofort zur Zahlung fällig. Grundsätzlich stellen Geldschulden Bringschulden dar. Als mögliche Alternativen hinsichtlich der Zahlungskonditionen kämen in Betracht:

Zahlungszeitpunkte	Beispiele:
vor der Lieferung der Ware	↑ Zahlung bei Bestellung ↑ $1/_3$ Anzahlung bei Bestellung, $1/_3$ bei Lieferung, $1/_3$ einen Monat nach der Lieferung ↑ Vorauszahlung von 50 % des Kaufpreises
bei der Lieferung der Ware	↑ gegen Barzahlung ↑ netto Kasse ↑ Lieferung per Nachnahme
nach erfolgter Lieferung	↑ Zahlung innerhalb von 10 Tagen unter Abzug von 2 % ↑ Skonto, innerhalb von 30 Tagen netto ↑ Zahlung erfolgt in 12 gleichen Monatsraten ↑ 4 Monate Zahlungsziel

2.6 Was tun, wenn sich Störungen bei der Beschaffung einstellen?

Nicht jeder Vertrag, der geschlossen wurde, wird auch entsprechend den vertraglichen Vereinbarungen erfüllt. Immer wieder kommt es vor, dass auf der Seite der Beschaffung

↑ der Lieferer mit seiner Lieferung im Verzug ist,
↑ der Lieferer eine mangelhafte Lieferung erbringt.

Auf Seiten des Absatzes kann es vorkommen, dass der Lieferer zwar ordnungsgemäß liefert, der Käufer aber die Annahme verweigert oder die gelieferte Sache annimmt, aber aus irgendwelchen Gründen die Zahlung des Kaufpreises verweigert.

Lieferungsverzug

Der Lieferungsverzug ist dann gegeben, wenn der Lieferant seiner Lieferpflicht aus einem rechtsgültig abgeschlossenen Kaufvertrag nicht nachkommt. Das ist allerdings an verschiedene Voraussetzungen gebunden:

↑ Die Lieferung muss fällig sein, d.h., der Lieferant liefert entweder überhaupt nicht oder nicht rechtzeitig (§ 286 Bürgerliches Gesetzbuch).

↑ Die Lieferung muss nach Eintritt der Fälligkeit durch eine Mahnung angefordert werden (§ 286 Bürgerliches Gesetzbuch).
↑ Die Lieferung muss schuldhaft verzögert oder unterlassen worden sein. Schuldhaft handelt, wer vorsätzlich oder fahrlässig handelt.

Fahrlässig handelt, wer die im Verkehr erforderliche Sorgfalt außer Acht lässt. Vorsätzlich handelt, wer absichtlich eine Handlung vollzieht und den Eintritt des Schadens voraussieht.

z.B. Der Unternehmer U spart an der Beleuchtung eines Lagerplatzes, in der Hoffnung, es werde schon nichts passieren. Hier liegt Fahrlässigkeit vor, mit der Folge, dass U bestraft wird, wenn sich im Rahmen der Arbeitsverrichtung ein Mitarbeiter wegen schlechter Sicht auf dem Lagerplatz verletzt.

Eine Mahnung bei einem vom Lieferanten verursachten Verzug ist nicht erforderlich, wenn z. B.:

↑ für die Leistung eine Zeit nach dem Kalender bestimmt ist,
↑ der Lieferant die Lieferung ernsthaft und endgültig verweigert.

Liegen diese Voraussetzungen nicht vor, sollte der Käufer auf jeden Fall den Lieferanten anmahnen, weil der Lieferant erst durch die Mahnung in Verzug gerät und während des Verzugs jede Fahrlässigkeit zu vertreten hat, die sich im Einzelfall sogar auf den Zufall ausweiten kann.
Ist ein Liefererverzug gegeben, kann der Käufer dennoch die Lieferung verlangen. Das wird er immer dann in Anspruch nehmen, wenn die Ware von keinem anderen Lieferanten bezogen werden kann.
Wenn dem Käufer die Lieferung durch den Lieferanten nicht mehr zuzumuten ist, kann er statt der Leistung Schadenersatz verlangen. Das setzt aber voraus, dass beim Käufer auch ein Schaden entstanden ist.
Bei der Berechnung des Schadenersatzes wird der Geschädigte so gestellt, als sei der Vertrag wirklich erfüllt worden. Der Schaden ist stets in Geld zu ersetzen. Neben einem konkreten Schaden gibt es noch den abstrakten Schaden sowie die vertraglich festgelegte Vertragsstrafe.

z.B. Beispiel für einen konkreten Schaden:

Der Käufer hat die Ware bei einem anderen Lieferanten zu einem höheren Preis bezogen.

z.B. **Beispiel für einen abstrakten Schaden:**

Durch die Nichtlieferung des Lieferanten konnte der Käufer seine Kundschaft wiederum nicht rechtzeitig beliefern, so dass sein „geschäftlicher Ruf" in Mitleidenschaft gezogen worden ist. Dieser Schaden ist häufig nicht genau zu beziffern.

z.B. **Beispiel für eine Vertragsstrafe:**

Im Kaufvertrag ist festgelegt, dass ein Betrag von 500 Euro an den Käufer für jeden abgelaufenen Tag zu zahlen ist, den sich der Lieferant im Lieferungsverzug befindet.

Annahmeverzug

Der Käufer gerät in Annahmeverzug, wenn er die ordnungsgemäß gelieferte Ware nicht annimmt. Dabei spielt es keine Rolle, welche Gründe für die Annahmeverweigerung vorliegen. Ordnungsgemäß geliefert hat der Lieferant immer dann, wenn die Lieferung zur rechten Zeit an den rechten Ort und in der richtigen Güte und Menge erbracht wurde.
Der Lieferant kann von folgenden Rechten Gebrauch machen:

↑ Dem Lieferanten steht das Recht zu, die Ware zurückzunehmen und anderweitig zu verkaufen. Das wird er immer dann tun, wenn es sich entweder um einen guten Kunden handelt oder die Ware auch bei anderen Kunden stark nachgefragt wird.
↑ Er kann die Ware zurücknehmen und in seinem Lager aufbewahren oder am Ort des Käufers auf dessen Rechnung und Gefahr in einem öffentlichen Lagerhaus einlagern und den Käufer auf Abnahme der Ware verklagen.
↑ Alternativ steht dem Lieferanten das Wahlrecht des Selbsthilfeverkaufs durch öffentliche Versteigerung offen.

In der Praxis stellt sich immer die Frage, welche der drei Möglichkeiten für den Lieferanten am sinnvollsten ist. Zu beachten ist auch, welchen Kunden man vor sich hat und mit welchen Mitteln man als Lieferant im Zweifel das Geld bekommt. Insofern ist schon aus Kostengesichtspunkten dem Selbsthilfeverkauf den Vorzug zu geben.
Beim Selbsthilfeverkauf muss der Lieferant dem Käufer den Aufbewahrungsort der Ware mitteilen. Außerdem muss er ihm eine Frist zur Abnahme der Ware stellen und den Selbsthilfeverkauf androhen. Nimmt der

Käufer nach Fristsetzung durch den Lieferanten die Ware immer noch nicht ab, muss er dem Käufer sowohl den Ort als auch den Zeitpunkt des Selbsthilfeverkaufs mitteilen, um ihm die Gelegenheit zu geben, bei der öffentlichen Versteigerung teilzunehmen. Ist der Selbsthilfeverkauf erfolgt, ist der Lieferant verpflichtet, dem säumigen Käufer das Ergebnis des Selbsthilfeverkaufs unverzüglich mitzuteilen. Dabei trägt der Käufer nicht nur die entstandenen Kosten der öffentlichen Versteigerung, sondern auch die Differenz zwischen dem ursprünglichen Rechnungspreis und dem Mindererlös bei der öffentlichen Versteigerung. Ein etwaiger Mehrerlös steht dem Käufer zu.

Zahlungsverzug

Der Käufer gerät in Zahlungsverzug, wenn er seiner Zahlungspflicht aus einem rechtsgültig abgeschlossenen Kaufvertrag nicht erfüllt.

In diesem Zusammenhang versteht es sich von selbst, dass noch kein Zahlungsverzug vorliegt, wenn der Zahlungstermin, der dem Käufer in den Zahlungsbedingungen des Kaufvertrags genannt ist, noch nicht erreicht ist.

Der Eintritt des Zahlungsverzugs setzt keine Mahnung mehr voraus. Der Käufer kommt spätestens in Verzug, wenn er nicht innerhalb von 30 Tagen nach Fälligkeit und Zugang einer Rechnung oder gleichwertigen Zahlungsaufstellung bezahlt. Im Falle eines nicht zahlungswilligen Endverbrauchers gilt das allerdings nur dann, wenn auf diese Folgen in der Rechnung oder Zahlungsaufforderung besonders hingewiesen worden ist. Ist dem säumigen Käufer, der kein Verbraucher ist, eine Rechnung oder Zahlungsaufforderung nicht zugegangen, befindet er sich auch dann automatisch in Zahlungsverzug, wenn 30 Tage nach Eintritt der Fälligkeit und Empfang der Lieferung vergangen sind.

Durch den Zahlungsverzug entstehen dem Lieferanten in der Regel finanzielle Schäden. Aus diesem Grund kann der Lieferant neben dem Kaufpreis auch Verzugszinsen und eventuell Kostenersatz gegenüber dem Käufer geltend machen.

3 Die besten Strategien für die Produktion – Produktionswirtschaft

3.1 Planung von Produktion und Produktprogramm unter Berücksichtigung des Produktlebenszyklus

Gerade bei Industrieunternehmen oder Herstellungsbetrieben wird aus einem Rohstoff über die Fertigung ein komplett neues Produkt hergestellt. Da ein Endprodukt, was der Käufer letztlich kaufen kann, aus einer ganzen Reihe von Einzelteilen besteht, ist es wichtig, die Arbeitsleistungen, sämtliche Roh-, Hilfs- und Betriebsstoffe sowie den Maschineneinsatz so zu kombinieren, dass die Leistungserstellung in der Produktion reibungslos vonstatten gehen kann. Gerade wo sehr viele unterschiedliche Produkte hergestellt werden, ist es umso wichtiger, eine Programmplanung zu erstellen.
Die Programmplanung hat vor allem folgende Aufgaben:

↑ Sicherstellung einer störungsfreien und systematischen Produktion, so dass bei der Auftragsabwicklung die Improvisation nahezu ausgeschlossen werden kann
↑ für den optimalen Lagerbestand an Vorräten, Halbfabrikaten sowie Roh-, Hilfs- und Betriebsstoffen zu sorgen
↑ die Personalstärke festzulegen und optimal einzusetzen
↑ für eine optimale Kapazitätsauslastung zu sorgen
↑ das Produktionsprogramm sowie die Verfahren der Fertigung so aufeinander abzustimmen, dass der Gewinn optimiert wird

In diesem Zusammenhang kommt der Fertigungsprogrammplanung eine besondere Bedeutung zu. Sie hat einen hohen Stellenwert für die gesamte unternehmerische Tätigkeit. Es ist sinnvoll, die Fertigungsprogrammplanung in drei Schritten zu strukturieren.

1. die langfristige Fertigungsprogrammplanung
2. die mittelfristige Fertigungsprogrammplanung
3. die kurzfristige Fertigungsprogrammplanung

Langfristige Fertigungsprogrammplanung

Aus Studien und Marktanalysen kann prognostiziert werden, in welchen Segment ein neues Produkt angesiedelt werden soll, welche Käuferschichten angesprochen werden usw. Aufgabe der langfristigen Fertigungsprogrammplanung ist, festzulegen, welcher Weg vom Unternehmen beschritten werden soll:

↑ Soll ein neues Produkt in das Produktionsprogramm aufgenommen werden?

↑ Soll ein bereits vorhandenes Produkt einer Verbesserung unterzogen werden?

↑ Soll Produktdifferenzierung in der Weise betrieben werden, damit sich ein Produkt in Form, Farbe und/oder Eigenschaft von möglichen Konkurrenzprodukten unterscheidet?

Bereits an dieser Stelle wird Ihnen sicherlich klar, dass die Fertigungsprogrammplanung eng mit der Marketingabteilung und/oder dem Verkauf zusammenarbeiten muss.

Ausgehend von einer umfangreichen Marktanalyse müssen bereits im Vorfeld Antworten auf folgende Fragen gefunden werden, weil nichts schlimmer ist, als ein gutes Produkt zu haben, aber im Nachhinein feststellen zu müssen, dass man am „Markt vorbei" produziert hat.

Checkliste:

↑ Welche Produkte lassen sich mit welchen Stückzahlen unter von Ihnen angenommenen Bedingungen voraussichtlich absetzen? (Hier sollten Sie nicht den Fehler machen und Ihre Absatzprognose zu optimistisch einschätzen.)

↑ Ist mit möglichen Reaktionen seitens der Käufer oder Konkurrenten auf Ihre Produkteinführung zu rechnen?

↑ Gibt es noch Marktlücken, die „danach schreien", besetzt zu werden?

↑ Gibt es von der Käuferseite bestimmte Standards bezüglich Produktgestaltung und Qualität, die von Anfang an beachtet werden sollten?

In der zweiten Phase der langfristigen Fertigungsprogrammplanung muss die Umsetzung des Vorhabens geplant werden, indem Überlegungen hinsichtlich des Produktionsverfahrens, der Beschaffenheit und Qualität der benötigten Rohstoffe und der vekaufsfähigen Endprodukte angestellt werden.

Als Produktionsverfahren stehen z.B. zur Auswahl: Einzel-, Serien- und Massenfertigung sowie Eigenherstellung oder Fremdbezug.

Sie sollten auf jeden Fall in Ihre Überlegungen mit einbeziehen, dass nicht jedes Produktionsverfahren neu entwickelt werden muss, sondern die Möglichkeit besteht, durch entsprechende Lizenzverträge ein bereits bestehendes Produktionsverfahren „anzumieten".

Mittelfristige Fertigungsprogrammplanung

Der mittelfristigen Fertigungsprogrammplanung obliegen folgende Aufgaben:

↑ Entwurf der herzustellenden Produkte
↑ Festlegung verschiedener Varianten des Erzeugnisses
↑ Bestimmung der Produktionstiefe

Alternativ ist immer zu berücksichtigen, dass nicht jedes verkaufte Produkt selber hergestellt sein muss, es gibt neben der Eigenfertigung zur Verfeinerung und Abrundung des eigenen Sortiments durchaus die Möglichkeit eines parallelen Fremdbezugs.

Ganz wichtig ist, bereits in diesem Stadium der Planung den Lebenszyklus des herzustellenden Produkts ungefähr vorauszusagen. Die klassische Betriebswirtschaftslehre kennt in diesem Zusammenhang insgesamt fünf Lebensphasen eines Produkts.

Zu beachten ist, dass der Gewinn in der Regel bereits zu einem Zeitpunkt rückläufig wird, an dem die Sättigungsphase des Produkts noch nicht begonnen hat.

Sie sollten aber beachten, dass der klassische Produktlebenszyklus nicht in allen Fällen zutrifft. Gerade die Lebensdauer hängt stark von der Produktart ab. Aufgrund der Erfahrungen in der Praxis kann davon ausgegangen werden, dass konsumnahe Güter (z.B. Kleidung, Waschmittel, Getränke) eine kürzere Lebenskurve aufweisen als konsumfernere Produkte (z.B. Fertighäuser, Autos). Allerdings besteht die Möglichkeit, durch gezielte Werbemaßnahmen in Kombination mit einer geschickten Preisdifferenzierung den natürlichen Lebenszyklus zu verlängern.

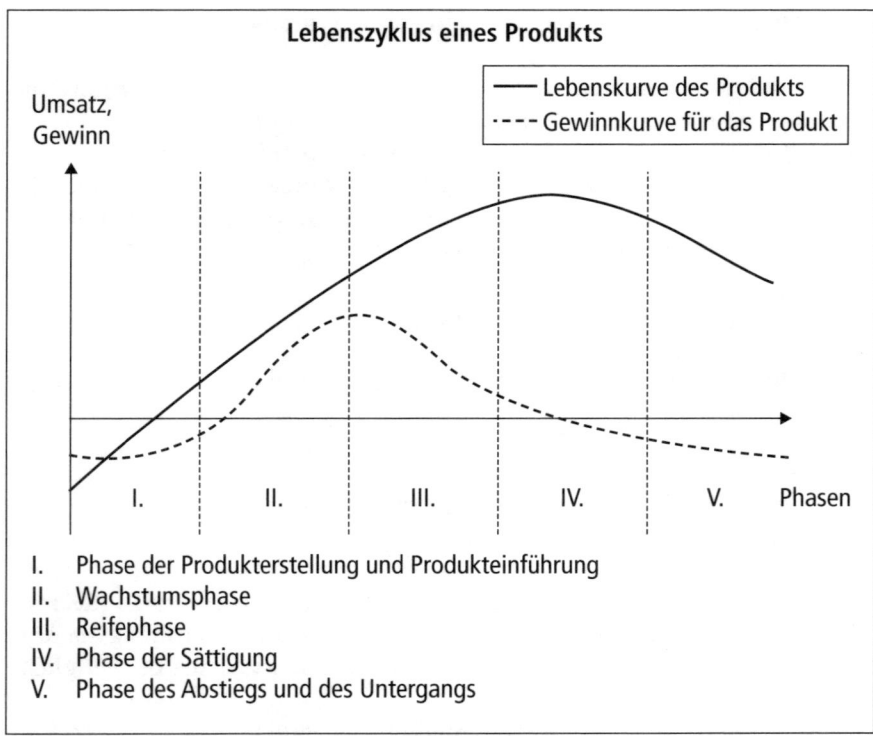

Lebenszyklus eines Produkts

Umsatz, Gewinn

—— Lebenskurve des Produkts

- - - Gewinnkurve für das Produkt

I. II. III. IV. V. Phasen

I.   Phase der Produkterstellung und Produkteinführung
II. Wachstumsphase
III. Reifephase
IV. Phase der Sättigung
V.   Phase des Abstiegs und des Untergangs

Kurzfristige Fertigungsprogrammplanung

Die kurzfristige Fertigungsprogrammplanung bezieht sich auf einen Zeitraum von 6 bis maximal 12 Monaten. Aufgabenschwerpunkt im Rahmen der kurzfristigen Programmplanung ist die Absatz- bzw. Engpassausrichtung.

Absatzorientierung

Absatzorientiert kann immer dann geplant werden, wenn die Stückzahlen, die voraussichtlich abgesetzt werden, auch im eigenen Unternehmen produziert werden können. Es macht aber nur dann Sinn, so viel Produkte herzustellen, wie abgesetzt werden können, wenn damit „unterm Strich" auch ein Gewinn für das Unternehmen herauskommt. Falsch wäre es in diesem Zusammenhang, auf den Gewinn eines einzelnen Produkts zu achten, weil es im Bereich der Kosten für Gehälter, Löhne, Abschreibungen usw. eine

Zweiteilung in der Weise gibt, dass manche Kosten unabhängig von der Beschäftigungssituation sind, andere sich in der Höhe mit unterschiedlichem Beschäftigungsgrad verändern.

Kosten, die von der Beschäftigungssituation unabhängig sind, sind z. B. Abschreibungen, Gehälter, Mieten usw. Dagegen schwanken die Kosten für Strom, Wasser, eingesetztes Fertigungsmaterial entsprechend der Beschäftigung. Mit anderen Worten lassen sich Kosten danach klassifizieren, ob sie von der Beschäftigungssituation unabhängig sind, also fix, oder entsprechend einem schwankenden Beschäftigungsgrad unterschiedlich hoch ausfallen, also variablen Charakter haben.

Zunächst ist für die Absatzorientierung nur von Bedeutung, ob der Verkaufspreis höher ist als die mit der Produktion zusammenhängenden variablen Kosten. In diesem Fall spricht man auch von einem positiven Deckungsbeitrag.

Wenn mehrere unterschiedliche Produkte gleichzeitig hergestellt werden, bietet es sich unter Kostengesichtspunkten an, die Produkte bei der Herstellung zu bevorzugen, die den höchsten Deckungsbeitrag erwirtschaften. Unter unternehmerischen Aspekten betrachtet, führt die reine Kostensichtweise nicht immer zum besten oder gewünschten Ergebnis. Aus absatzpolitischen Überlegungen heraus lässt es sich meistens nicht vermeiden, auch Produkte am Absatzmarkt anzubieten, die nicht immer den höchsten Deckungsbeitrag aufweisen, weil man als Hersteller auch darauf bedacht sein muss, einen gewissen Produktstandard zu gewährleisten.

z. B. Ein Hersteller von Computerdruckern muss einem potenziellen Käufer auch die nötigen Ersatzteile sowie die zum Druck erforderlichen Kartuschen oder Druckerpatronen anbieten, wenn er möchte, dass sein Drucker gekauft wird. Dabei kann es durchaus passieren, dass der Drucker einen negativen Deckungsbeitrag erzielt, die Druckerpatronen aber einen positiven Deckungsbeitrag erwirtschaften.

Engpassorientierte Planung

In der Praxis ist es leider oft so, dass im Falle einer mehrteiligen Produktion in einer oder sogar mehreren Produktionsabteilungen zeitlich Engpässe auftreten. Aufgabe der kurzfristigen Fertigungsprogrammplanung ist, einen Engpass bereits im Vorfeld zu erkennen, um rechtzeitig Gegenmaßnahmen einleiten zu können.

Möchte man im Falle einer Engpasssituation das optimale Produktionsprogramm zusammenstellen, muss die begrenzte Fertigungszeit so gut wie möglich genutzt werden. Dabei ist in folgenden Schritten vorzugehen:

1. Ermittlung, in welcher Abteilung ein Engpass eintreten könnte oder bereits eingetreten ist
2. Bestimmung der für die Produktion zur Verfügung stehenden Zeit der Engpassabteilung, wobei Zeiten für die nötige Wartung von Maschinen sowie sonstige Stillstandszeiten bereits berücksichtigt werden sollten
3. Festlegung, wie viel Stück von jedem Produkt aufgrund von absatzpolitischen Überlegungen mindestens gefertigt werden müssen
4. Festlegung der Fertigungszeit für jedes zu fertigende Stück
5. Bestimmung der benötigten Gesamtzeit in der Engpassabteilung, wenn die unter Punkt 3 und 4 mindestens zu produzierende Stückzahl hergestellt werden soll
6. Bestimmung eines relativen Deckungsbeitrags für jedes Produkt (Der Deckungsbeitrag pro Stück, ermittelt durch den Unterschiedsbetrag von Preis und variablen Kosten, wird in Bezug auf eine Produktionszeit von einer Minute ausgedrückt.)
7. Das Produkt mit dem höchsten relativen Deckungsbeitrag wird bis zur möglichen Absatzmenge bevorzugt hergestellt, danach das mit dem zweithöchsten relativen Deckungsbeitrag.

z.B. Die Beispiel KG fertigt drei verschiedene Typen von Puppen. Typ I ist „Sissi", Typ II ist „Saskia" und Typ III ist „Sarah". Im Rahmen der Produktionsplanung werden folgende Zahlen prognostiziert:

Puppentyp	Erlös pro Stück in €	verkaufte Stück	variable Stückkosten in €
Sissi	24,00	3 000	11,00
Saskia	28,00	4 000	16,00
Sarah	35,00	2 000	17,50

Die Produktionszeit beläuft sich auf:

Sissi	20 Minuten
Saskia	32 Minuten
Sarah	40 Minuten

Die Gesamtkapazität der Maschine, auf der alle drei Puppentypen gefertigt werden, beläuft sich auf insgesamt 3 000 Stunden im Jahr.
Aufgrund von absatzpolitischen Überlegungen müssen von jedem Puppentyp mindestens 500 Stück gefertigt werden.
Aus dem soeben aufgestellten 7-Punkte-Plan ergibt sich folgendes Bild:

1. *Ermittlung, in welcher Abteilung ein Engpass eintreten könnte oder bereits eingetreten ist*

   Die Maschine ist die Engpassstelle.

2. *Bestimmung der für die Produktion zur Verfügung stehenden Zeit der Engpassabteilung, wobei Zeiten für die nötige Wartung von Maschinen sowie sonstige Stillstandszeiten bereits berücksichtigt werden sollten*

   Die Maschinenkapazität ist begrenzt auf maximal 3 000 Stunden = 180 000 Minuten im Jahr.

3. *Festlegung, wie viel Stück von jedem Produkt aufgrund von absatzpolitischen Überlegungen mindestens gefertigt werden müssen.*

   Von jedem der drei Puppentypen müssen mindestens 500 Stück gefertigt werden.

4. *Festlegung der Fertigungszeit für jedes zu fertigende Stück*
5. *Bestimmung der benötigten Gesamtzeit in der Engpassabteilung, wenn die unter Punkt 3 und 4 mindestens zu produzierende Stückzahl hergestellt werden soll*

Puppentyp	Zeit pro Puppe (Minuten)	Gesamtproduktionszeit (Minuten)
Sissi	20	10 000
Saskia	32	16 000
Sarah	40	20 000
Gesamt	92	46 000

6. Bestimmung eines relativen Deckungsbeitrags für jedes Produkt

Puppentyp	Sissi	Saskia	Sarah
Erlös je Stück	24,00	28,00	35,00
Variable Kosten	11,00	16,00	17,50
Deckungsbeitrag pro Stück (absolut)	13,00	12,00	17,50
Fertigungszeit in Minuten	20	32	40
Deckungsbeitrag pro Minute Fertigungszeit	0,65	0,375	0,4375
Rangstufe für den relativen Deckungsbeitrag	1. Stufe	3. Stufe	2. Stufe

7. Das Produkt mit dem höchsten relativen Deckungsbeitrag wird bis zur möglichen Absatzmenge bevorzugt hergestellt, danach das mit dem zweithöchsten relativen Deckungsbeitrag

Zur Verfügung stehende maximale Zeit:				180 000 Minuten
Mindestproduktion von:				
Sissi Saskia Sarah	500 Stück à 20 Minuten 500 Stück à 32 Minuten 500 Stück à 40 Minuten	= = =	10 000 16 000 20 000	46 000 Minuten
Verbleibende Restzeit:				134 000 Minuten
Über die Mindestzahl hinausgehende Produktion:				
Sissi Saskia	2 500 Stück à 20 Minuten 2 625 Stück à 32 Minuten	= =	50 000 84 000	134 000 Minuten
Restzeit:				0 Minuten

3.2 Planung durch Netzplantechnik

In der Praxis gibt es viele Varianten, etwas zu planen. Aber wie plant man am besten, damit man jederzeit den Überblick behält.

Um die Herstellung von Produkten zu planen, müssen bestimmte Arbeiten verrichtet werden, die zeitlich aufeinander folgen. Den jeweiligen Aufgaben werden im Rahmen der Planung bestimmte Anfangs- und Endzeitpunkte zugewiesen.

In der Praxis hat sich die so genannte Netzplantechnik bewährt, mit der die folgerichtigen (logischen) und zeitlichen Verknüpfungen von Tätigkeiten, die voneinander abhängen und sich gegenseitig beeinflussen, aufeinander abgestimmt und bildlich dargestellt werden. Hauptziel bei der Netzplantechnik ist die Hervorhebung des „kritischen Weges", d. h. des Weges, der bei parallel laufenden Tätigkeiten die längste Zeit in Anspruch nimmt.

In der Netzplantechnik wird vorwiegend mit den folgenden Ausdrücken gearbeitet:

Der **Gesamtpuffer** spiegelt den Zeitraum wider, um den eine Tätigkeit verschoben werden kann, ohne dass dadurch der Fertigstellungstermin des gesamten Projekts gefährdet wäre. Der Gesamtpuffer ist die Differenz aus dem spätesten Anfangszeitpunkt und dem frühesten Anfangszeitpunkt einer jeden einzelnen Aufgabe.

Davon zu unterscheiden ist der **freie Puffer**, der die Zeitspanne angibt, um den eine Teilaufgabe verschoben werden kann, ohne dass dies zeitliche Auswirkungen auf die nachfolgende Tätigkeit hat. Die freie Pufferzeit errechnet sich aus der Differenz zwischen dem frühesten Anfangszeitpunkt der nachfolgenden Tätigkeit und dem frühesten Endzeitpunkt der vorangehenden Tätigkeit.

| z.B. | Sie planen den Bau eines Kundenparkplatzes. Dafür sind folgende Arbeiten nötig: |

Planungsphase	40 Tage	danach Erdaushub
Aushub der Erde	6 Tage	danach Sandfundament
Auffüllung mit Sand	3 Tage	danach planieren
Planierung	1 Tag	danach Kabelverlegung
Kabelverlegung	3 Tage	danach Verlegung von Pflastersteinen
Pflastersteine verlegen	5 Tage	danach Rüttelung
Pflastersteine abrütteln	1 Tag	danach Einzäunung des Parkplatzes
Einzäunung des Parkplatzes	2 Tage	Ende

FAZ = frühester Anfangszeitpunkt
FEZ = frühester Endzeitpunkt
SAZ = spätester Anfangszeitpunkt
SEZ = spätester Endzeitpunkt
GP = Gesamtpuffer = SAZ–FAZ
FP = freier Puffer = FAZ (Nachfolgevorgang)
      – FEZ (Vorgängervorgang)

FAZ		FEZ
Vorgang	Beschreibung	
Dauer	GP	FP
SAZ		SEZ

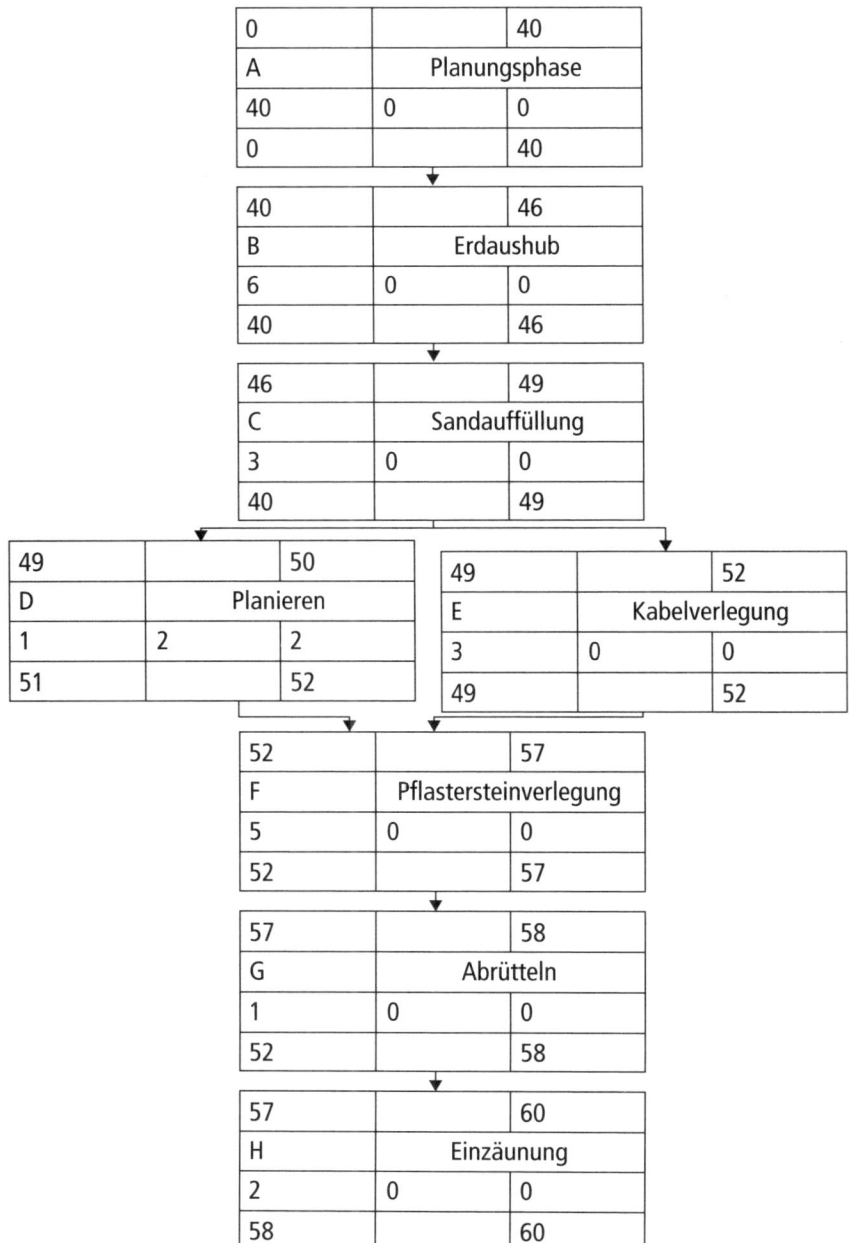

0		40
A	Planungsphase	
40	0	0
0		40

40		46
B	Erdaushub	
6	0	0
40		46

46		49
C	Sandauffüllung	
3	0	0
40		49

49		50
D	Planieren	
1	2	2
51		52

49		52
E	Kabelverlegung	
3	0	0
49		52

52		57
F	Pflastersteinverlegung	
5	0	0
52		57

57		58
G	Abrütteln	
1	0	0
52		58

57		60
H	Einzäunung	
2	0	0
58		60

Vorteile, die für eine bevorzugte Anwendung der Netzplantechnik sprechen:

↑ Bereits im Vorfeld der Planung können Engpässe beim Einsatz der benötigten Produktionsfaktoren ausgeräumt werden.
↑ Die Terminverfolgung lässt sich leichter bewerkstelligen, weil bereits zu Beginn der Arbeiten ein „vorläufiger" Endtermin geplant ist.
↑ Man behält jederzeit den Überblick darüber, ob man sich noch innerhalb des Zeitplans befindet.

3.3 Welche Fertigungsarten eignen sich wofür?

Für die Durchführung der Fertigung kommen verschiedene Fertigungsverfahren in Betracht.
Neben der Einzelfertigung gibt es vor allem die Mehrfachfertigung in Form von Serien-, Sorten- und Massenfertigung, die je nach Situation noch weiter unterteilt werden können. Diese Einteilung bezieht sich ausschließlich auf die Art und den Umfang, wie oft mit sich ständig wiederholenden Fertigungsvorgängen Produkte gefertigt werden.
Heutzutage ist die Organisationsform in der Fertigung immer mehr auf dem Vormarsch. Die in der Praxis am häufigsten anzutreffenden Erscheinungsformen sind:

↑ Werkstattfertigung
↑ Gruppenfertigung
↑ Fließfertigung

Einzelfertigung

Von Einzelfertigung wird gesprochen, wenn von einem Produkt nur ein einzelnes Stück hergestellt wird. Die Einzelfertigung kann simultan, d.h. nebeneinander, oder sukzessiv, d.h. hintereinander, erfolgen.
Bei der Einzelfertigung gleicht kein erzeugtes Produkt völlig oder nur annähernd dem anderen (z.B. beim Schiffsbau, Brücken- und Straßenbau, hochwertige Autos).
Bei einer sukzessiven Einzelfertigung wird zuerst ein Produkt fertig gestellt, bevor mit dem nächsten begonnen wird (z.B. Brückenbau). Davon zu unterscheiden ist die simultane Einzelfertigung, die man häufig im Spe-

zialmaschinenbau vorfindet. Bei der simultanen Einzelfertigung werden mehrere Einzelstücke zeitgleich nebeneinander hergestellt, die sich jedoch in Bauart, Größe oder verwendetem Material voneinander unterscheiden.
Bei der Einzelfertigung wird in der Regel die Handarbeit bevorzugt, manchmal auch die Werkstattfertigung. Heutzutage wird selbst bei Betrieben mit überwiegender Einzelfertigung (z. B. Waggonfabrik) versucht, gleichförmige Arbeiten zusammenzufassen, um die Produktion rationeller zu gestalten.

Serienfertigung

Von Serienfertigung kann ausgegangen werden, wenn innerhalb eines Fertigungsprogramms die Erzeugnisse in einer von vornherein begrenzten Stückzahl entweder hinter- oder nebeneinander gefertigt werden. Die Besonderheit der Serienfertigung ist, dass die hergestellten Produkte sich mehr oder weniger stark voneinander unterscheiden. Ausgestaltungen der Serienfertigung sind die Großserienfertigung (z. B. in der Automobilbranche) oder die Kleinserienfertigung (z. B. Werkzeugmaschinen).
Das Besondere an der Serienfertigung ist, dass durch Bündeln von Aufträgen eine begrenzte Stückzahl gleichartiger Produkte kostengünstiger hergestellt wird als bei der Einzelfertigung.
Zu beachten ist jedoch, dass sehr hohe Umrüstkosten beim Wechseln von einer Serie zur nächsten Serie anfallen.
Wird in Großserien gefertigt, kann man auf die Hilfe vieler ungelernter Arbeitskräfte zurückgreifen, wohingegen die Kleinserienfertigung ausgebildete Spezialisten erforderlich macht.

Sortenfertigung

Werden mit den gleichen Maschinen in einem fast identischen Produktionsprozess von einem Grundtyp von Produkt nur wenige Varianten hergestellt, spricht man von Sortenfertigung.
Die Sortenfertigung ähnelt sehr der Serienfertigung. Bei der Sortenfertigung werden entweder artgleiche Produkte gefertigt oder es wird bei der Erzeugung ein ähnlicher Rohstoff verwendet. Sortenfertigung findet man z. B. bei der Herstellung von Kugellagern, Schrauben, Bleistiften vor.

Massenfertigung

Die Massenfertigung zeichnet sich dadurch aus, dass entweder nur ein Erzeugnis oder mehrere Produkte in einem immer gleich laufenden Fertigungsprozess in großer Stückzahl über einen verhältnismäßig langen Zeitraum hergestellt werden.

Von einfacher Massenfertigung wird gesprochen, wenn ein stets gleichartiges Produkt gefertigt wird, z.B. bei Elektrizitätswerken, Wasserwerken usw. Diese Erscheinungsform ist heutzutage jedoch seltener.

Häufiger trifft man die mehrfache Massenfertigung an, die als „Ableger" der Sorten- bzw. Serienfertigung hervorgegangen ist. Dabei werden mehrere Erzeugnisse jeweils über eine längere Zeitperiode in hoher Stückzahl gleichzeitig gefertigt, wobei für jedes Produkt eine separate „Fertigungsstraße" eingerichtet ist, z.B. bei der Fertigung von Glühbirnen, Milchbeuteln usw. Aus planerischer Sicht ist ein solches Vorgehen desto kostengünstiger, je mehr Stückzahlen hergestellt und auch abgesetzt werden können, weil dadurch die Fertigung weniger oft umgestellt werden muss.

Werkstattfertigung

Sind Arbeitsplätze, die gleiche oder ähnliche Arbeitsaufgaben erledigen sollen, in einer Werkstatt zu einem ortsgebundenen Arbeitssystem zusammengefasst, liegt eine Werkstattfertigung vor.

Der Werkstattfertigung ist immer dann der Vorzug zu geben, wenn der Hersteller sehr flexibel bleiben möchte, damit er sich an sich ständig ändernde Gegebenheiten schneller anpassen kann. Typischer Fall ist eine Reparaturwerkstatt, die sich ständig wechselnden Gegebenheiten gegenübersieht, die nicht im Voraus alle einzeln planbar sind.

Gruppenfertigung

Genau wie die Werkstattfertigung ist auch die Gruppenfertigung ortsgebunden. Die Gruppenfertigung zeichnet sich dadurch aus, dass alle zur Produktion benötigten Maschinen oder Arbeitsplätze für einen Arbeitsabschnitt, z.B. Einbau der Türen in einen Schrank, nach dem Arbeitsfluss geordnet zu einer Gruppe zusammengefasst sind. Dadurch, dass sowohl die Maschinen als auch die Arbeitsplätze der Mitarbeiter nach dem Arbeitsfluss des Produkts angeordnet sind, können nicht nur erhebliche Transportzeiten, sondern vor allem auch hohe Transportkosten eingespart werden.

Fließfertigung

Bei der Fließfertigung durchlaufen die zu bearbeitenden Produkte einzeln die nach dem Fertigungsflussprinzip angeordneten Maschinen und Arbeitsplätze in einer dauernden Folge. Dadurch können ablaufbedingte Wartezeiten vermieden werden. In der normalerweise organisierten Fließfertigung (= Fließbandfertigung) werden die Fertigungsprozesse in mehrere Arbeitsschritte zerlegt, wobei die Zeiten für die Verrichtung der Arbeitsgänge vorgegeben wird. Zur Weiterbeförderung der Produkte dient meistens ein ständig in Betrieb befindliches Transportband, das dafür sorgt, dass die Werkstücke den nächsten Arbeitsgang erreichen.

Mit der Fließfertigung sind nicht nur Vorteile, sondern auch Nachteile verbunden:

Vorteile der Fließfertigung:

↑ Es entstehen geringe Kosten für Transport, Räume, Personal und Lager.
↑ Eine Leistungssteigerung durch Spezialisierung ist möglich.
↑ Die Fertigung ist übersichtlich, da jederzeit festgestellt werden kann, wie viel Produkte fertig sind.

Nachteile der Fließfertigung:

↑ hohe Umstellungskosten
↑ hohe Abhängigkeit von der rechtzeitigen Beschaffung aller benötigten Werkstoffe und Werkzeuge
↑ hohe Fixkosten, die nicht kurzfristig abbaubar sind

4 Jedes Unternehmen braucht Mitarbeiter – Personalwirtschaft

4.1 Wie sieht ein Arbeitsvertrag aus?

Werden Mitarbeiter eingestellt, müssen bestimmte Angelegenheiten geregelt werden, die man meist in einem Arbeitsvertrag festhält. Dort sollten zumindest die Art der Tätigkeit, das Eintrittsdatum sowie die Höhe des Arbeitsentgelts vereinbart werden, um Streitereien von vornherein aus dem Weg zu gehen. In der Regel werden weitere Einzelheiten in einem Arbeitsvertrag geregelt, wie z.B. Beginn und Ende eines Arbeitsverhältnisses sowie Rechte und Pflichten von beiden Vertragsparteien.

Meistens ist der Arbeitnehmer gegenüber dem Arbeitgeber in der schwächeren Verhandlungsposition.

Um Benachteiligungen zu vermeiden, gibt es außer dem Arbeitsvertrag noch weitere gesetzliche Bestimmungen, die für ein ordnungsgemäßes Einhalten bestimmter Mindestvoraussetzungen sorgen.

Zu beachten sind:

↑ Bundesurlaubsgesetz
↑ Kündigungsschutzgesetz
↑ Tarifvertrag
↑ Eine evtl. bestehende Betriebsordnung

In der Betriebsordnung werden betriebsinterne Regelungen getroffen, die zwischen dem Arbeitgeber und dem Betriebsrat ausgehandelt worden sind und für die gesamte Belegschaft Gültigkeit besitzen. Hierunter fallen z.B. Arbeitszeitregelung, Rauchverbot in bestimmten Bereichen des Unternehmens, Urlaubsplanung, soziale Maßnahmen.

Bei den Tarifverträgen gibt es eine Zweiteilung:

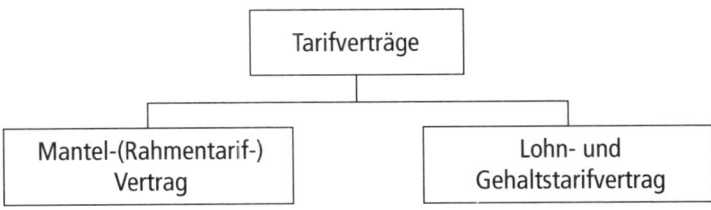

Der Manteltarifvertrag enthält generelle Regelungen für eine längere Zeitdauer. In ihm sind unter anderem geregelt: Arbeitsbedingungen, Lohngruppen, Höhe von Lohn- und Gehaltszuschlägen, Arbeitszeiten usw.
Im Gegensatz dazu läuft der Lohn- und Gehaltstarifvertrag eine relativ kurze Zeit (in der Regel ein bis zwei Jahre). Er enthält Bestimmungen über Lohn- und Gehaltssätze für die unterschiedlichen Lohn- und Gehaltsgruppen und die Eingruppierung in die einzelnen Lohn- und Gehaltsgruppen, die sich an der Vorbildung und dem derzeitigen Kenntnisstand der Mitarbeiter orientieren. In dem Lohn- und Gehaltstarifvertrag sind meistens Ecklöhne festgeschrieben, die zwar überschritten, aber niemals unterschritten werden dürfen.
Tarifverträge stellen Vereinbarungen zwischen den Gewerkschaften und dem Arbeitgeberverband dar.

4.2 Welche Rechte und Pflichten erwachsen aus einem Arbeitsvertrag?

Durch die vertragliche Vereinbarung in Form eines Arbeitsvertrags übernehmen sowohl der Arbeitnehmer als auch der Arbeitgeber bestimmte Rechte und Pflichten. Gerade für den kaufmännischen Angestellten ergeben sich folgende Rechte:

↑ Anspruch auf das vereinbarte Gehalt/Lohn
↑ Fürsorgepflicht des Arbeitgebers
↑ Recht auf Zeugniserteilung

Gehaltsanspruch

Neben dem laufenden Gehaltsanspruch, der meistens am Ende eines jeden Monats unbar auf das Girokonto des Arbeitnehmers ausgezahlt wird, hat der Arbeitnehmer außerdem noch Anspruch auf Urlaubs- und Weihnachtsgeld, sofern das vertraglich vereinbart worden ist. Außerdem hat der Arbeitgeber das Gehalt mindestens für sechs Wochen weiterzuzahlen, wenn der Arbeitnehmer über einen längeren Zeitraum erkranken sollte.

Fürsorgepflicht

Zur Fürsorgepflicht des Arbeitgebers gehört, dem Arbeitnehmer einen sauberen und ordnungsgemäß beheizten und beleuchteten Arbeitsplatz zur Verfügung zu stellen. Der Arbeitgeber hat außerdem dem Arbeitnehmer seinen ihm zustehenden Jahresurlaub zu gewähren.

Recht auf Erteilung eines Zeugnisses

Scheidet der Arbeitnehmer aus dem Unternehmen aus, hat er Anspruch auf die Ausstellung eines Zeugnisses. Beim Zeugnis wird danach unterschieden, ob der Arbeitnehmer ein einfaches oder ein qualifiziertes Zeugnis erhalten soll. Das einfache Zeugnis beinhaltet lediglich Angaben zur Zeitdauer der Beschäftigung sowie kurze Angaben über die Art der Tätigkeit. Ein qualifiziertes Zeugnis gibt darüber hinaus Auskunft, welche Qualität die Tätigkeit besaß.

Der kaufmännische Angestellte hat neben seinen Rechten auch folgende Pflichten:

↑ Erbringung der vertraglich vereinbarten Arbeitsleistung
↑ Pflicht zur Verschwiegenheit und Unbestechlichkeit
↑ Wettbewerbsverbot

Pflicht zur Erbringung der vertraglich vereinbarten Arbeitsleistung

Der Arbeitnehmer verpflichtet sich, alle im Rahmen des Arbeitsvertrags anfallenden Arbeiten sorgfältig und nach bestem Wissen und Können auszuführen.

Verschwiegenheitspflicht

Es versteht sich von selbst, dass der Arbeitnehmer über alles, was er im Rahmen seines Arbeitsverhältnisses an Informationen erhält, Stillschweigen zu bewahren hat. Es ist dem Arbeitnehmer verboten, über Betriebsgeheimnisse mit fremden Dritten zu sprechen oder irgendwelche anderen internen Informationen gegen Entgelt an Dritte weiterzuleiten. Eine Zuwiderhandlung kann die fristlose Kündigung nach sich ziehen.

Wettbewerbsverbot

Ohne Einwilligung seines Arbeitgebers darf kein Angestellter nebenher ein eigenes Handelsgewerbe betreiben. Das gilt auch dann, wenn der Arbeitnehmer sich in einer anderen Branche als der des Arbeitgebers nebenher selbstständig gemacht hat.
Einzelvertraglich kann sogar geregelt sein, dass der Arbeitnehmer nach dem Ausscheiden aus dem Unternehmen dem derzeitigen Arbeitgeber für eine gewisse Zeitdauer keine Konkurrenz machen darf.

4.3 Worauf muss bei einer Kündigung geachtet werden?

Soll von Seiten des Arbeitgebers oder des Arbeitnehmers ein Arbeitsverhältnis aufgelöst werden, muss gekündigt werden. Für eine wirksam ausgesprochene Kündigung ist die Schriftform erforderlich, um bei Streitigkeiten einen Beweis in Händen zu halten. Eine elektronische Form der Kündigung ist nicht zulässig. Eine Kündigung eines Arbeitsverhältnisses stellt eine einseitige Willenserklärung dar, die der anderen Vertragspartei zugehen muss. Ob der Empfänger der Kündigung dieser zustimmt oder nicht, ist für die Wirksamkeit der Kündigung nicht von Belang. Wichtig ist nur, dass der Kündigende nachweisen kann, dass die Kündigung dem anderen zugegangen ist. Das wird in der Praxis dadurch erreicht, dass man sich den Kündigungszugang von der anderen Seite quittieren lässt oder die Kündigung mit eingeschriebenem Brief per Post verschickt.
Grundsätzlich kann nicht gekündigt werden, wann man möchte. Mit rechtlicher Wirkung kann das Arbeitsverhältnis eines Arbeiters oder Angestellten mit einer Frist von vier Wochen zum 15. oder zum Ende eines Kalendermonats gekündigt werden.

1. Kündigungsmöglichkeit:

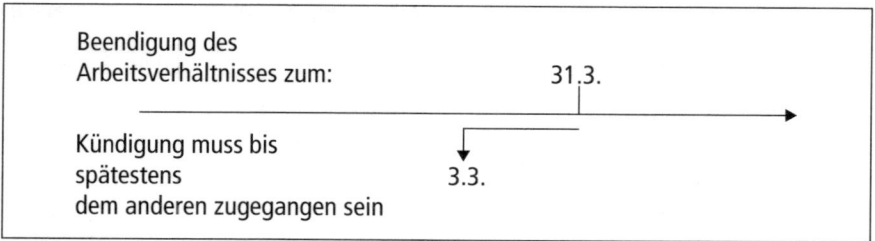

2. Kündigungsmöglichkeit:

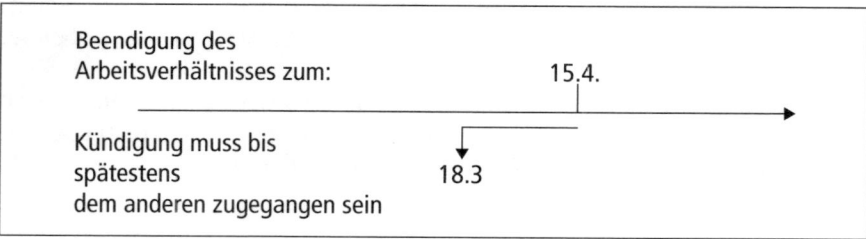

Für langjährige Mitarbeiter erhöht sich die Kündigungsfrist nach dem folgenden Schema:

Das Arbeitsverhältnis hat ... Jahre bestanden	Die Kündigungsfrist des Arbeitgebers beträgt ... zum Ende eines Kalendermonats
2 Jahre	1 Monat
5 Jahre	2 Monate
8 Jahre	3 Monate
10 Jahre	4 Monate
12 Jahre	5 Monate
15 Jahre	6 Monate
20 Jahre	7 Monate

Bei der Berechnung ist allerdings zu beachten, dass Beschäftigungszeiten, die vor der Vollendung des 25. Lebensjahres des Arbeitnehmers liegen, unberücksichtigt bleiben. Die erhöhten Kündigungsfristen gelten nur für den

Arbeitgeber und nicht automatisch auch für den Arbeitnehmer, sofern einzelvertraglich nichts anderes vereinbart worden ist.

Befindet sich der Arbeitnehmer noch in der Probezeit, die längstens 6 Monate dauert, kann das Arbeitsverhältnis mit einer Frist von 2 Wochen gekündigt werden.

Einzelvertraglich kann eine kürzere Kündigungsfrist als von 4 Wochen zum Fünfzehnten oder zum Ende eines Kalendermonats vereinbart werden, wenn der Arbeitgeber in der Regel nicht mehr als 20 Arbeitnehmer ausschließlich der Auszubildenden beschäftigt und die Kündigungsfrist 4 Wochen nicht unterschreitet.

Davon unberührt bleibt für beide Vertragsparteien die Möglichkeit zur fristlosen Kündigung. Das setzt aber voraus, dass ein Tatbestand vorliegt, aufgrund dessen dem Kündigenden unter Berücksichtigung aller Umstände des Einzelfalles und unter Abwägung der Interessen beider Vertragsteile die Fortsetzung des Dienstverhältnisses bis zum Ablauf der Kündigungsfrist nicht zugemutet werden kann.

Wichtige Gründe für den Arbeitgeber:

↑ wenn der Arbeitnehmer Betriebsgeheimnisse „ausplaudert"
↑ wenn der Arbeitnehmer seine Arbeitskraft verweigert
↑ wenn der Arbeitnehmer gegen das Wettbewerbsverbot verstößt
↑ wenn der Arbeitnehmer dem Arbeitgeber körperliche Gewalt androht

Wichtige Gründe für den Arbeitnehmer:

↑ wenn der Arbeitgeber seine Fürsorgepflicht verletzt hat
↑ wenn der Arbeitgeber das Gehalt nicht zahlt
↑ wenn der Arbeitgeber dem Arbeitnehmer körperliche Gewalt androht

4.4 Der Geschäftsinhaber muss nicht alles selber machen

Aufgrund der heutzutage breit gefächerten Arbeitsteilung und Spezialisierung ist es nicht mehr möglich, als Chef alles selbst zu machen. Es sind vertrauenswürdige Mitarbeiter gefragt, die bestimmte Arbeiten als Stellvertreter des Chefs ausüben dürfen.

In der Praxis wird hauptsächlich unterschieden in Handlungsvollmacht und Prokura.

Handlungsvollmacht

Bei der Handlungsvollmacht, die ihre gesetzliche Grundlage in § 54 HGB hat, wird im Zusammenhang mit dem Vollmachtsumfang unterschieden in:

1. Einzelvollmacht, die sich auf eine einmalige Tätigkeit bezieht.

> **z.B.** Der Mitarbeiter A wird vom Chef bevollmächtigt, am heutigen Tag vom Kunden K eine Geldzahlung in Höhe von 10 000 Euro anzunehmen.

2. Artvollmacht: Hierbei wird ein Mitarbeiter bevollmächtigt, ein bestimmtes Rechtsgeschäft für den Chef dauernd vorzunehmen.

> **z.B.** Der Mitarbeiter A wird vom Chef bevollmächtigt, Einkäufe für die Firma bis zu einem Betrag von maximal 10 000 Euro zu tätigen.

3. Handlungsvollmacht: Ein Mitarbeiter wird ermächtigt, alle gewöhnlichen Rechtsgeschäfte der Firma für und gegen den Firmeninhaber zu erledigen.

> **z.B.** Der Mitarbeiter A wird vom Chef bevollmächtigt, sämtliche Geschäfte im Zusammenhang mit einer Zweigniederlassung abzuwickeln.

Prokura

Eine besondere Form der Vollmacht stellt die Prokura dar. Die Prokura ist eine handelsrechtliche Art der Vollmacht (§§ 48 ff. HGB), die im Gegensatz zur Handlungsvollmacht nur von einem Vollkaufmann oder dessen gesetzlichem Vertreter mittels ausdrücklicher Erklärung erteilt werden kann. Anders als bei der Handlungsvollmacht muss eine Prokura in das Handelsregister eingetragen werden. Die Vollmacht der Prokura geht über die Handlungsvollmacht insofern weit hinaus, als dass ein Prokurist zu allen Rechtsgeschäften, die irgendein Handelsgewerbe mit sich bringen kann, ermächtigt ist.

Das Besondere der Prokura ist weiterhin, dass der Vollmachtsumfang der Prokura grundsätzlich nicht vom Vollmachtgeber, sondern vom Gesetz (insbesondere § 49 HGB) bestimmt wird. Diese Regelung ist nicht nur im Interesse des Rechtsverkehrs, sondern trägt auch den gesteigerten Bedürfnissen des Handelsverkehrs nach einem erhöhten Vertrauensschutz Rechnung. Denn jeder, der mit einem Prokuristen in eine Geschäftsbeziehung tritt, muss und kann sich darauf verlassen, dass er im Rahmen seiner Vertretungsmacht handelt. Nach dem Gesetz ist ein Prokurist „zu allen Arten von ... Geschäften und Rechtshandlungen, die der Betrieb eines Handelsgewerbes mit sich bringt", ermächtigt (§ 49 HGB). Außerdem ist eine Beschränkung des Umfangs der Prokura Dritten gegenüber unwirksam (§ 50 HGB).

Die Prokuraerteilung ist nur von dem Inhaber des Handelsgeschäftes oder seinem gesetzlichen Vertreter und nur mittels ausdrücklicher Erklärung vorzunehmen (§ 48 Abs. 1 HGB). Dabei ist allerdings zu beachten, dass die Erteilung der Prokura immer losgelöst von dem ihr zugrunde liegenden Grundverhältnis (z. B. Anstellungsvertrag) ist.

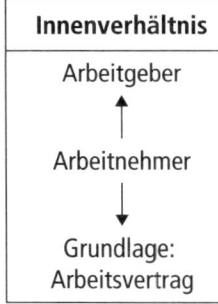 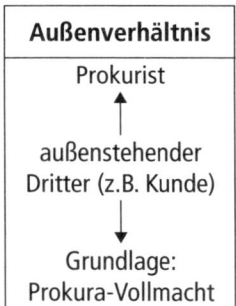

z. B. Der Unternehmer U entzieht seinem langjährigen Prokuristen A mit sofortiger Wirkung die Prokuravollmacht. Mit dem Entzug der Vollmacht ist nicht gleichzeitig auch das Anstellungsverhältnis aufgelöst.

z. B. Am 1. 4. 2002 erteilt der Unternehmer U seinem Angestellten B Prokura. Am 19. 4. 2002 ficht U den Arbeitsvertrag mit B an, weil dieser ihn im Vorstellungsgespräch über seine Qualifikation arglistig getäuscht hat. Die Anfechtung bewirkt, dass der Arbeitsvertrag als von Anfang an nichtig anzusehen ist. Hat B für U in der Zeit zwischen 1.4. und 19. 4. 2002 als Prokurist Geschäfte abgeschlossen, sind diese für U trotzdem bindend.

Sie sollten im Falle der Erteilung einer Prokura folgende Punkte beachten:

↑ *Derjenige, der die Prokura erteilt, muss Vollkaufmann nach dem Handelsgesetzbuch sein.*

Vollkaufmann ist jeder, der ein Handelsgewerbe betreibt, wobei unter einem Handelsgewerbe jeder Gewerbebetrieb verstanden wird, der einen in Art und Umfang in kaufmännischer Weise eingerichteten Geschäftsbetrieb erfordert (§ 1 HGB). Eine GmbH ist aufgrund ihrer Rechtsform stets Vollkaufmann (§ 6 Abs. 2 HGB) und kann somit durch die Gesellschafterversammlung einen Prokuristen bestellen.

↑ *Der Empfänger der Vollmachtserteilung muss nicht immer der Prokurist selber sein.*

In der Regel wird die Prokura gegenüber dem Prokuristen erteilt. Das muss aber nicht immer so sein. Es ist auch möglich, dass der Erklärungsempfänger der Willenserklärung ein Dritter ist, dem gegenüber der Prokurist den Geschäftsinhaber vertreten soll (§ 167 Abs. 1 BGB). Ebenso kommt eine Erteilung der Prokura durch öffentliche Bekanntmachung, z. B. durch Anmeldung der Prokura zum Handelsregister mit nachfolgender Eintragung und Bekanntmachung, in Betracht (§ 171 BGB).

↑ *Die Prokura ist immer persönlich zu erteilen.*

Der gesetzliche Wortlaut, dass die Prokura „nur von dem Inhaber des Handelsgeschäftes" erteilt werden kann, lässt den Rückschluss zu, dass die Willenserklärung zur Prokuraerteilung vom Geschäftsinhaber persönlich abgegeben werden muss. Der Geschäftsinhaber kann sich nicht durch einen Stellvertreter oder durch einen bereits bestellten Prokuristen vertreten lassen.

↑ *Die Prokuraerteilung muss immer ausdrücklich erklärt werden.*

Damit ist im Interesse der Rechtsklarheit eine zweifelsfreie Erklärung gemeint und eine bloß stillschweigende Prokuristenbestellung ausgeschlossen.

> **z.B.** Der Leiter der Einkaufsabteilung scheidet aufgrund des Erreichens des Rentenalters am 31. 8. 2002 aus der G-GmbH aus. Bis zum Tag seines Ausscheidens war er als Prokurist der G-GmbH tätig. Um die wichtige Position möglichst schnell wieder zu besetzen, spricht sich die Gesellschafterversammlung am 4. 9. 2002 einstimmig dafür aus, den langjährigen Mitarbeiter M als Nachfolger mit sämtlichen Rechten und Pflichten seines Vorgängers zu benennen. Ab dem 4. 9. 2002 ist der Mitarbeiter M zum Prokuristen ernannt worden und kann damit die G-GmbH als Prokurist gegenüber Geschäftspartnern rechtswirksam vertreten.

Der Eintragung in das Handelsregister kommt nur deklaratorische Bedeutung zu.

> **z.B.** Die Gesellschafterversammlung der G-GmbH hat dem Mitarbeiter M am 1. 3. 2002 Prokura erteilt. Die Handelsregistereintragung erfolgt am 20. 3. 2002. Am 6. 3. 2002 schließt M in seiner Eigenschaft als Prokurist für die G-GmbH einen Kaufvertrag über den Bezug von Holzbohlen ab. Obwohl die Prokura des M nicht im Handelsregister eingetragen ist, ist der von M für die G-GmbH geschlossene Vertrag für die G-GmbH rechtlich bindend.

Im Geschäftsleben ist die Prokura einer der weitreichendsten Vollmachten. Nach dem Gesetzeswortlaut ermächtigt die Prokura zu allen Arten von gerichtlichen und außergerichtlichen Geschäften und Rechtshandlungen, die der Betrieb eines Handelsgewerbes mit sich bringt (§ 49 Abs. 1 HGB). Eine Beschränkung des Umfangs der Prokura ist Dritten gegenüber unwirksam (§ 50 Abs. 1 HGB). Mit anderen Worten steht es dem Prokuristen frei, mit Wirkung für und gegen den Geschäftsinhaber Geschäfte jeder Art abzuschließen. Dabei ist die Vertretungsmacht nicht beschränkt auf einfache und gewöhnliche Geschäfte, die in einem kaufmännischen Unternehmen gewöhnlich vorkommen, sondern umfassen auch außergewöhnliche Vorgänge.

Ein Prokurist darf z. B. auch Prozesse führen, Vergleiche abschließen, Forderungen erlassen, Wechselverbindlichkeiten eingehen, Darlehen aufnehmen, Anmeldungen zum Handelsregister tätigen, Grundstücke kaufen.

Die Prokura ist auch nicht auf einen bestimmten Geschäftszweig oder ein bestimmtes Handelsgewerbe begrenzt. Entscheidend für den Vollmachtsumfang ist, dass die von dem Prokuristen getätigten Geschäfte in irgendeinem Handelsgewerbe vorkommen können.

z. B. Der Prokurist eines Metallbauunternehmens darf z. B. auch zum Weiterverkauf bestimmte Möbel kaufen. Weiterhin kann er für den Geschäftsherrn Flugzeuge kaufen und einen Hausmeister einstellen oder Wertpapiere kaufen und verkaufen.

Eine Beschränkung der Vollmacht gegenüber Dritten ist unwirksam. Dies gilt insbesondere für die Beschränkung, dass die Prokura nur für gewisse Geschäfte oder gewisse Arten von Geschäften oder nur unter gewissen Umständen oder für eine gewisse Zeit oder an einzelnen Orten ausgeübt werden soll. Davon strikt zu trennen ist eine interne Beschränkung zwischen dem Prokuristen und dem Geschäftsherrn.

z. B. Der Prokurist M hat mit seinem Arbeitgeber, der G-GmbH, die Vereinbarung, dass M nur Verträge für und gegen die G-GmbH von maximal 30 000 Euro abschließen darf. M kauft einige Tage später von einem Lieferanten X echtes Silberbesteck für 35 000 Euro, weil er der Meinung ist, dass aufgrund der wirtschaftlichen Situation Silber immer eine gute Anlage darstellt. Die im Innenverhältnis zwischen der GmbH und dem Prokuristen geltende Beschränkung besitzt gegenüber dem Lieferanten X keinerlei Gültigkeit. Zwischen der G-GmbH und dem Lieferanten X ist ein wirksamer Kaufvertrag zustande gekommen. Obwohl die G-GmbH vielleicht Bedenken gegen den Kauf äußert, muss sie den Kaufpreis von 35 000 Euro zahlen. Da sich M aber über die ihm im Innenverhältnis vorgeschriebenen Grenzen hinweggesetzt hat, ist er der GmbH gegenüber schadenersatzpflichtig und muss ggf. mit einer Kündigung des Anstellungsvertrags rechnen.

Keine Angst, eine Prokuraerteilung ist nicht grenzenlos.

Grundsätzlich unterliegt auch ein Prokurist in seiner Vertretungsmacht und seinen Befugnissen Einschränkungen. Die Vertretungsmacht darf nicht so weit gehen, dass er den Geschäftsinhaber vollständig ersetzen könnte. So darf ein Prokurist ein Grundstück nur dann verkaufen oder belasten, wenn ihm diese Befugnis besonders erteilt worden ist. Außerdem dürfen vom Prokuristen nicht die vom Gesetz dem Kaufmann persönlich zugewiesenen Geschäfte vorgenommen werden, z. B. die Anmeldung und Zeichnung der Firma zum Handelsregister, die Unterzeichnung des Jahresabschlusses, die Erteilung einer Prokura, Prozessvernehmung als Partei. Der Prokurist ist auch nicht ermächtigt, für den Geschäftsinhaber Geschäfte außerhalb des eigentlichen Geschäftsbetriebes, z. B. den gesamten privaten Bereich des Geschäftsinhabers, zu tätigen.

Ein Prokurist darf nicht:

↑ die Geschäftsaufgabe beschließen
↑ das gesamte Unternehmen veräußern
↑ Insolvenzantrag stellen
↑ Änderungen im Gesellschaftsvertrag vornehmen
↑ Handelsregisteranmeldungen, die die Rechtsform des eigenen Unternehmens betreffen, vornehmen.

Welche Arten werden bei der Prokura unterschieden?

Einzelprokura

Die gesamte Vertretungsbefugnis wird auf eine einzelne Person übertragen.

Gesamtprokura

Mehrere Personen erhalten gemeinschaftlich Prokura. In diesem Fall spricht man auch von Gesamtprokura. Die Gesamtprokura zeichnet sich dadurch aus, dass nur mehrere Personen mit Gesamtprokura gemeinschaftlich befugt sind, den Geschäftsherrn zu vertreten. Erteilt der Geschäftsherr zwei Mitarbeitern Gesamtprokura, hat das für ihn den Vorteil, dass die Gesamtprokuristen grundsätzlich bei jedem Rechtsgeschäft zusammenwirken müssen. Das bedeutet aber nicht, dass ein gemeinsames Handeln zur selben Zeit am selben Ort erforderlich wird.

z.B. Die beiden Angestellten A und B haben vom Geschäftsinhaber G Gesamtprokura erhalten. Während eines gemeinsamen Messebesuchs unterbreitet A dem Hauptkunden des G ein Vertragsangebot. Auf die Gesamtprokura bezogen reicht es aus, wenn B das Angebot später gegenüber dem Hauptkunden wiederholt. Denkbar ist auch, dass B dem A nachträglich seine Zustimmung zum Rechtsgeschäft signalisiert oder A vor dem Messebesuch zur Abgabe eines entsprechenden Vertragsangebots gegenüber dem Hauptkunden bevollmächtigt hat.

Eine erteilte Gesamtprokura wird als solche in das Handelsregister eingetragen.

Filialprokura

Eine Filialprokura liegt vor, wenn die Prokura vom Geschäftsherrn auf eine von mehreren Niederlassungen beschränkt wird. Das setzt aber voraus, dass die Filiale der Firma durch einen Zusatz entsprechend bezeichnet ist (z.B. Dresdner Bank AG, Filiale Aachen). Im Rahmen der Filialprokura wird der Prokurist dazu ermächtigt, den Geschäftsherrn nur für die betreffende Filiale oder Niederlassung zu vertreten.

> **z.B.** Der Angestellte A besitzt Filialprokura für die Dresdner Bank AG, Filiale Aachen. Schließt er für die Dresdner Bank AG, Filiale Köln, Geschäfte ab, handelt er ohne Vertretungsmacht und ist dem Geschäftsinhaber u. U. zum Schadenersatz verpflichtet.

Eine Filialprokura wird in das Handelsregister der Zweigniederlassung ohne den Vermerk der Beschränkung der Prokura auf diese Zweigniederlassung eingetragen, weil eine Eintragung im Handelsregister der Zweigniederlassung erkennen lässt, dass sich die Prokura nur auf diese Zweigniederlassung erstreckt.

Wann erlischt eine Prokura?

Eine einmal erteilte Prokura kann auch wieder erlöschen, wenn folgende Tatbestände gegeben sind:

Erlöschen der Prokura durch Widerruf

Die Prokura lässt sich ohne Rücksicht auf das der Erteilung zugrunde liegende Rechtsverhältnis jederzeit und ohne besonderen Grund widerrufen. Der Widerruf kann gegenüber dem Prokuristen oder einem Dritten ausgeübt werden oder durch eine öffentliche Bekanntmachung erfolgen.

Erlöschen der Prokura mit Beendigung des Grundverhältnisses

Die Prokura erlischt regelmäßig mit der Beendigung des Arbeitsverhältnisses. Je nach Auslegung der Prokuraerteilung kann sich die Prokura jedoch auch auf einen kürzeren Zeitraum als den des Arbeitsvertrags beziehen.

> **z.B.** Der Gewerbetreibende G hat seinem Angestellten P Prokura erteilt. Diese soll jedoch nur für die nächsten vier Jahre Gültigkeit besitzen.

Erlöschen der Prokura mit dem Tod des Prokuristen

Stirbt der Prokurist, erlischt die Prokura ebenfalls. Die Prokura erlischt allerdings nicht mit dem Tod des Geschäftsinhabers. Der Prokurist vertritt nach dem Tod des Geschäftsherrn dessen Erben. Eine erteilte Prokura lässt sich weder vererben noch auf einen anderen übertragen.

Erlöschen der Prokura bei Beantragung des Insolvenzverfahrens

Die Prokura erlischt auch, wenn das Unternehmen einen Insolvenzantrag gestellt hat.

Wurde die Prokura durch einen der vorgestellten Gründe entzogen, kann der (ehemalige) Prokurist im Geschäftsleben nicht mehr als Prokurist auftreten. Tritt er dennoch als solcher auf, fehlt ihm die Vertretungsmacht mit der Folge, dass ein Handeln im Namen des Geschäftsinhabers grundsätzlich nicht mehr für oder gegen den Geschäftsinhaber wirkt. Der ehemalige Prokurist haftet dem Dritten vielmehr selbst als Vertreter ohne Vertretungsmacht mit allen rechtlichen Konsequenzen.

Obwohl die Handelsregistereintragung und Bekanntmachung einer Prokuralöschung nur deklaratorische Wirkung hat, wird der Geschäftsinhaber per Gesetz dazu angehalten, das Erlöschen der Prokura zum Handelsregister anzumelden. Unterbleibt nämlich die Handelsregistereintragung, wird der gutgläubige Dritte geschützt, denn solange das Erlöschen nicht eingetragen und bekannt gemacht ist, kann einem Dritten, der vom Erlöschen der Prokura nichts weiß, nicht entgegengehalten werden, dass der frühere Prokurist keine Vertretungsmacht mehr besitzt. Deshalb sollte die Löschung der Prokura auch dann in das Handelsregister eingetragen werden, wenn die Eintragung über die Erteilung der Prokura fehlt.

4.5 Die richtige Entlohnung der Mitarbeiter

Jedem Arbeitnehmer eines Unternehmens steht für seine erbrachte Arbeitsleistung eine Vergütung in Form von Lohn oder Gehalt zu. Sowohl der Lohn als auch das Gehalt stellt beim Arbeitgeber Aufwand dar, der den Gewinn mindert. Beim Arbeitnehmer stellt der Lohn oder das Gehalt das Einkommen dar.

Im zumeist schriftlich geschlossenen Arbeitsvertrag ist in der Regel immer nur vom Bruttolohn/Bruttogehalt die Rede. Der Arbeitgeber ist gesetzlich dazu verpflichtet, von dieser Bruttogröße bestimmte Abzüge vorzunehmen und für den Arbeitnehmer abzuführen. Der Bruttolohn/Bruttogehalt kann

neben dem Lohn/Gehalt auch noch zusätzliche Leistungen, die der Arbeit-geber an den Arbeitnehmer zahlt, enthalten, wie z. B. Sachbezüge.
Folgende Leistungen gehen als Lohn- oder Gehaltsbestandteile in die Lohn- bzw. Gehaltshöhe ein:

↑ der Grundlohn, das Grundgehalt
↑ Zulagen (z. B. Schmutz-, Erschwernis-, Lärmzulagen)
↑ Zuschläge (z. B. für Überstunden, Sonn- und Feiertagsarbeit)
↑ Urlaubsgeld, Weihnachtsgeld
↑ Heirats- oder Geburtsbeihilfen

Alle zuvor genannten Lohn-/Gehaltsbestandteile unterliegen der Einkom-mensbesteuerung. Übersteigen die Heirats- bzw. Geburtsbeihilfen den Be-trag von jeweils 358 Euro nicht, sind sie steuerfrei und unterliegen nicht der Einkommensbesteuerung.
Vom Bruttolohn muss der Arbeitgeber bestimmte Beträge in bestimmter Höhe einbehalten und für den Arbeitnehmer an das Finanzamt und die Krankenkasse abführen.
Wie gelangt man vom Bruttolohn zu dem Betrag, der auf das Konto des Arbeitnehmers überwiesen wird?

Bruttogehalt/-lohn

– Steuerabzüge	– Lohnsteuer	
	– Solidaritätszuschlag (5,5 % der Lohnsteuer)	} Abführung an das Finanzamt
	– Kirchensteuer (8 bzw. 9 % der Lohnsteuer)	
– Sozialversiche-rungsbeiträge	– Arbeitslosenversicherung	
	– Krankenversicherung	} Abführung an die Krankenkasse
	– Rentenversicherung	
	– Pflegeversicherung	

= Nettogehalt/-lohn = Auszahlungsbetrag

Zur Bestimmung der Höhe der monatlich abzuführenden Lohnsteuer, des Solidaritätszuschlags sowie der Kirchensteuer kann der Arbeitgeber sich amtlicher Lohnsteuertabellen bedienen. Die Lohnsteuertabellen berück-sichtigen alle steuerrechtlich relevanten Besonderheiten.

Bestandteile in der gesetzlichen Sozialversicherung

Die gesamte Sozialversicherung beruht auf fünf Säulen. Die Beiträge zur Renten-, Arbeitslosen-, Kranken- und Pflegeversicherung werden vom Arbeitgeber und Arbeitnehmer je zur Hälfte getragen, den Beitrag zur Berufsgenossenschaft trägt der Arbeitgeber alleine. Die Höhe der Sozialversicherungsbeiträge werden durch unterschiedliche Prozentsätze jährlich neu festgelegt.

Sozialversicherungszweig	Beitragssatz in %
Krankenversicherung	11 – 16 % je nach Krankenkasse
Pflegeversicherung	1,7 %
Rentenversicherung	19,1 %
Arbeitslosenversicherung	6,5 %

Der Arbeitgeber ist gesetzlich dazu verpflichtet, für jeden Arbeitnehmer ein besonderes Lohnkonto zu führen, in dem die folgenden Daten erfasst werden:
Bruttolohn/Bruttogehalt, Zulagen, Zuschläge, Lohnsteuer, Solidaritätszuschlag, Kirchensteuer, Krankenversicherung, Rentenversicherung, Arbeitslosenversicherung, Pflegeversicherung, steuerfreie Zuwendungen, gezahlte Vorschüsse und die Nettoauszahlung. Die Lohnkonten aller beschäftigten Mitarbeiter werden monatlich in Lohn- und Gehaltslisten zusammengefasst, die wiederum als Sammelbeleg Grundlage für die Buchung der Löhne und Gehälter sind.

z.B. Ein Angestellter Ihres Unternehmens erhält ein monatliches Bruttogehalt von 3000 Euro. Aus der Lohnsteuertabelle wurde unter Berücksichtigung der Lohnsteuerklasse und evtl. Freibeträgen eine zutreffende Lohnsteuer von 256 Euro ermittelt. Der Beitrag zur Krankenversicherung beträgt 11,9 %, der zur Arbeitslosenversicherung 6,5 %, der Beitragssatz zur Rentenversicherung beläuft sich auf 19,1 % und der für die Pflegeversicherung 1,7 %.

Es sind die vom Arbeitgeber einzubehaltenden Abgaben an Sozialversicherung und Steuern sowie der Nettoauszahlungsbetrag an den Angestellten zu berechnen:

Bruttogehalt	3 000,00 €
– Sozialversicherung:	
Rentenversicherung 9,55 % von 3 000 €	286,50 €
Arbeitslosenversicherung 3,25 % von 3 000 €	97,50 €
Krankenversicherung 5,95 % von 3 000 €	178,50 €
Pflegeversicherung 0,85 % von 3 000 €	25,50 €
– Steuern:	
Lohnsteuer laut Lohnsteuertabelle	256,00 €
Kirchensteuer 9 % von 256,00 €	23,04 €
Solidaritätszuschlag 5,5 % von 256,00 €	14,08 €
= Auszahlungsbetrag = Nettogehalt	2 118,88 €

Die Beitragssätze zur Sozialversicherung werden vom Arbeitgeber und vom Arbeitnehmer je zur Hälfte getragen. Deshalb hat der Arbeitgeber dieselben Beiträge zur Sozialversicherung wie der Arbeitnehmer zusätzlich zum Bruttolohn/Bruttogehalt aufzuwenden.

Die einbehaltenen Steuern und Sozialabgaben sowie der Arbeitgeberanteil zur Sozialversicherung sind vom Arbeitgeber bis zum 10. des Folgemonats an das Finanzamt bzw. die Krankenkasse abzuführen.

Buchung der Gehaltszahlung:

Gehaltsaufwendungen	3 000,00 €
an sonstige Verbindlichkeiten gegenüber Finanzbehörden	293,12 €
an Verbindlichkeiten gegenüber Sozialversicherungsträgern	588,00 €
an Bank	2 118,88 €

Buchung des Arbeitgeberanteils zur Sozialversicherung:

Arbeitgeberanteil zur Sozialversicherung (Aufwandskonto)	588,00 €
an Verbindlichkeiten gegenüber Sozialversicherungsträgern	588,00 €

Buchung der Überweisung der einbehaltenen und noch abzuführenden Beträge:

Sonstige Verbindlichkeiten gegenüber Finanzbehörden	293,12 €
Verbindlichkeiten gegenüber Sozialversicherungsträgern	1176,00 €
Bank	1469,12 €

Möchten Sie Ihre Mitarbeiter besonders motivieren, können Sie ihnen neben dem vertraglich vereinbarten Grundgehalt noch weitere Vorteile in Form von Weihnachtsgeld, Urlaubsgeld, 14. Monatsgehalt usw. zukommen lassen. Darüber hinaus besteht die Möglichkeit, zusätzlich zum laufenden Lohn/Gehalt weitere Zuwendungen zu gewähren, die nicht in Geld bestehen (= geldwerte Vorteile). Sofern sie ständig gewährt werden, gehören geldwerte Vorteile zum laufenden Arbeitslohn und unterliegen damit in vollem Umfang den gesetzlichen Abgaben.

z.B. Der Angestellte erhält neben seinem laufenden Gehalt kostenlos einen firmeneigenen Pkw zur privaten Nutzung. Der mittels 1%-Methode ermittelte Sachbezugswert beträgt z.B. 300 Euro.

	Bruttogehalt	3 000,00 €
+	Sachbezug (private Kfz-Nutzung)	300,00 €
=	Bemessungsgrundlage für Steuer und Sozialversicherung	3 300,00 €
	Sozialversicherung insgesamt 19,60 % von 3 300 €	646,80 €
	Steuern (angenommen)	315,32 €
	Sachbezug	300,00 €
=	Auszahlungsbetrag = Nettogehalt	2 037,88 €

Buchung der Gehaltszahlung:

Gehaltsaufwendungen	3 300,00 €
an sonstige Verbindlichkeiten gegenüber Finanzbehörden	315,32 €
an Verbindlichkeiten gegenüber Sozialversicherungsträgern	646,80 €
an sonstige betriebliche Erträge	258,62 €
an Umsatzsteuer 16 %	41,38 €
an Bank	2 037,88 €

5 Verkaufsfähigkeit der Produkte – Absatzwirtschaft

5.1 Die Auswirkungen der Werbung auf den Absatzerfolg

In der heutigen Zeit reicht es nicht mehr aus, nur ein gutes Produkt zu haben. Die Vorzüge des eigenen Produkts müssen einer breiten Bevölkerungsschicht zugänglich gemacht werden. Aufgrund des Überflusses, in dem wir derzeit leben, und unter Berücksichtigung der immer aggressiver agierenden Konkurrenz müssen weitere Faktoren hinzutreten, um den Absatzerfolg zu sichern. Wir leben nun einmal in einem Käufermarkt, der sich dadurch auszeichnet, dass das Angebot größer ist als die Nachfrage und man als Verkäufer zum überwiegenden Teil nur noch Kunden behält, wenn neben einer guten Produktqualität auch das „Drumherum" stimmt. Darunter wird neben einem guten Kundenservice in aller Regel auch ein fairer Preis verstanden.

Manchmal muss aber beim Konsumenten zuerst ein bestimmtes Bedürfnis für das Produkt geweckt werden. Dieses Bedürfnis kann in besserem Aussehen, mehr Anerkennung bei anderen, schickerem Aussehen usw. bestehen. Genau hier setzt die Werbung an, die versucht, den Verbraucher zu einem bestimmten (im Sinne des Verkäufers) Handeln zu bewegen. Um aber die Verbraucher richtig und gezielt anzusprechen, sollten folgende Punkte beachtet werden:

↑ Die Werbung muss wirkungsvoll gestaltet sein. Das setzt eine gewisse Planung und Kontrolle voraus.

↑ Sie sollten nur mit dem werben, was Sie auch einhalten können.

↑ Vor jeder Werbeaktion muss das Ziel der Werbung klar definiert sein. Z. B.: Wen möchten Sie mit Ihrer Werbung ansprechen?

↑ Sie sollten beim Einsatz von mehreren Werbeträgern eine klare Botschaft aussenden, d. h. Ihre Werbeeinsätze aufeinander abstimmen.

↑ Die Originalität sollte auf keinen Fall fehlen, um sich von anderen Werbebotschaften positiv abzuheben. (Sie sollten darauf achten, dass die

Werbebotschaft bei den Adressaten nicht als „plump" missverstanden werden könnte.)
↑ Ihre Werbung sollte in den aktuellen Trend passen.

Bevor Sie eine Werbekampagne starten, sollten Sie sich über die Aufgaben der Werbung im Klaren sein.

Mit einer informationsreichen Werbung unterrichten Sie mögliche Verbraucher von dem Nutzen und verschaffen ihnen eine erste Orientierung, z. B. durch gezielt gestreute informative Werbebotschaften im Radio.

Langfristig assoziiert der Kunde das Produkt mit Ihrem Unternehmen, so dass dem Imageaufbau eine wichtige Aufgabe zukommt. Ihr Ziel sollte es sein, darauf hinzuwirken, dass Ihr Produkt als Synonym für eine ganze Produktgruppe steht, z. B. „Pampers" für Babywindel, „Uhu" für Klebstoff. Hat der Kunde einmal den Nutzen Ihres Produkts am eigenen Leib gespürt, verbindet er damit ein positives Gefühl mit Ihrem Unternehmen. Bei Produktneuheiten wird der positiv gestimmte Kunde dann eher der Versuchung erliegen, ein für ihn unbekanntes Produkt einmal auszuprobieren, weil er bereits positive Erfahrungen mit Ihren „Vorprodukten" gemacht hat.

Durch ständige Wiederholung derselben Werbebotschaft stellt sich beim Kunden allmählich ein Gefühl ein, etwas „verpasst" zu haben. Damit verstärkt sich bei ihm der Gedanke, das Produkt kaufen zu müssen, um „mitreden" zu können oder um „in" zu sein.

Was Sie auf keinen Fall unterschätzen sollten, ist der Zusatznutzen eines Produktes. Es gibt viele Arten von Rasierschaum von den unschiedlichsten Herstellern. Meistens wird sich der Mann für den Rasierschaum entscheiden, der für seine Verhältnisse den besten Duft hinterlässt, sei es, um damit sein Selbstbewusstsein zu steigern, oder nur um für sich selbst ein besseres Gefühl zu haben.

Ob Ihre Werbebemühungen zum Erfolg führen, hängt davon ab, ob es Ihnen gelingt, die umworbene Käuferschicht zum Kauf zu veranlassen. Eine erfolgreiche Werbung vollzieht sich in den folgenden vier Schritten:

↑ Aufmerksamkeit für das Produkt erregen
↑ das Interesse des Käufers wecken
↑ den Wunsch des Käufers wecken, das Produkt zu besitzen
↑ der Kauf des Produkts

Um die richtige Käuferschicht anzusprechen, stehen heutzutage eine Reihe von Werbearten zur Verfügung. Neben der Einzel- oder Massenwerbung erlangt die „Kombinationswerbung" immer mehr an Bedeutung.

Die Einzelwerbung findet durch eine direkte „Ansprache" des Umworbenen statt. Dies geschieht in der Regel durch Werbebriefe oder Verkaufsgespräche. Durch den meist persönlichen Kontakt zum potenziellen Käufer kann der Verkäufer auf die individuellen Wünsche des Kunden besser eingehen, was einen höheren Werbeerfolg nach sich zieht.

Dagegen wird in der Massenwerbung eine breite Bevölkerungsschicht angesprochen. Dies geschieht meist durch Zeitungsbeilagen, Postwurfsendungen usw.

Neben der richtigen Werbebotschaft hängt der Erfolg Ihrer Werbung aber noch von weiteren Dingen ab, z.B. vom richtigen Einsatz von Werbemittel und Werbeträger sowie von der durchdachten Werbeplanung.

Vor allem führt Sie eine Kombination von verschiedenen Werbemitteln, z.B. Rundfunk, Fernsehen, Zeitschriften, eher zum gewünschten Erfolg. Durch eine ausgewogene Kombination des Einsatzes grafischer Werbemittel, Verkaufsveranstaltungen, Ausstattungen der Verkaufsräume, Kundendienst oder Werbegeschenke soll beim Kunden eine positive Grundeinstellung für das Produkt erzeugt werden. Der Kunde muss sich beim Kauf „wohl" fühlen.

Die häufigsten Werbemittel:

↑ ganz- oder halbseitige Anzeigen in örtlichen oder überregionalen Tageszeitungen
↑ Anzeigenschaltung in Zeitschriften
↑ Produktdarstellung in Fachzeitschriften
↑ Zeitschriftenbeilagen
↑ Prospekte oder Kataloge
↑ Plakate an Hauswänden oder Fahrzeugtüren
↑ Ausstellungen
↑ Minutenspots in Rundfunk und Fernsehen
↑ Verkaufsveranstaltungen
↑ Ausstattungen in den eigenen Verkaufsräumen
↑ Schaufensterauslagen
↑ Werbegeschenke
↑ Kostenlose Warenproben
↑ Kundendienstleistungen

5.2 Werbeplanung richtig gemacht

Oft lohnt es sich, vor der eigentlichen Werbeoffensive eine Werbeplanung aufzustellen. Diese soll sicherstellen, dass sämtliche Einzelheiten bei der eigentlichen Durchführung der Werbung genau aufeinander abgestimmt sind. Im Wesentlichen geht es bei der Werbeplanung um folgende Überlegungen:

↑ Wer agiert?	Wird der Hersteller, der Händler oder eine beauftragte Werbeagentur aktiv?
↑ Was soll dem Kunden übermittelt werden?	Was soll inhaltlich in der Werbung „rüberkommen"?
↑ Zu welcher Zeit soll geworben werden?	Zu welcher Tageszeit werden die meisten Käufer angesprochen?
↑ Wen möchte ich ansprechen?	Festlegung des umworbenen Kundensegmentes, um z.B. sprachliche Besonderheiten (Dialekt) festlegen zu können
↑ Ist die Werbung regional begrenzt?	Soll lokal, regional oder bundesweit geworben werden?
↑ Wie wird geworben?	Welche Werbemittel sollen zum Einsatz kommen? Ist eine Kombination sinnvoller – und wenn ja, welche?
↑ Wie hoch ist der Werbeetat?	Wie viel Geld kann maximal für Werbezwecke ausgegeben werden?

Diese Überlegungen beziehen sich nur auf Ihre eigene betriebliche Situation. Sie sollten jedoch in Ihre Überlegungen mit einbeziehen, dass der Umfang der Werbung nicht nur von Ihren Gegebenheiten abhängig ist, sondern auch von:

↑ der finanziellen Ausstattung Ihres Unternehmens jetzt und in absehbarer Zukunft
↑ den Werbeanstrengungen potenzieller Konkurrenten
↑ dem zu erwartenden Umsatz

5.3 Handlungsreisender oder Handelsvertreter?

Ob es günstiger ist, einen Handlungsreisenden oder Handelsvertreter als Absatzmittler einzusetzen, ist von mehreren Faktoren abhängig.

Das Charakteristische eines Reisenden ist, dass er als Absatzmittler für das Unternehmen nach außen hin auftritt, jedoch in einem Beschäftigungsverhältnis steht. Der Reisende als Angestellter ist dazu befugt, Kaufverträge für die Firma abzuschließen, Zahlungen von Kunden (bei entsprechender Vollmacht) entgegenzunehmen sowie Mängelrügen anzunehmen.

Der Handlungsreisende erhält als Angestellter des Unternehmens neben einem Fixum (= festes Gehalt) eine Provision in Abhängigkeit vom getätigten Umsatz. Außerdem erhält er seine verausgabten Spesen zurück. Aufgrund des Anstellungsvertrags ist der Handlungsreisende nur für ein Unternehmen tätig und kann sich intensiv auf den Absatz eines Produkts konzentrieren.

Im Gegensatz dazu ist der Handelsvertreter selbstständiger Kaufmann im Absatzbereich. Er schließt mit seinem Auftraggeber einen schriftlichen Vertrag über die Vermittlung von Geschäften. Durch seine rechtliche Selbstständigkeit kann ein Handelsvertreter für mehrere Firmen gleichzeitig tätig sein. Für den Unternehmer ergibt sich durch das Einschalten von Handelsvertretern die Möglichkeit, ein großes Absatzgebiet flächendeckend zu erschließen.

Welche Alternative, ob Handlungsreisender oder Handelsvertreter, im Einzelfall die bessere ist, soll aus Kostengesichtspunkten anhand des folgenden Beispiels vorgestellt werden.

z.B. Folgende sich gegenseitig ausschließende Möglichkeiten liegen vor:

a) Einstellung eines Handlungsreisenden, dem ein Fixum von 10 000 Euro pro Monat gezahlt wird sowie eine Provision von 3 % vom getätigten Umsatz
b) Inanspruchnahme eines Handelsvertreters mit einem monatlichen Fixum von 2 000 Euro und 7 % Provision vom getätigten Umsatz

Um die Frage nach der günstigsten Alternative richtig zu beantworten, muss man zunächst ausrechnen, bei welchem Umsatzvolumen beide Alternativen die gleichen Kosten verursachen würden.

Dafür gilt folgende Gleichung:

$$10\,000 + 0{,}03 \cdot U \;=\; 2\,000 + 0{,}07 \cdot U \qquad (U = \text{Umsatzhöhe})$$
$$8\,000 \;=\; 0{,}04 \cdot U$$
$$U \;=\; 200\,000$$

Bei einem Umsatzvolumen von genau 200 000 Euro im Monat kämen beide Alternativen von der Kostenseite her betrachtet zum gleichen Ergebnis. Auf Ihren Betrieb bezogen heißt das, wenn Sie mit einem monatlichen Umsatz von unter 200 000 Euro rechnen, ist der Einsatz eines Handelsvertreters kostengünstiger, wenn Ihr monatlicher Umsatz voraussichtlich über 200 000 Euro liegen wird, stehen Sie sich besser, wenn Sie einen Handlungsreisenden einstellen.
Grafisch lässt sich das wie folgt darstellen:

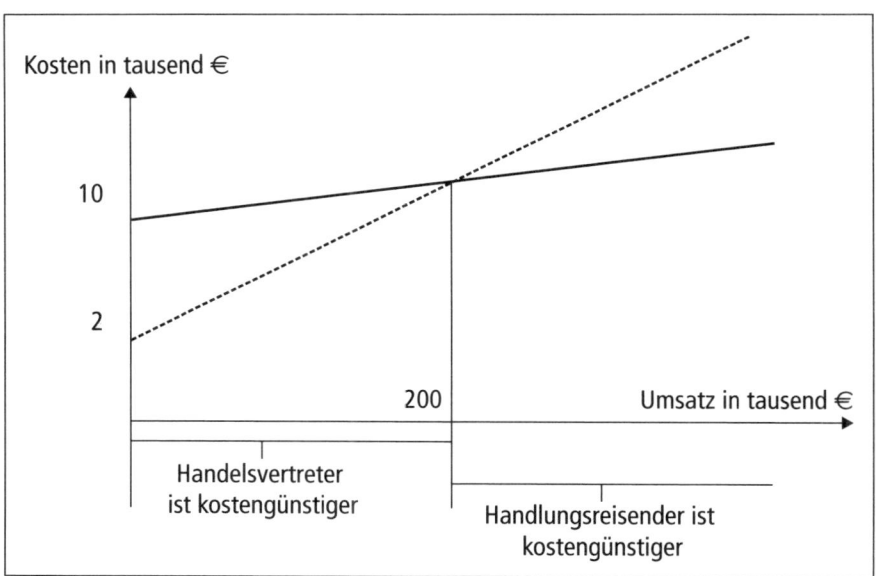

Gegenüberstellung der wichtigsten Punkte:

	Handlungsreisender	Handelsvertreter
Vertragsart	Arbeitsvertrag	Vermittlungsvertrag
Stellung im wirtschaftlichen Verkehr	Angestellter eines Unternehmens mit i.d.R. Handlungsvollmacht	selbstständiger Kaufmann
Tätigkeitsschwerpunkt	Abschluss und/oder Vermittlung von Verträgen im Namen und auf Rechnung des Arbeitgebers	Abschluss und/oder Vermittlung von Verträgen im fremden Namen und auf fremde Rechnung
Tätigkeitsdauer	bis zur Kündigung	bis zur Kündigung
Entgelt	Fixum, Provision, Spesenersatz	Provision

5.4 Unterschiede zwischen Kommissionär und Makler

Kommissionär

Ein Kommissionär verkauft gewerbsmäßig Waren auf Rechnung eines anderen, jedoch im eigenen Namen. Im Rahmen von Kommissionsgeschäften wird unterschieden zwischen

↑ Einkaufskommissionär und
↑ Verkaufskommissionär.

Für den Bereich des Verkaufs ist der Verkaufskommissionär von besonderer Bedeutung. Der Kommissionär ist grundsätzlich selbstständiger Kaufmann, der mit einem anderen Unternehmer, dem so genannten Kommittenten, einen Kommissionsvertrag abschließt. Im Falle der Verkaufskommission tätigt der Verkaufskommissionär mit den Käufern der Ware Verkaufsgeschäfte, wobei der Kommissionär die Waren zuvor vom Kommittenten erhalten hat. Der Kommissionär erhält für seine Dienste vom Kommittenten eine Provision.

Grafische Darstellung:

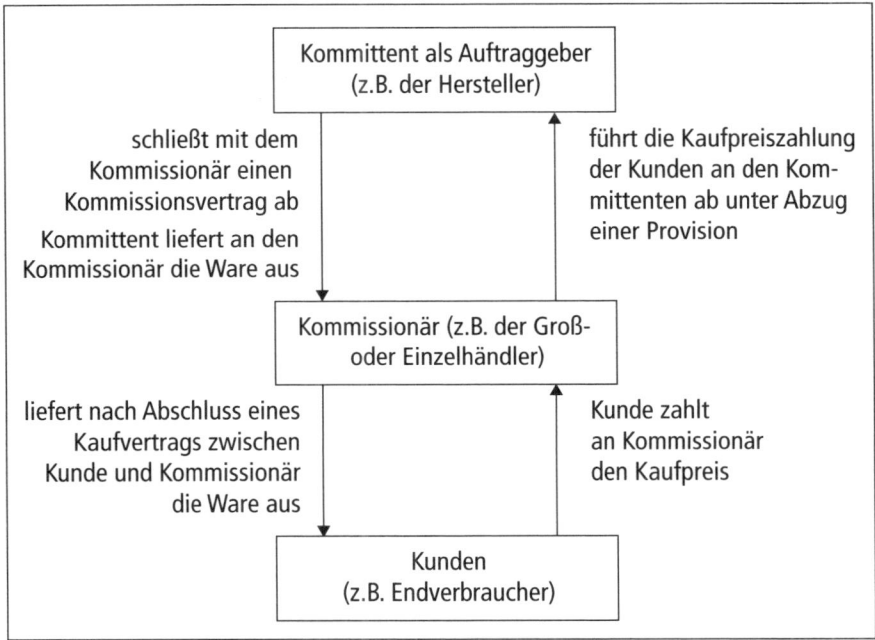

Aufgrund des besonderen Vertrauensverhältnisses des Kommissionärs gegenüber dem Kommittenten hat der Kommissionär einige im Handelsgesetzbuch verankerte Pflichten zu übernehmen:

Sorgfaltspflicht	Der Kommissionär ist verpflichtet, das übernommene Geschäft mit der Sorgfalt eines ordentlichen Kaufmanns auszuführen.
Benachrichtigungs-pflicht	Darüber hinaus hat er dem Kommittenten die erforderlichen Nachrichten zu geben, insbesondere von der Ausführung der Kommission unverzüglich Anzeige zu machen; er ist verpflichtet, dem Kommittenten über das Geschäft Rechenschaft abzulegen und ihm dasjenige herauszugeben, was er aus der Geschäftsbesorgung erlangt hat.
Weisungsgebundenheit	Der Kommissionär hat das Interesse des Kommittenten wahrzunehmen und dessen Weisungen zu befolgen.

Haftungsfall	Geht das Kommissionsgut verloren oder wird es beschädigt, ist der Kommissionär dafür verantwortlich.
Pflicht zur ordnungs- gemäßen Abrechnung	Der Kommissionär ist dazu angehalten, jedes Kommissionsgeschäft sorgfältig und genau abzurechnen.

Neben den zahlreichen Pflichten werden dem Kommissionär folgende Rechte zugestanden:

Recht auf eine Provision	Eine Provision steht dem Kommissionär grundsätzlich zu, die aber erst gegenüber dem Kommittenten geltend ge- macht werden kann, wenn das Kommissionsgut an den Kunden verkauft worden ist.
Ersatz der eigenen Aufwendungen	Neben der Provision hat der Kommissionär Anspruch auf Ersatz der bei ihm entstandenen Aufwendungen für Tele- fon, Lagermiete, Transportkosten usw.
Recht auf Selbstkauf	Unabhängig vom Anspruch auf Provision und Auslagener- satz steht dem Kommissionär selbstverständlich das Recht zu, selbst als Käufer gegenüber dem Kommittenten aufzu- treten (= Selbsteintritt).
Pfandrecht	Hat der Kommissionär gegenüber dem Kommittenten noch nicht beglichene Ansprüche, die fällig sind, kann er die in seinem Besitz befindlichen Kommissionsgüter als Pfand bis zur vollständigen Befriedigung zurückhalten.

Das Kommissionsgeschäft ist nach außen für den Letztverbraucher in der Regel nicht erkennbar, bietet aber sowohl für den Kommissionär als auch für Kommittenten Vorteile:
Der Kommissionär übernimmt die Lagerhaltung und hat für nicht ver- kaufte Kommissionsgüter ein Rückgaberecht an den Kommittenten. Damit liegt das Absatzrisiko beim Kommittenten. Weil der Kommissionär erst den Kommittenten bezahlen muss, wenn er selbst das Geld von den Kun- den erhalten hat, eröffnet sich für den Kommissionär die Möglichkeit, sein Sortiment immer wieder risikolos mit Neuheiten zu ergänzen.
Der Kommittent hat die Möglichkeit, seine Produkte über Kommissionäre einer breiteren Öffentlichkeit zugänglich zu machen.

Makler

Im Gegensatz dazu ist der Makler ein selbstständiger Kaufmann, der mit seinem Auftraggeber in keinem dauerhaften Vertragsverhältnis steht. Dem Makler kommt die Aufgabe zu, zwischen Verkäufer und Käufer zu vermitteln. Gerade der Handelsmakler wird gerne zur Vermittlung eingesetzt, weil er aufgrund seiner Branchenkenntnisse in relativ kurzer Zeit mit relativ geringen Kosten den Vertragsabschluss zwischen Verkäufer und Käufer vermittelt.

Für seine Tätigkeit erhält der Makler vom Verkäufer bzw. Käufer eine Maklergebühr, die zuvor ausgehandelt werden muss. Der Kaufvertrag kommt unmittelbar zwischen Verkäufer und Käufer zustande. Zwischen ihnen erfolgt auch (ohne Umweg über den Makler) die Warenlieferung und die Zahlung.

5.5 Das Hauptinstrument in der Absatzpolitik – der Preis

Aufgrund der hohen Marktsättigung ist ein Umsatzwachstum nur noch zum Teil möglich. Weil sich neue Produkte von den alten nur noch in der äußeren Form und nicht mehr in der Funktionalität unterscheiden, wird es immer schwieriger für den Unternehmer, um neue Kundschaft zu werben. Es ist nicht mehr allein entscheidend, ein gutes Produkt anzubieten, in der heutigen Zeit muss auch der Preis in einem angemessenen Verhältnis zum Produkt stehen. Neben den seit Jahren bewährten Mengen- und Umsatzrabatten, Lieferverträgen und Garantien sind immer mehr unterschiedliche Preiskombinationen gefragt.

Der altbewährte Mengenrabatt

Ein Mengenrabatt wird nur bei Abnahme einer zuvor vereinbarten Mindestmenge eingeräumt. Der besondere Reiz für die Kunden liegt darin, dass ihnen durch günstige Preise Anreize geboten werden, mehr einzukaufen als ursprünglich geplant.

z.B. Sie stellen Füllfederhalter aus hochwertigem Leder her. Ihr Produkt kostet beim Verkauf an den Großhandel pro Stück 50 €. Um Ihren Absatz auszudehnen, haben Sie sich folgendes Rabattsystem ausgedacht:

Verkaufte Stückzahl	Gewährter Mengenrabatt
ab 500	5 %
ab 1000	10 %
ab 2000	15 %

Bei bis zu 500 verkauften Füllfederhalter liegt der Verkaufspreis pro Stück bei 50 Euro, ab einer Abnahmemenge von 500 wird dem Kunden für jedes Stück über 500 ein Rabatt von 5 % eingeräumt, ab der Abnahme von 1 000 Stück 10 % und ab der Abnahme von 2 000 Stück 15 %.

Bei Annahme von 1 999 Stück sind vom Kunden zu bezahlen:

	499 Stück	·	50,00 €/Stück	=	24 950 €
+	500 Stück	·	47,50 €/Stück	=	23 750 €
+	1 000 Stück	·	45,00 €/Stück	=	45 000 €
	1 999 Stück	·	46,87 €/Stück	=	93 700 €

Je mehr Füllfederhalter vom Kunden geordert werden, desto größer wird für ihn die Ersparnis insgesamt und pro Stück.

Grundsätzlich stellt die Rabattgewährung ein Instrument dar, den Umsatz zu halten oder sogar zu steigern. Allerdings hängt der Erfolg dieses Instruments von dem Sachverständnis des Entscheidungsträgers und der Gründlichkeit der zuvor durchgeführten Analyse ab. Sie sollten sich darüber hinaus im Klaren sein, dass die Kundenbindungswirkung des Rabatts vor allem dann einer starken Einschränkung unterliegt, wenn mehrere Kunden ihre Abnahmemengen bündeln und damit in den Genuss eines höheren Rabattes kommen.

Preise lassen sich aber auch in Abhängigkeit der zeitlichen Vertragsdauer unterschiedlich gestalten

Preise in Abhängigkeit der zeitlichen Vertragslaufzeit unterschiedlich zu staffeln, trägt vor allem dem Gedanken Rechnung, dass es immer noch lohnender ist, bereits vorhandenen Kunden durch entsprechende Preisabschläge entgegenzukommen, als mit teuren Geldmitteln neue Kunden gewinnen zu müssen. Außerdem sind Langzeitkunden, die Sie bereits kennen, bereit, mehr Geschäfte mit Ihnen zu tätigen, als Neukunden, die zu Beginn der vertraglichen Zusammenarbeit eher vorsichtig agieren.

> **z.B.** Vor allem Fitnessstudios offerieren einen desto günstigeren Preis, je länger man eine vertragliche Bindung eingeht. So kostet eine Tageskarte 15 Euro, eine Monatskarte aber nur 100 Euro und eine Jahreskarte proportional noch deutlich weniger.

Für mehrere Produkte wird die gleiche Preisstrategie verfolgt

Wenn es Ihnen gelingt, auf einen Schlag mehrere Produkte beim Kunden zu platzieren, können sich für Sie sowohl Preis- als auch Umsatzvorteile ergeben. Mit sich ergänzenden Produkten in Form eines Gesamtpakets können Sie außerdem die Kundenbindung erheblich steigern. Dazu bedient man sich in der Praxis verschiedener Methoden:

↑ Zusammenstellung von Paketpreisen
↑ Komplementärartikel
↑ Einmalige Geschäfte und Folgegeschäfte
↑ Rabattgewährung auf das vorhandene Sortiment

Sinnvolle Zusammenstellung von Paketpreisen

Werden mehrere Produkte zu einem einheitlichen Preis verkauft, spricht man in der Regel von einem Paketpreis. Dieser Paketpreis muss allerdings so bemessen sein, dass er geringer ist als die Summe der im Paket enthaltenen Produkte. Der Kunde erhält durch dieses Vorgehen ein komplettes System zu einem relativ niedrigen Preis.

> **z.B.** Häufig werden Computer und Computerzubehör nur in einem Gesamtpaket angeboten. Neben dem Tower werden Bildschirm, Tastatur, Maus und Drucker gleich mitgeliefert. Selbst wenn der Drucker vielleicht nicht ganz Ihren Vorstellungen entspricht, werden Sie dem Paketpreis immer dann den Vorzug geben, wenn der Einzelkauf beträchtlich teurer wird als der Paketpreis. So sind Sie mitunter schneller bereit, einen Bestandteil des gesamten Paketes nur deshalb zu erwerben, weil er in dem Paket enthalten ist.

Komplementärartikel

Unter dem Begriff „Komplementärartikel" werden Artikel verstanden, die sich gegenseitig ergänzen. Die „Komplementärstrategie" wird zumeist von Herstellern der Gebrauchsgüterindustrie bevorzugt, die in der Folgezeit auf andere Verbrauchsgüter angewiesen sind. Dabei handelt es sich in der Regel bei dem Hauptprodukt um ein langlebiges Gebrauchsgut, während die Komplementärprodukte zum Verbrauch dienen. Um den Kunden den Einstieg in die Geschäftsbeziehung zu erleichtern, wird das Hauptprodukt mit zum Teil erheblichen Preisnachlässen angeboten.

z.B. Hersteller von Laserdrucker bieten das Hauptgerät „Drucker" zu einem sensationell günstigen Preis an. Das wird möglich, weil der eigentliche Umsatz und damit der Gewinn mit den Komplementär- oder Folgeprodukten erzielt wird. Ist ein Laserdrucker preislich günstig kalkuliert, weisen in der Regel die Laserpatronen einen verhältnismäßig hohen Preis auf.

Einmalige Geschäfte und Folgegeschäfte

Eine optimale Positionierung Ihrer Produkte am Absatzmarkt können Sie auch dadurch erreichen, dass die Mehrzahl Ihrer Produkte so aufeinander abgestimmt ist, dass ein potenzieller Käufer Ihres Produkts nur schwer auf den Kauf Ihrer anderen Produkte verzichten kann.

z.B. Sie gründen ein Softwareunternehmen und bieten ein selbst erstelltes Softwareprogramm zur Einkommensteuerberechnung an. Aufgrund des schwierigen steuerrechtlichen Umfeldes entschließen Sie sich dazu, als besonderen Service einen kostenpflichtigen Hotline-Service anzubieten, der vom Käufer immer dann in Anspruch genommen werden kann, wenn er selber Probleme im Umgang mit Ihrem Programm hat. Möglichen Käufern Ihrer Software sichern Sie zu, über zukünftige Updates und Erweiterungen Ihr Produkt stets auf dem steuerrechtlich neuesten Stand zu halten.

Rabattgewährung auf das vorhandene Sortiment

Gerade in Bereich des Handels ist der Sortimentsrabatt sehr beliebt. Hierbei räumt ein Unternehmen in Abhängigkeit von der Anzahl der abgesetzten Produkte Rabatte ein, wobei die nachgefragten Produkte nicht zwingend in einem bestimmten Anwendungszusammenhang stehen müssen. Beispiele dafür sind: Essbesteck, Geschirr, Möbel.

z.B. Ein Büroausstattungsunternehmen bietet eine Schreibtischkombination zu einem Preis von 1500 Euro an. Wird zusätzlich noch der dazugehörige Büroschrank erworben, wird auf die Schreibtischkombination ein Rabatt von 5 % gewährt.

Wie steht es mit Preisgarantien?

Mit Preisgarantien haben Sie als Anbieter eine weitere Möglichkeit, Ihre eigene Absatzpolitik durch Preisfestsetzung zu steuern. Preisgarantie bedeutet, dass einem Kunden entweder eine bestimmte preisliche Kondition über einen längeren Zeitraum zugesagt wird (der Kunde kann das Produkt zu einem festgelegten Preis über einen bestimmten Zeitraum beziehen), oder es wird ihm in Aussicht gestellt, dass er nach dem getätigten Kauf sein Geld zurückerhält, wenn ein Konkurrent das gleiche Produkt innerhalb eines bestimmten Zeitraums billiger anbietet.

Mit einem derartigen Vorgehen wird bei Ihrer Kundschaft das Gefühl geweckt, dass beim Kauf preislich eigentlich nichts passieren kann, denn jeder Kunde erhält sein Geld zurück, falls die Konkurrenz das gleiche Produkt (z.B. innerhalb von zwei Wochen nach dem Kauf) billiger anbietet. Allein das Gefühl bei der Kundschaft, das Produkt nirgendwo billiger erwerben zu können als bei Ihnen, kann einen zusätzlichen Absatzboom auslösen und Ihnen Mehrerlöse bescheren.

z.B. Sie bieten einen Bürostuhl zu einem Preis von 100 Euro pro Stuhl an. Darüber hinaus lassen Sie überall verbreiten: „Sehen Sie den gleichen Bürostuhl bei der Konkurrenz innerhalb von zehn Tagen nach dem Kauf in einem Umkreis von 100 km zu einem niedrigeren Preis, erstatten wir Ihnen die Differenz in bar zurück!"

Haben Sie sich in diesem Zusammenhang einmal Gedanken darüber gemacht, ob eine Preissenkung zu einer Umsatzausweitung führen kann? Dies trifft wohl sicherlich nur zu, wenn es trotz Preissenkung gelänge, durch eine mengenmäßige Absatzsteigerung den Preisrückgang pro Stück aufzuwiegen.

z.B. Dem nachfolgenden Beispiel liegen folgende Zahlen und weitere Angaben zugrunde: Für das kommende Jahr wird mit einer möglichen Absatzzahl von 200 000 Stück eines bestimmten Produkts gerechnet. Das Produkt soll für 1 Euro verkauft werden. Bei einer 65%igen Auslastung schätzen Sie Ihre variablen Kosten für Fertigungsmaterial auf 40 000 Euro. An Fertigungslöhnen sind nochmals 85 000 Euro zu veranschlagen.

Unter Zugrundelegung dieser Annahmen entwickeln Sie folgendes Gesamtkostenbudget:

Kostenart	Gesamtkosten	davon variabel	davon fix
Fertigungsmaterial	40 000	40 000	
Fertigungslöhne	85 000	85 000	
Gemeinkosten	70 000	12 600	57 400
Summe der Gesamtkosten	195 000	137 600	57 400

Es soll untersucht werden, welche prozentuale Umsatzsteigerung nötig wäre, wenn der Preis

↑ um 5 % oder
↑ um 10 % gesenkt würde.

Stellt man einem geplanten Umsatz von 200 000 Euro die variablen Kosten von 137 600 Euro gegenüber und bezieht die Differenz von 62 400 Euro auf den Umsatz, ergibt sich ein Wert von 0,312, den man als DBU-Faktor bezeichnet. Dieser gibt den in Prozent ausgedrückten Anteil vom Umsatz an, der nach Abzug der variablen Kosten vom Umsatz zur Deckung der fixen Kosten noch verbleibt. Dagegen signalisiert der Break-even einen Punkt (BE), an dem der Umsatz sämtliche fixen und variablen Kosten deckt und demzufolge der Gewinn = 0 ist. Der Break-even-Punkt in unserem Beispiel liegt bei 183 975 Euro (57 400 / 0,312).
Der Gewinn errechnet sich aus Umsatz minus Kosten und liegt in unserem Beispiel bei 5000 Euro (200 000 · 0,312 – 57 400).
Geht man der Frage nach, wie viel Umsatz zur Erreichung einer bestimmten Gewinnhöhe erforderlich ist, so liefert Ihnen die Formel:

$$U = (\text{Gewinn} + \text{Fixkosten}) / DBU = (G + K_{(Fix)}) / DBU$$

eine sichere Antwort.

Der neue DBU-Faktor reduziert sich im Falle einer 5%igen Preissenkung auf einen Wert von 0,276 (1–(137 600/190 000)), bei 10 % Preisnachlass sogar auf 0,236 (1–(137 600/180 000)). Daraus lässt sich ein neuer Break-even-Punkt errechnen, der bei einer 5%igen Preissenkung 207 971 Euro (57 400/0,276) beträgt, bei 10 % Umsatzeinbußen sogar 243 220 Euro (57 400/0,236). Bei einem zu erzielenden Plangewinn von 5000 Euro und fixen Plankosten von insgesamt 57 400 Euro müsste der zu erreichende Um-

satz bei mindestens 226 087 Euro (bei 5 % Preissenkung) bzw. 264 407
Euro (bei 10 % Preissenkung) liegen und damit in beiden Fällen weit über
dem Planumsatz von „nur" 200 000 Euro, wenn Ihre ursprüngliche Pla-
nungsrechnung aufgehen soll.

Aus dieser Analyse ergibt sich, dass die Umsatzsteigerung, die durch eine
Preissenkung ausgelöst wird, geringer sein würde als die Umsatzsteigerung, die erforderlich wäre, um die gegenläufigen Auswirkungen der redu-
zierten Preise auf den Gewinn auszugleichen. Um nach der Preissenkung
von 5 % den gleichen Plangewinn von 5000 Euro zu erzielen, müsste der
Umsatz um 13,04 % (26 087 / 200 000 · 100) steigen. Verringert sich der
Verkaufspreis sogar um 10 %, kommt das einem zusätzlichen Umsatzplus
von 32,20 % (64 407 / 200 000 · 100) gleich. Für Ihre individuelle Beurteilung kommt es nun darauf an, ob die notwenige Umsatzausweitung voraussichtlich erreichbar ist.

Bildlich lassen sich die Konsequenzen für eine 5%ige Preissenkung wie
folgt darstellen:

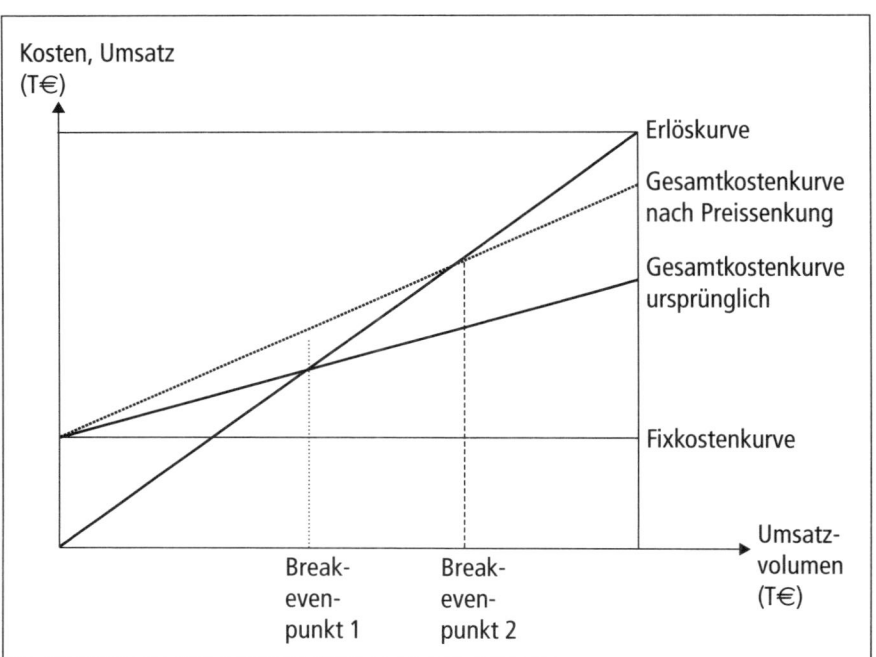

Durch Übertragung der verschiedenen Dispositionsmöglichkeiten hinsichtlich der oben angenommenen Preissenkung von 5 % (Möglichkeit a) oder 10 % (Möglichkeit b) lassen sich die Auswirkungen auf den Gewinn noch deutlicher erkennen:

	Ausgangslage	Möglichkeit a	Möglichkeit b
Umsatz	200 000	190 000	180 000
Variable Kosten	137 600	137 600	137 600
Deckungsbeitrag	62 400	52 400	42 400
Fixe Kosten	57 400	57 400	57 400
Gewinn	5 000	– 5 000	– 15 000
DBU-Faktor	0,312	0,276	0,236
Break-even-Umsatz	183 975	207 971	243 220

6 Handels- und Gesellschaftsrecht

6.1 Die Kaufmannseigenschaft

Die Kaufmannseigenschaft erlangt Bedeutung, wenn es um die Abgrenzung zum privaten Bereich geht. Der Kaufmannsbegriff ist der zentrale Anknüpfungspunkt für den Anwendungsbereich des Handelsgesetzbuches. So ist der Zugang zum Handelsregister nur Kaufleuten gestattet (§ 29 HGB). Weiterhin hat nur der Kaufmann das Recht, eine Firma zu führen (§ 17 ff. HGB) sowie die Möglichkeit, Prokura zu erteilen (§§ 48 ff. HGB). Die Buchführungspflichten der §§ 238 ff. HGB betreffen auch nur Kaufleute und lassen die Privatpersonen außen vor. Ebenfalls sind die im Vierten Buch des HGB geregelten Sondervorschriften zum allgemeinen Teil des Schuldrechts des BGB nur auf Kaufleute anwendbar (§§ 343 ff. HGB). Nach dem HGB ist grundsätzlich jeder Kaufmann, der ein Handelsgewerbe betreibt, mit Ausnahme der Kleingewerbetreibenden. Abgrenzungskriterium ist lediglich, ob das Unternehmen nach Art oder Umfang einen in kaufmännischer Weise eingerichteten Geschäftsbetrieb erfordert oder nicht (§ 1 Abs. 2 HGB).

Der Betrieb eines Gewerbes erfordert eine Tätigkeit, die

↑ selbstständig ausgeübt,
↑ auf Dauer angelegt,
↑ planmäßig betrieben,
↑ auf dem Markt erkennbar nach außen hervortritt,
↑ nicht gesetzes- und sittenwidrig ist und
↑ nach der Rechtsprechung mit Gewinnerzielungsabsicht
   ausgeübt wird.

Derjenige, der sich darauf beruft, dass sein Unternehmen einen nach Art oder Umfang in kaufmännischer Weise eingerichteten Geschäftsbetrieb nicht erfordert, ist dafür beweispflichtig. Auch im Interesse des Rechtsverkehrs wird mit der Formulierung, dass Handelsgewerbe jeder Gewerbebetrieb ist, „es sei denn, dass das Unternehmen nach Art oder Umfang einen in kaufmännischer Weise eingerichteten Geschäftsbetrieb nicht erfordert'', die ausdrückliche Vermutung eingeführt, dass bei Vorliegen eines Gewerbes grundsätzlich auch von der Eigenschaft als Handelsgewerbe und damit auch vom Kaufmannsstatus ausgegangen werden kann. Jeder, der sich darauf beruft, dass sein Gewerbebetrieb einen nach Art oder Umfang in kaufmännischer Weise eingerichteten Geschäftsbetrieb nicht erfordert und damit zugleich seine Nichtkaufmannseigenschaft hervorheben möchte, muss dies durch geeignete Unterlagen darlegen und beweisen, zumal es im laufenden Geschäftsverkehr für Außenstehende in der Regel nicht ersichtlich ist, ob ein Unternehmen einen in kaufmännischer Weise eingerichteten Geschäftsbetrieb erfordert oder nicht.

Darüber hinaus steht jedem Kaufmann jederzeit die Möglichkeit offen, sich durch freiwillige Eintragung in das Handelsregister die Kaufmannseigenschaft zu sichern (§ 2 HGB). Dies gilt unabhängig davon, ob es sich um Einzelkaufleute oder Personenhandelsgesellschaften (z. B. OHG, KG) handelt.

Kaufleute, die die Kaufmannseigenschaft kraft der Ausübung eines Handelsgewerbes besitzen, oder Kaufleute, die es aufgrund einer freiwilligen Eintragung herbeigeführt haben, sofern sie kein Handelsgewerbe betreiben, unterliegen in vollem Umfang dem HGB mit den daraus resultierenden Rechten und Pflichten, insbesondere denen aus Handelsgeschäften i.S.d. §§ 343 ff. HGB, den Vorschriften über die Untersuchungs- und Rügepflicht nach § 377 HGB, dem kaufmännischen Zurückbehaltungsrecht nach § 369 HGB, der Buchführungspflicht nach §§ 238 ff. HGB bzw. § 140 AO usw.

Selbstverständlich kann der freiwillig in das Handelsregister eingetragene Kaufmann durch eine Löschung aus dem Handelsregister wieder zum Nichtkaufmann werden und unterliegt damit wieder den weniger strengen Regelungen des Bürgerlichen Gesetzbuches.

Dagegen sind Formkaufleute ab dem Zeitpunkt der Eintragung in das Handelsregister immer Vollkaufleute kraft Gesetz ohne Rücksicht auf den Umfang des Geschäftsbetriebs und den Gegenstand des Unternehmens (§ 6 Abs. 2 HGB). Daraus folgt, dass Formkaufleute niemals Nichtkaufleute sein können, selbst dann nicht, wenn der Geschäftsbetrieb noch so klein ist, denn die Kaufmannseigenschaft ist nicht von der Art oder dem Umfang der Geschäftstätigkeit abhängig, sondern sie knüpft an das Vorhandensein der juristischen Person an sich an.

Als juristische Person kommt insbesondere in Betracht die Aktiengesellschaft (AG) und die Gesellschaft mit beschränkter Haftung (GmbH).

Die rechtlichen Folgen aus der Eigenschaft als Formkaufmann sind zum Teil sehr erheblich. So wird z.B. ein kleiner Kioskbetreiber, der sein Unternehmen in der Rechtsform einer Gesellschaft mit beschränkter Haftung (GmbH) betreibt, aufgrund seiner Rechtsform hinsichtlich der von ihm getätigten Geschäfte auch dann in vollem Umfange dem Handelsrecht unterworfen, wenn die GmbH selbst kein Gewerbe betreibt. Für Formkaufleute ist ebenfalls unbeachtlich, ob ein nach Art und Umfang in kaufmännischer Weise eingerichteter Geschäftsbetrieb erforderlich ist oder unterhalten wird.

Weiterhin gibt es noch den Begriff des Scheinkaufmanns. Scheinkaufmann ist derjenige, der nur den Anschein eines Kaufmanns erweckt. In diesem Zusammenhang muss jedoch unterschieden werden:

↑ Scheinkaufmann kraft Eintragung in das Handelsregister
↑ Scheinkaufmann kraft tatsächlichen Verhaltens

Scheinkaufmann kraft Eintragung in das Handelsregister

Grundsätzlich gilt derjenige als Kaufmann, der im Handelsregister mit seiner Firma eingetragen ist. Sie können demjenigen, der sich auf die Eintragung beruft, nicht entgegenhalten, dass das unter Ihrer Firma betriebene Gewerbe keine Handelsgewerbe sei oder dass das von Ihnen betriebene Unternehmen zum Kleingewerbe gehöre.

Fehlt es allerdings an der Grundlage eines Gewerbebetriebes, so macht auch die fälschliche Handelsregistereintragung Sie nicht zum Scheinkaufmann, wie das beispielsweise bei der fälschlichen Eintragung eines Freiberuflers in das Handelsregister der Fall wäre.

Scheinkaufmann kraft tatsächlichen Verhaltens

Wer sich im Rechts- und Geschäftsverkehr wie ein Kaufmann verhält, ohne tatsächlich ein solcher zu sein, wird als Scheinkaufmann kraft tatsächlichen Verhaltens bezeichnet. Wer im Geschäftsleben durch sein Auftreten ein Vertrauensverhältnis aufbaut, muss sich gegenüber schutzwürdigen Dritten so behandeln lassen, als sei dieses Auftreten gerechtfertigt und das aufgebaute Vertrauen beruhe auf tatsächlichen Gegebenheiten. Die Kaufmannseigenschaft kraft Rechtsschein liegt z.B. vor, wenn Sie nach außen unter einer Firmenbezeichnung auftreten oder kaufmännisch aussehendes Korrespondenzpapier verwenden.

Nichtkaufleute sind nach der neuen Rechtslage alle freiberuflich Tätigen (mit Ausnahme der Formkaufleute), Kleingewerbetreibende (sofern keine Eintragung in das Handelsregister erfolgte) und Scheinkaufleute (müssen sich jedoch gegenüber einem gutgläubigen Dritten wie ein Kaufmann behandeln lassen). Weiterhin ist weder Handelsgesellschaft noch Kaufmann der eingetragene Verein (§§ 21 ff. BGB), der nicht eingetragene Verein (§ 54 BGB), die Gesellschaft bürgerlichen Rechts (§§ 705 ff. BGB) sowie die stille Gesellschaft (§§ 230 ff. HGB).

Wann liegt ein nach Art oder Umfang in kaufmännischer Weise eingerichteter Geschäftsbetrieb vor?

Das Erfordernis des „nach Art oder Umfang in kaufmännischer Weise eingerichteten Geschäftsbetriebes", das zur Kaufmannseigenschaft führt, sofern ein Handelsgewerbe betrieben wird, ist nicht durch gesetzlich festgelegte Mindestgrößenanforderungen, wie z.b. Bilanzsumme, Betriebsvermögen, Umsatzhöhe, Gewinn oder Beschäftigtenzahlen, konkretisiert worden. Die Praxis zeigt aber, dass es gerade auf das Gesamtbild des Betriebes anhand von verschiedenen Merkmalskombinationen ankommt. Hinsichtlich der Art der Geschäftstätigkeit kann es z.B. ankommen auf:

↑ die Vielzahl der Erzeugnisse und Leistungen
↑ die aktive oder passive Teilnahme am Frachtverkehr
↑ eine grenzüberschreitende Tätigkeit

Als Abgrenzungskriterium für den Umfang der Geschäftstätigkeit könnten herangezogen werden:

↑ Umsatzvolumen
↑ Anlage- und Betriebskapital
↑ Zahl und Funktion der beschäftigten Mitarbeiter
↑ Größe, Zahl und Organisation der Betriebsstätten

Ein Herausgreifen einzelner Merkmale und ihre Fixierung in detaillierten Größenangaben erscheint nicht nur willkürlich, sondern wird auch den heutigen Anforderungen des kaufmännischen Geschäftsverkehrs nicht mehr gerecht.
Die Kaufmannseigenschaft bei Kaufleuten, die ein Handelsgewerbe betreiben, beginnt mit der Eröffnung des Handelsgewerbes und endet mit der

endgültigen Aufgabe der kaufmännischen Tätigkeit. Bei freiwillig eintragungsfähigen „Kannkaufleuten" beginnt die Kaufmannseigenschaft mit der Eintragung in das Handelsregister und endet mit der Löschung aus dem Handelsregister.

Zu beachten ist, dass im Falle der endgültigen Betriebsaufgabe die Abwicklungsgeschäfte noch zum kaufmännischen Betrieb gehören.

So handelt es sich z. b. in folgenden Fällen um keine Beendigung:

↑ Eintritt der Geschäftsunfähigkeit des Gewerbetreibenden
↑ Insolvenzeröffnung, sofern das Unternehmen fortgeführt wird
↑ Versehentliche Löschung eines Istkaufmanns im Handelsregister, da er unabhängig von der Eintragung im Handelsregister Kaufmann ist und auch bleibt

6.2 Anmeldung zum Handelsregister

Das Handelsregister ist ein öffentliches von staatlichen Instanzen geführtes Verzeichnis wichtiger Rechts- und Organisationsakte, in dem bestimmte, gesetzlich vorgeschriebene Tatsachen und Rechtsverhältnisse einzutragen sind, wobei jedem Einsicht sowohl in das Handelsregister als auch in die zum Handelsregister eingereichten Schriftstücke gewährt werden muss. Dem Handelsregister kommt gegenüber der Öffentlichkeit eine gewisse Übermittlungs-, Erklärungs- und Informationsfunktion zu. Außerdem schützt es den Geschäftsverkehr ebenso wie den einzelnen Kaufmann, denn Rechtsklarheit ist eine vorrangige Forderung des kaufmännischen Geschäftsverkehrs. Im Wirtschaftsleben gilt nicht umsonst der Spruch: „Ich muss wissen, woran ich bin und mit wem ich es zu tun habe."

Insbesondere ist in §§ 8 ff. Handelsgesetzbuch (HGB) und im Gesetz über die Angelegenheiten der freiwilligen Gerichtsbarkeit (FGG), vor allem in den §§ 125 ff. FGG, bestimmt, was in das Handelsregister eingetragen werden muss, soll oder darf, wer die Eintragung bei wem herbeizuführen hat und welche Bedeutung die Eintragung bzw. Nichteintragung von Tatsachen hat.

Grundsätzlich sind nicht alle Gewerbetreibenden berechtigt und verpflichtet, sich ins Handelsregister eintragen zu lassen, sondern nur solche, die in erheblichem Umfang am Geschäftsverkehr teilnehmen. Man nennt sie auch Vollkaufleute. Für Gesellschaften wie die offene Handelsgesellschaft (OHG) oder die Kommanditgesellschaft (KG) besteht ebenfalls Eintragungspflicht. Weiterhin werden ohne Rücksicht auf Art und Umfang der Tätigkeit Kapitalgesellschaften wie die Gesellschaft mit beschränkter Haftung (GmbH), die Aktiengesellschaft (AG) oder Kommanditgesellschaft auf Aktien (KGaA) in das Handelsregister eingetragen.

Wer ist für die Führung des Handelsregisters verantwortlich?

Das Handelsregister wird von den Amtsgerichten geführt (§ 8 HGB, § 125 Abs. 1 FGG). In manchen Orten übernimmt ein einziges Amtsgericht für mehrere Amtsgerichtsbezirke die Führung des Handelsregisters, sofern dies der schnelleren und rationelleren Registerführung dienlich ist. Welches Amtsgericht örtlich zuständig ist, bestimmt sich ausschließlich nach dem Firmensitz (§ 36 AktG, § 7 GmbHG, §§ 29, 106, 161 HGB). Die Errichtung einer Zweigniederlassung ist von einem Einzelkaufmann oder einer juristischen Person beim Gericht der Hauptniederlassung, von einer Handelsgesellschaft beim Gericht des Sitzes der Gesellschaft zur Eintragung in das Handelsregister des Gerichts der Zweigniederlassung anzumelden (§ 13 Abs. 1 Satz 1 HGB).

Wie ist das Handelsregister aufgebaut?

Das Handelsregister besteht aus zwei Abteilungen.

Abteilung A	Abteilung B
Einzelkaufleute	Aktiengesellschaft
Offene Handelsgesellschaft	Kommanditgesellschaften auf Aktien
Kommanditgesellschaft	Gesellschaft mit beschränkter Haftung
	Versicherungsverein auf Gegenseitigkeit

Wofür besteht Eintragungspflicht?

Um die Amtsgerichte nicht mit einzutragenden Informationen zu überhäufen, werden nur die wichtigsten, für den kaufmännischen Geschäfts- und Rechtsverkehr erheblichen Tatsachen in das Handelsregister eingetragen. Die entscheidende Frage ist: Was muss, was darf und was darf nicht in das Handelsregister eingetragen werden?

Es wird unterschieden zwischen eintragungsfähigen und nicht eintragungsfähigen Tatsachen.

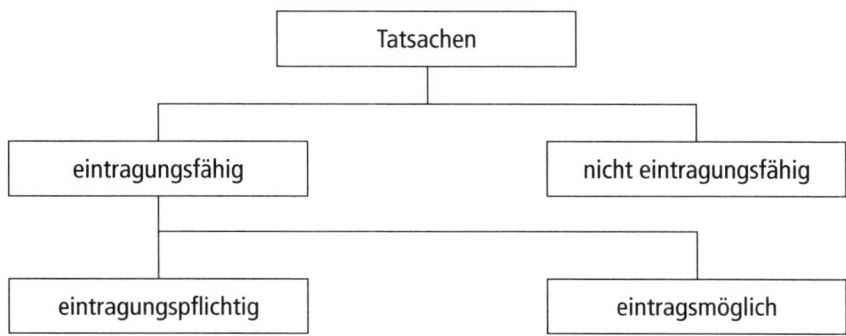

Grundsätzlich sind alle Tatsachen eintragungsfähig, die von Gesetzes wegen einzutragen sind, wie z. B. Firma, Ort der Handelsniederlassung, Erteilung und Löschung einer Prokura, Unternehmensgegenstand, Höhe des Stammkapitals sowie dessen Änderungen und Eröffnung des Insolvenzverfahrens. Weiterhin sind in das Handelsregister Tatsachen aufzunehmen, die nach Sinn und Zweck des Registers eingetragen werden müssen, wie z. B. die Haftungsbeschränkung des Erwerbers bei Firmenfortführung (§ 25 Abs. 2 HGB).

Nicht eingetragen werden Tatsachen und Umstände, die an anderer Stelle der Öffentlichkeit zugänglich gemacht werden, wie z. B. das Eigentum des Kaufmanns an Grundstücken durch das Grundbuch, der bestehende Güterstand des Kaufmanns durch das Güterrechtsregister.

Weiterhin verneint das Handelsregister die Eintragung weiterer den kaufmännischen Bereich betreffender wichtiger Tatsachen, um die Zügigkeit des kaufmännischen Verkehrs nicht zu gefährden (z. B. Haftungskapital eines Einzelkaufmanns oder einer Personengesellschaft) oder wenn der mit der Eintragung verbundene Vertrauensschutz entbehrlich erscheint (so wird die Handlungsvollmacht im Gegensatz zur Prokura nicht im Handelsregister vermerkt). Die Eintragung nicht eintragungsfähiger Tatsachen ist grundsätzlich ohne Rechtswirkung.

Wie verläuft die „Zeremonie" der Eintragung?

Jede Eintragung in das Handelsregister durchläuft drei Stationen:

↑ Anmeldung
↑ Eintragung
↑ Bekanntmachung

Anmeldung zum Handelsregister

Grundsätzlich ist jeder Kaufmann verpflichtet, seine Firma und den Ort seiner Handelsniederlassung bei dem (Amts-)Gericht, in dessen Bezirk sie sich befindet, zur Eintragung in das Handelsregister anzumelden.

Dabei sollten Sie darauf achten, dass sowohl die Anmeldung zur Eintragung in das Handelsregister als auch die zur Aufbewahrung bei Gericht bestimmten Zeichnungen von Unterschriften in öffentlich beglaubigter Form eingereicht werden müssen, d. h., es muss die betreffende Erklärung unterschrieben und die Unterschrift von einem Notar beglaubigt werden.

Dass auch wirklich die gesetzlich vorgeschriebenen Eintragungen in das Handelsregister erfolgen, dafür hat das Registergericht zu sorgen. Dazu bedient sich das Gericht bei Gewerbebetrieben einer Stellungnahme in Form eines Gutachtens der zuständigen Industrie- und Handelskammer (IHK), bei Handwerksbetrieben oder Unternehmen der Land- und Forstwirtschaft einer solchen von Handwerks- oder Landwirtschaftskammer, insbesondere dann, wenn neue Firmen eingetragen oder Firmen geändert werden. Die für die gutachterliche Stellungnahme benötigten Informationen holt die IHK bei den Kaufleuten durch einen Spezialfragebogen ein.

Eintragung in das Handelsregister

Die Eintragung ist in einer so genannten Handelsregisterverfügung geregelt, die unter anderem Folgendes vorschreibt:

↑ Eintragungen sind deutlich und ohne Abkürzungen vorzunehmen.
↑ Es darf weder radiert noch irgendetwas unkenntlich gemacht werden.
↑ Löschungen werden durch rote Unterstreichungen entsprechend kenntlich gemacht.
↑ Alle Eintragungen erhalten eine fortlaufende Nummer.
↑ Bei jeder Eintragung ist der Tag der Eintragung anzugeben.

Eintragungen werden bekannt gemacht

Liegen schließlich alle Eintragungsvoraussetzungen vor, werden diese im Bundesanzeiger und in mindestens einer weiteren, meist regionalen Tageszeitung vom betreffenden Registergericht veröffentlicht. Dadurch wird sichergestellt, dass Außenstehende sich über die wesentlichen Rechtsverhältnisse eines Unternehmens ausreichend informieren können.

Die Bekanntmachung gilt als erfolgt mit dem Ablauf des Tages, an welchem das letzte der die Bekanntmachung enthaltenden Blätter erschienen ist.

Welche Publizitätswirkung entfaltet das Handelsregister und welche Konsequenzen hat das?

Da das Handelsregister öffentlichen Glauben genießt, sollte das, was im Handelsregister eingetragen ist, auch der Wahrheit entsprechen. Im Gegensatz z.B. zu Grundbucheintragungen ist beim Handelsregister der gute Glaube eines Dritten an die Richtigkeit einer Eintragung nicht geschützt. Wichtigste Ausnahme: Das Handelsregister schützt den guten Glauben Dritter insofern, als eintragungspflichtige, aber nicht eingetragene Tatsachen als nicht verwirklicht gelten.

Es lassen sich grundsätzlich drei Möglichkeiten unterscheiden:

1. Eine richtige Eintragung und Bekanntmachung wurde weder eingetragen noch bekannt gemacht.
2. Eine richtige Eintragung und Bekanntmachung wurde richtig eingetragen und richtig bekannt gemacht.
3. Eine Tatsache wurde unrichtig bekannt gemacht.

zu 1:

Solange eine in das Register einzutragende Tatsache nicht eingetragen und bekannt gemacht ist, kann sie von demjenigen, in dessen Angelegenheit sie einzutragen war, einem Dritten nicht entgegengesetzt werden, es sei denn, die Tatsache war dem Dritten bekannt. Sinn und Zweck ist der, dass sich dort, wo das Handelsregister „schweigt", der gutgläubige Dritte darauf verlassen kann, dass das, was nicht eingetragen ist, nicht in der Welt ist (so genannte „negative Publizität").

z.B. Das Ausscheiden eines Gesellschafters aus einer offenen Handelsgesellschaft ist eine einzutragende Tatsache. Versäumt der ausgeschiedene Gesellschafter diese Pflicht, so schweigt sich das Handelsregister über diesen Tatbestand aus. Ein Dritter kann darauf vertrauen, dass er den ausgeschiedenen Gesellschafter für Neuverbindlichkeiten ebenfalls in Anspruch nehmen kann. Wusste der Dritte allerdings schon von dem Ausscheiden des Gesellschafters, kann er sich wegen Forderungen aus Neugeschäften mit der Gesellschaft natürlich nicht an den ausgeschiedenen Gesellschafter halten, denn er ist in diesem Fall nicht mehr gutgläubig.

zu 2:

Eine eingetragene und bekannt gemachte Tatsache muss ein Dritter gegen sich gelten lassen. Sinn und Zweck ist, den Rechtsverkehr zu informieren und die kaufmännischen Rechtsverhältnisse offen zu legen. Somit gilt im Umkehrschluss zu den Erläuterungen zu Punkt 1, was eingetragen ist, ist in der Welt und hat Gültigkeit. Das gilt allerdings nicht bei Rechtshandlungen, die innerhalb von 15 Tagen nach der Bekanntmachung vorgenommen werden, sofern der Dritte beweist, dass er die Tatsache weder kannte noch kennen musste. Man spricht hier auch von der „positiven Publizität".

z.B. Ein Prokurist (dessen Prokura im Handelsregister eingetragen wurde) kann sich auf einer Geschäftsreise umständliche Nachforschungen über den Umfang seiner Vertretungsmacht dadurch ersparen, dass er seinem Geschäftspartner einen Handelsregisterauszug vorlegt.

Tipp Wer mit Kaufleuten in Geschäftsverbindung steht, muss sich über Handelsregistereintragungen informieren. Möchten Sie sich selbst vor Nachteilen schützen, sollten Sie bei bedeutenden Änderungen die Eintragung und Bekanntmachung beschleunigt vorantreiben.

zu 3:

Im täglichen Leben kann auch der Fall eintreten, dass eine richtige Tatsache als solche zwar richtig in das Handelsregister eingetragen wurde, jedoch unrichtig bekannt gemacht bzw. veröffentlicht wurde. In diesem Fall kann sich wiederum nur der gutgläubige Dritte demjenigen gegenüber, in dessen Angelegenheiten die Tatsache einzutragen war, auf die bekannt gemachte Tatsache berufen, obwohl sie eigentlich unrichtig ist, es sei denn, der Dritte kennt den Fehler in der Bekanntmachung oder die wahre Sachlage. Die zuvor gemachten Erläuterungen gelten auch für den Fall, in dem eine bereits unrichtig eingetragene Tatsache entsprechend bekannt gemacht worden ist.

z.B. Bei einer Kommanditgesellschaft ist irrtümlich ein als Kommanditist eingetragener Gesellschafter als Komplementär bekannt gemacht worden.

Eintragungswillige werden in aller Regel von der zuständigen Industrie- und Handelskammer kostenlos und unverbindlich in Angelegenheiten im Zusammenhang mit der Eintragung in das Handelsregister beraten. Es empfiehlt sich deshalb, vor der Beurkundung den Firmennamen, den Gegenstand des Unternehmens sowie eventuell die Kapitalaufbringung mit jener abzustimmen, um Verzögerungen beim eigentlichen Eintragungsverfahren sowie Entstehung unnötiger Kosten schon im Vorfeld auszuschließen.

6.3 Die Firma ist das Aushängeschild eines jeden Unternehmens

Das Handelsgesetzbuch definiert in § 17 Abs. 1 HGB die Firma als den Namen des Kaufmanns, unter dem er seine Geschäfte und damit sein Unternehmen betreibt. Die Firma ist der kaufmännische Name, unter dem der Kaufmann seine Geschäfte betreibt, selber klagen und auch verklagt werden kann.
Bei der Firmenbildung gibt es einige Grundsätze zu beachten:

Firmenwahrheit und Firmenklarheit

Grundsätzlich muss die Firma zur Kennzeichnung des Kaufmanns geeignet sein und eine gewisse Unterscheidbarkeit besitzen. Darüber hinaus dürfen im Firmennamen keine Angaben enthalten sein, die geeignet sind, über geschäftliche Verhältnisse, die für den angesprochenen Verkehrskreis wesentlich sind, irrezuführen. Vor allem darf der Firmenname keine unrichtigen Angaben über Art und Umfang der Unternehmung enthalten. So darf sich ein kleines Lebensmittelgeschäft nicht als „Lebensmittel-Europa-Zentrale" bezeichnen.

Firmenausschließlichkeit

Jede neue Firma muss sich von allen an demselben Ort oder in derselben Gemeinde bereits bestehenden und in das Handelsregister oder in das Genossenschaftsregister eingetragenen Firmen deutlich unterscheiden. Gegebenenfalls ist dem Firmenname ein entsprechender Zusatz beizufügen, der eine Unterscheidbarkeit sicherstellt. Beispiel: Hugo Meier Stahlbau in Konkurrenz zur Meier GmbH. Grundsätzlich kann sich das ältere (zuerst bestandene) Unternehmen auf das Wettbewerbsrecht berufen.

Firmenbeständigkeit

Die Firma kann nicht ohne das Handelsgeschäft, für das sie geführt wird, veräußert werden. Dadurch werden Irreführungen von Anfang an vermieden.

Firmenöffentlichkeit

Jeder Kaufmann ist verpflichtet, seine Firma und den Ort seiner Handelsniederlassung bei dem Gericht, in dessen Bezirk sich die Niederlassung befindet, zur Eintragung in das Handelsregister anzumelden. Dabei hat er seine Namensunterschrift unter Angabe der Firma zur Aufbewahrung bei dem Gericht zu zeichnen.

6.4 Welche Unternehmensform ist am besten geeignet?

In der Wahl der Rechtsform für Ihr Unternehmen sind Sie grundsätzlich frei. Das Gesetz stellt lediglich einige Rechtsformtypen zur Auswahl, bei denen bestimmte Voraussetzungen zu beachten sind.

Im Handelsgesetzbuch (HGB) ist das Recht des Einzelkaufmanns sowie der handelsrechtlichen Personengesellschaften OHG (Offene Handelsgesellschaften) und KG (Kommanditgesellschaft) geregelt. Die Rechtsverhältnisse der so genannten Kapitalgesellschaften GmbH (Gesellschaft mit beschränkter Haftung) und AG (Aktiengesellschaft) sind in anderen (ausgelagerten) Gesetzen geregelt (GmbH-Gesetz, Aktiengesetz). Der hauptsächliche Unterschied zwischen Personen- und Kapitalgesellschaften besteht in der Möglichkeit der Haftungsbeschränkung auf das

Gesellschaftsvermögen. Mit der Eintragung einer Kapitalgesellschaft in das Handelsregister wird eine neue Rechtspersönlichkeit in Form einer juristischen Person geschaffen, die ein eigenes, vom Privatvermögen der Anteilseigner getrenntes Gesellschaftsvermögen besitzt, das den Gläubigern allein als Haftungsmasse zur Verfügung steht.

Im Folgenden sollen die wichtigsten Erscheinungsformen kurz erläutert werden:

Einzelkaufmann (e.K.)

Der Einzelkaufmann führt sein Handelsgewerbe, wie der Name bereits erkennen lässt, allein. Alle Verpflichtungen und Berechtigungen aus den getätigten Geschäften betreffen den Kaufmann selbst. Der Einzelkaufmann haftet nicht nur mit seinem betrieblichen, sondern auch mit seinem privaten Vermögen. Kaufmann ist nach § 1 HGB jeder Gewerbetreibende, es sei denn, das Unternehmen erfordert nach Art und Umfang keinen in kaufmännischer Weise eingerichteten Geschäftsbetrieb. Ist Letzteres der Fall, so ist der Gewerbetreibende (Kleingewerbetreibende) vor dem Gesetz Nichtkaufmann. Der Kleingewerbetreibende, der rechtlich wie eine Privatperson gesehen wird, ist nicht berechtigt, eine Firma zu führen und kann keine Prokura erteilen. Er ist von den Verpflichtungen zur Führung von Handelsbüchern freigestellt und unterliegt bestimmten Schutzbestimmungen bei Handelsgeschäften. Nichtkaufleuten steht allerdings die Möglichkeit offen, durch eine „freiwillige" Eintragung in das Handelsregister die Kaufmannseigenschaft zu erlangen. Ist die Eintragung erfolgt, gelten auch für sie alle Rechte und Pflichten.

Gesellschaft bürgerlichen Rechts (GbR)

Bei der Gesellschaft des bürgerlichen Rechts (GbR) schließen sich mindestens zwei Gesellschafter zusammen, ohne dabei eine neue juristische Person zu gründen, sofern sie ihren Gewerbebetrieb in nichtkaufmännischer Weise führen. Diese Personengesellschaftsform ist in den §§ 705 ff. Bürgerliches Gesetzbuch (BGB) geregelt. Die GbR ist nicht berechtigt, eine Firma zu führen oder eine Prokura zu erteilen. Die Gesellschafter stehen in der persönlichen und unbeschränkten Haftung für die Verbindlichkeiten der GbR. Wie der nichtkaufmännisch eingerichtete Kleingewerbetreibende besteht auch für die GbR die Möglichkeit, durch Eintragung in das Handelsregister die Kaufmannseigenschaft zu erlangen. Nach der Eintragung der GbR wird sie dann zur offenen Handelsgesellschaft.

Offene Handelsgesellschaft (OHG)

Die OHG muss aus mindestens zwei Gesellschaftern bestehen und setzt einen kaufmännischen Geschäftsbetrieb voraus. Jeder Gesellschafter einer OHG haftet persönlich und unbeschränkt. Die Gesellschaftsform der OHG bietet sich dann an, wenn alle Gesellschafter leitend und voll verantwortlich mitarbeiten möchten. Nach den gesetzlichen Bestimmungen des Handelsgesetzbuches (HGB) besitzt jeder Gesellschafter der OHG das Recht zur Führung der Geschäfte (im Innenverhältnis) und hat Vertretungsbefugnis für die Gesellschaft (im Außenverhältnis). Die gesetzlichen Bestimmungen haben allerdings nur dann Gültigkeit, wenn zwischen den Gesellschaftern nichts anderes vereinbart worden ist. D.h., bei der OHG können diesbezüglich andere Regelungen (am besten im schriftlichen Gesellschaftsvertrag) getroffen werden, die von den gesetzlichen Bestimmungen abweichen. Es ist allerdings zu bedenken, dass im (intern gehaltenen) Gesellschaftsvertrag abweichende Regelungen nach außen nur dann Wirksamkeit besitzen, wenn sie in das Handelsregister eingetragen werden.

Kommanditgesellschaft (KG)

Die KG setzt (wie die OHG auch) einen in kaufmännischer Weise eingerichteten Geschäftsbetrieb mit wenigstens zwei Gesellschaftern voraus. Im Gegensatz zur OHG gibt es bei der KG mindestens einen voll haftenden Gesellschafter (Komplementär = Vollhafter) und mindestens einen weiteren Gesellschafter, der in Höhe seiner Einlage haftet, bis diese vollständig von ihm erbracht ist (Kommanditist = Teilhafter). Aufgrund der beschränkten Haftung des Kommanditisten ist vom Gesetzgeber ein Ausschluss von der Geschäftsführung (ist aber änderbares Recht) und der Vertretung der Gesellschaft nach außen (kann nicht geändert werden) vorgesehen. Es ist aber möglich, dem Kommanditisten Prokura oder Handlungsvollmacht zu erteilen und ihn somit indirekt an der Führung der Geschäfte teilhaben zu lassen. Dem Kommanditisten stehen gesetzlich verankerte Einsichtsrechte in die jährliche Bilanz, die Bücher und Papiere der Kommanditgesellschaft zu.
Im Gegensatz zu Kapitalgesellschaften ist bei Personengesellschaften eine Geschäftsführung durch fremde Dritte nicht möglich. Die Geschäftsfüh-

rung liegt in den Händen der Gesellschafter und kann nicht auf gesellschaftsfremde Geschäftsführer übertragen werden.

Stille Gesellschaft

Die stille Gesellschaft ist lediglich eine Innengesellschaft, d.h., sie wird nach außen hin nicht bekannt. Es erfolgt auch keine Eintragung in das Handelsregister.

Der stille Gesellschafter beteiligt sich an einem Handelsgewerbe in der Weise, dass er in das Vermögen des Geschäftsinhabers eine Vermögenseinlage (Geld, Sachen, Rechte, Dienstleistungen wie z.B. die eigene Arbeitskraft des Stillen) leistet und dafür an Gewinn und Verlust des Geschäftsbetriebes beteiligt wird. Eine stille Beteiligung ist sowohl bei Einzelfirmen als auch bei Gesellschaften (Personengesellschaften oder juristischen Personen) möglich. Das Besondere an der stillen Gesellschaft ist, dass der stille Gesellschafter nur in Höhe seiner Einlage für Verluste der Gesellschaft haftet. Ein Ausschluss von der Teilnahme am Verlust kann vertraglich geregelt werden. Die stille Gesellschaft endet durch Ablauf oder durch Kündigung des stillen Gesellschafters oder Geschäftsinhabers.

GmbH & Co. KG

Die GmbH & Co. KG ist eine Personengesellschaft und unterscheidet sich von der normalen KG nur dadurch, dass eine juristische Person in Form einer GmbH als Komplementär fungiert. Neben der GmbH als Komplementär braucht keine natürliche Person die unbeschränkte Haftung zu übernehmen. Bei der GmbH & Co. KG finden die Vorschriften des HGB für die KG Anwendung und für die GmbH, die als Komplementär der KG auftritt, die im GmbH-Gesetz geregelten Bestimmungen. Gegenüber der reinen KG hat die GmbH & Co. KG den Vorteil, dass Fremdgeschäftsführung möglich ist.

Gesellschaft mit beschränkter Haftung (GmbH)

Die GmbH hält im wirtschaftlichen Bereich immer stärker Einzug, weil neben der vielseitigen Verwendbarkeit das Haftungsrisiko durch Beschränkung auf das Vermögen der GmbH kalkulierbar und somit in engen Grenzen bleibt. Die GmbH ist eine Kapitalgesellschaft, die eine eigene Rechtspersönlichkeit besitzt. Die GmbH kann zu jedem gesetzlich zulässigen

Zweck errichtet werden. Wirksamkeit erlangt die GmbH durch die Eintragung im Handelsregister, die in notarieller Form beim zuständigen Gericht angemeldet werden muss. Eine GmbH kann durch eine (dann wird von einer Ein-Mann-GmbH gesprochen) oder mehrere Personen errichtet werden. Bei der GmbH ist eine Fremdgesellschaftsführung möglich und zulässig. Das Haftungsrisiko ist auf das Gesellschaftsvermögen beschränkt. Das Stammkapital der GmbH beträgt mindestens 25 000 Euro, wobei die Stammeinlage eines Gesellschafters 100 Euro nicht unterschreiten darf.

Aktiengesellschaft (AG)

Die Eigentümer einer AG sind die Aktionäre, die ihre „Mitgliedschaft" durch Übernahme von Aktien im Gründungsstadium bzw. bei einer späteren Kapitalerhöhung oder durch Erwerb einer Aktie von einem anderen Aktionär erwerben. Wichtigste Aktionärsrechte sind das Stimmrecht in der Hauptversammlung und das Recht auf einen Anteil am Reingewinn (Dividende). Organe der AG sind Vorstand, Aufsichtsrat und Hauptversammlung.

7 Ohne Geld ist kein Unternehmen überlebensfähig

Wenn Sie Ihre Produktion durch Hinzunahme eines weiteren Artikels erweitern möchten, ist das in der Regel mit zusätzlichem Investitionsbedarf verbunden. Im Rahmen der vorbereitenden Überlegungen schätzen Sie Ihren gesamten zusätzlichen Kapitalbedarf wie folgt:

Errichtung einer neuen Produktionshalle	450 000 €
Anschaffung von zusätzlichen Maschinen	350 000 €
Anschaffung von neuem Werkzeug	50 000 €
Eiserner Bestand an Rohstoffen	25 000 €

Weiterhin liegen Ihnen folgende geplante Zahlen vor:

Rohstofflagerdauer:	20 Tage
Lieferantenziel:	15 Tage
Produktionsdauer:	35 Tage
Fertigwarenlager:	8 Tage

Darüber hinaus schätzen Sie tägliche durchschnittliche Kosten für:

Rohstoffkosten	1 750 €
Löhne und Gehälter	9 000 €
Sonstige Gemeinkosten	3 750 €

Von Ihren Kunden verlangen Sie eine Teilzahlung in Höhe von 1/4 bei Warenauslieferung, für die übrigen 3/4 gewähren Sie ein Zahlungsziel von 30 Tagen.

Wie und nach welchen Kriterien wird der Kapitalbedarf richtig ermittelt? Welche Grundsätze sind bei der Kapitalbeschaffung zu beachten? Auf diese Fragen finden Sie im Folgenden eine Antwort.

7.1 Den Kapitalbedarf richtig planen

Bevor Sie sich in das Abenteuer einer neuen Finanzierung stürzen, sollten Sie sich zuvor ein möglichst genaues Bild vom benötigten Kapitalbedarf machen. Dabei sind in die Betrachtungen nicht nur die finanzielle Belastung im Bereich des Anlagevermögens, sondern vor allem auch die Auswirkungen im Umlaufvermögen mit einzubeziehen.

Bevor Erlöse in Form verkaufter Produkte in Ihr Unternehmen zurückfließen, müssen Ausgaben für Rohstoffe, Löhne und Abgaben getätigt werden. Weiterhin ist der Zeitraum für die Produktionsdauer, das dem Kunden gewährte Zahlungsziel, die Umschlagsgeschwindigkeit des Fertigwarenlagers usw. annähernd genau zu schätzen, denn während dieser Zeit „Durststrecke" müssen Sie zumindest so viel Liquiditätsreserve besitzen, dass die Differenz zwischen Einnahmen und Ausgaben von Ihnen aufgefangen werden kann.

Der Kapitalbedarfsermittlung können Sie i.d.R. nur geschätzte Planwerte zugrunde legen, die aber nicht immer wie geplant zutreffen müssen. Aus diesem Grund ist es ratsam, bei den erwarteten Kosten großzügig zu schätzen, um immer noch einen ausreichenden finanziellen Spielraum zu haben.

Ausgehend vom obigen Beispiel wird der gesamte Kapitalbedarf wie folgt bestimmt:

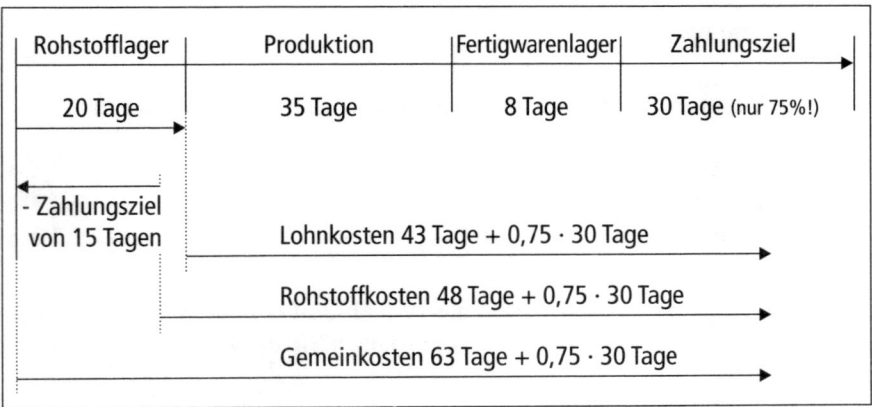

Rechnerische Ermittlung:

Durchschnittlicher Kapitalbedarf des Umlaufvermögens in €:

Gemeinkosten:	20	·	3 750	=	75 000
	35	·	3 750	=	131 250
	8	·	3 750	=	30 000
	75 % · 30	·	3 750	=	84 375
Rohstoffkosten:	(20–15)	·	1 750	=	8 750
	35	·	1 750	=	61 250
	8	·	1 750	=	14 000
	75 % · 30	·	1 750	=	39 375
Lohnkosten:	35	·	9 000	=	315 000
	8	·	9 000	=	72 000
	75 % · 30	·	9 000	=	205 500

Durchschnittl. Kapitalbedarf für das Umlaufvermögen: 1 036 500 €

Weiterhin müssen noch der Kapitalbedarf Ihres Anlagevermögens sowie Ihr eiserner Bestand an Rohstoffen geplant werden in €:

Errichtung einer neuen Produktionshalle	450 000
Anschaffung von zusätzlichen Maschinen	350 000
Anschaffung von neuem Werkzeug	50 000
Eiserner Bestand an Rohstoffen	25 000

Summe des Kapitalbedarfs
für Ihr Anlagevermögen einschl. eiserner Bestand: 875 000 €

Damit beziffert sich Ihr benötigter Kapitalbedarf auf insgesamt 1 911 500 €.

7.2 Welche Finanzierungsgrundsätze sind dabei zu beachten?

Ihnen steht bei der Entscheidung bezüglich der Finanzierbarkeit selbstverständlich frei, ob die Finanzierung durch Eigen- oder durch Fremdkapital vorgenommen werden soll. Um die Entscheidung der optimalen Kombination zwischen beiden zu erleichtern, sind bestimmte Finanzierungsgrundsätze aufgestellt worden, die Sie auf jeden Fall mit in Ihre Überlegungen einbeziehen sollten, denn vor allem die Banken machen die Kreditvergabe von der Einhaltung dieser Grundsätze abhängig.

Anlagendeckung

Der Finanzierungsgrundsatz zur „Anlagendeckung" stellt eine Beziehung zwischen der Herkunft des Geldes (Eigen- oder Fremdkapital) und dessen Verwendung (in Anlage- oder Umlaufvermögen) her. Deshalb stellt sich die Frage der Finanzierung bei jedem einzelnen Vermögensteil von Neuem. Hierbei ist von wesentlicher Bedeutung, wie lange die einzelnen Vermögensgegenstände im Unternehmen eingesetzt werden sollen, bis sie über den Umsatzprozess wieder zu Geld werden und damit dem Unternehmen wieder zur Verfügung stehen.

Während Grundstücke ohnehin auf unabsehbare Zeit an das Unternehmen gebunden sind, fließen die Gelder für Werkshallen, Einrichtungsgegenstände, Maschinen usw. im Laufe der Zeit durch die in den Verkaufserlösen enthaltenen kalkulierten Abschreibungen nach und nach wieder in Ihr Unternehmen zurück. Die zurückgeflossenen Mittel sollten Sie für Ersatzbeschaffungen verwenden, da diese Anlagegüter im Laufe der Jahre Abnutzungen unterliegen und unmodern (vielleicht sogar unwirtschaftlich) geworden sind und deshalb durch neue ersetzt werden müssen.

Unter Sicherheitsaspekten sollten Sie Ihr Anlagevermögen möglichst mit Kapital finanzieren, das dem Unternehmen auf eine unbefristete Zeit zur Verfügung steht, also durch **Eigenkapital**.

Beim Umlaufvermögen, also bei Rohstoffen, Hilfsstoffen, unfertigen und fertigen Erzeugnissen usw., ist dagegen die Wahrscheinlichkeit größer, dass die Güter innerhalb eines einzigen Jahres umgesetzt und somit wieder in Form von Geld in Ihr Unternehmen zurückfließen. Zur Finanzierung des Umlaufvermögens bietet sich deshalb Fremdkapital an, welches aus den eingehenden Verkaufserlösen zurückgezahlt (= getilgt) werden kann.

> **Tipp**
> Normalerweise müssen zur Aufrechterhaltung des Betriebsablaufs die aus dem Verkauf hereinkommenden flüssigen Mittel für Rohstoffbeschaffungen, Lohn- und Gehaltszahlungen usw. verwendet werden. Genau aus diesem Grund sollte der größere Anteil des Umlaufvermögens langfristig und nur ein kleiner Restanteil auf kurze Dauer mit fremdem (geliehenem) Kapital finanziert werden.

Eine auf den Aspekt „Sicherheit" und „Liquidität" abgestellte Finanzierung könnte im Optimalzustand wie folgt aussehen:

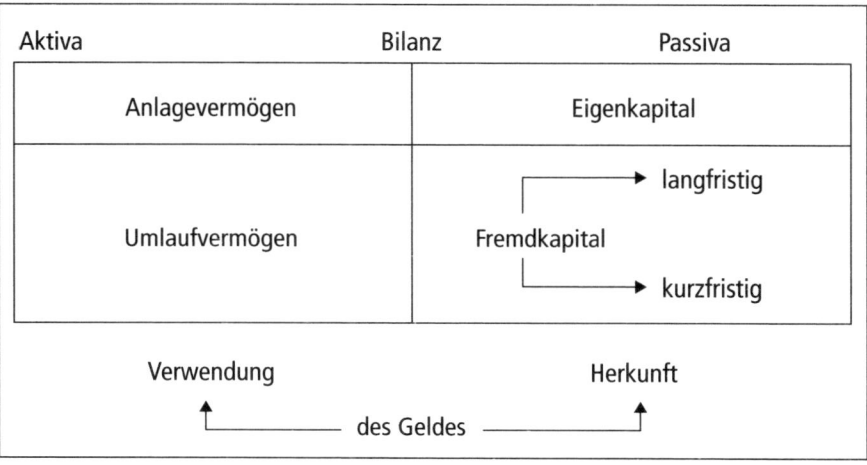

Als Orientierungshilfe gilt für die Anlagendeckung folgende Beziehung:

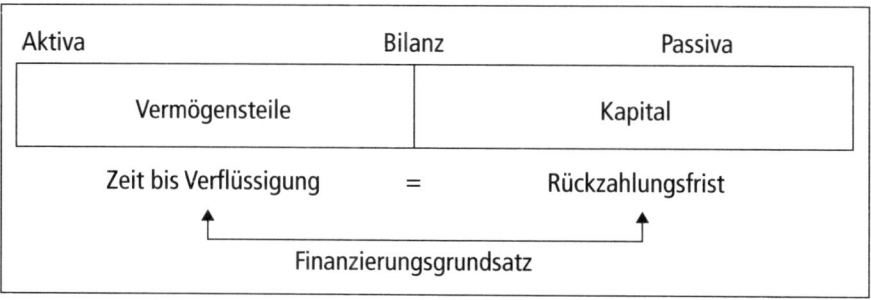

Das Eigenkapital sollte mindestens genau so hoch sein wie das gesamte Anlage-Vermögen.

z.B. Ihr Anlagevermögen beträgt 500 000 €
Ihr Eigenkapital beläuft sich auf 750 000 €

Verhältnis:

$$\frac{\text{Eigenkapital}}{\text{Anlagevermögen}} = \frac{750\,000}{500\,000} = 1,5\,(>1)$$

Wofür ist das wichtig? Welchen Aussagewert hat die Zahl 1,5?
Liegt der Quotient Eigenkapital / Anlagevermögen über dem Wert 1, bedeutet dies, dass nicht nur das gesamte Anlagevermögen, sondern auch Teile des Umlaufvermögens mit Eigenkapital finanziert werden konnten und das Unternehmen auf einer sehr soliden finanziellen Basis steht.

Liquidität

Dass Sie sicherstellen müssen, Ihre finanziellen Verpflichtungen jederzeit erfüllen zu können, versteht sich eigentlich von selbst. Aus diesem Grund sollten Sie auf die Einhaltung folgender Relationen achten:

Liquidität im weiteren Sinne:

$$\frac{\text{gesamtes Umlaufvermögen}}{\text{kurzfristige Verbindlichkeiten (LZ < 1 Jahr)}} > 2$$

Im Umkehrschluss sagt das nichts anderes, als dass mindestens die Hälfte des Umlaufvermögens mittel- oder langfristig finanziert ist.

Liquidität im engeren Sinne:

$$\frac{\text{monetäre Mittel + kurzfristige Forderungen (LZ < 1 Jahr)}}{\text{kurzfristige Verbindlichkeiten (LZ < 1 Jahr)}} > 1$$

Monetäre Mittel sind hier Kassenbestand + Bank- und Postscheckguthaben + Wechselforderungen.
Durch eine solche Gegenüberstellung bestimmter Finanzwerte sollten Sie jederzeit in der Lage sein, Ihre kurzfristigen Verbindlichkeiten zu begleichen und einen sich abzeichnenden Liquiditätsengpass bereits im Vorfeld

zu erkennen, wenn sich im Zeitablauf der Quotient von ursprünglich größer 1 auf unter 1 verschlechtert.

Liquidität im engsten Sinne:

$$\frac{\text{Kassenbestand + Bank- u. Postscheckguthaben}}{\text{kurzfristige Verbindlichkeiten (LZ < 1 Jahr)}} > 0{,}2$$

Um auf der ganz sicheren Seite zu stehen und plötzlich auftretenden Liquiditätsengpässen vorzubeugen, sollten jederzeit mindestens 20 % der kurzfristigen Verbindlichkeiten Ihrem Unternehmen als Barreserve zur Verfügung stehen.

Bei der Liquidität der Aktivwerte in Ihrer Bilanz kann eine Vierteilung wie folgt vorgenommen werden:

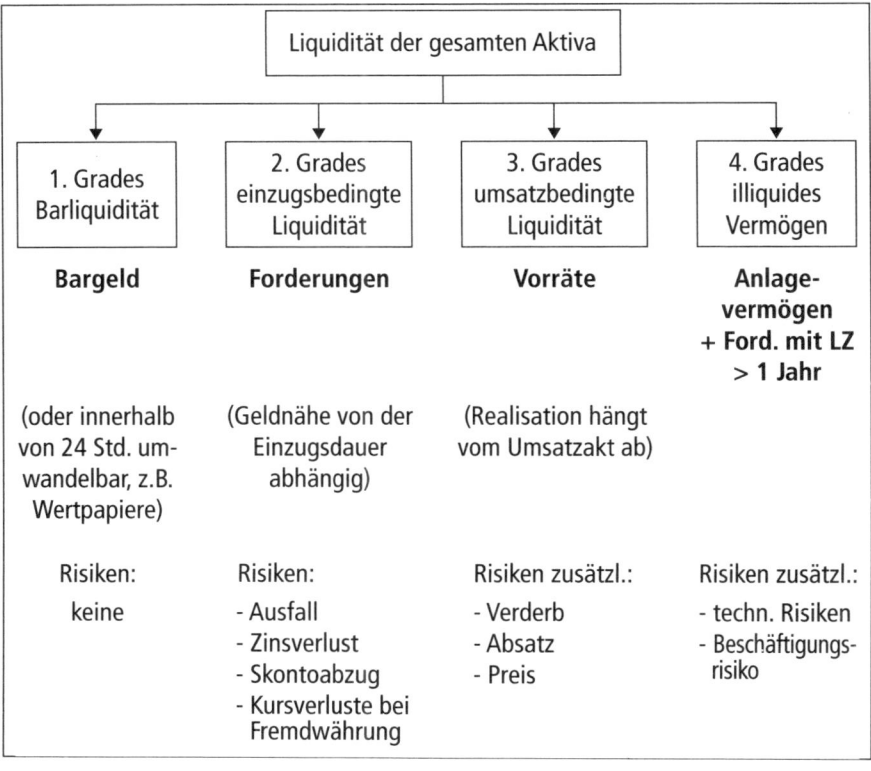

Erläuterungen:

Die liquiden Mittel ersten Grades werden in der Praxis auch als Barliquidität bezeichnet:

Hierunter fallen nicht nur der gesamte Geldbestand, z.B. Kassenbestand, sofort verfügbare Bank- und Postscheckguthaben, sondern auch Posten, die ohne Risiko kurzfristig in Geld umgewandelt werden können, z.B. Schecks oder börsengängige Wertpapiere.
Die Liquidität ersten Grades kann immer dann als ausreichend bezeichnet werden, wenn die Bedingung

$$\frac{\text{Liquide Mittel}}{\text{Sofort fällige Verbindlichkeiten}} \geq 1$$

erfüllt ist.

Die liquiden Mittel zweiten Grades bezeichnet man auch als einzugsbedingte Liquidität:

Dazu zählen Forderungen und andere Vermögensgegenstände, soweit sie durch den Umsatzprozess innerhalb eines Monats zu Geld werden (= Monatsliquidität). Ihr Unternehmen gilt als liquide, wenn gilt:

$$\frac{\text{Barliquidität + kurzfristige Forderungen (bis 30 Tagen)}}{\text{Innerhalb von 30 Tagen fällige Verbindlichkeiten}} \geq 1$$

Unmittelbaren Einfluss auf die Liquidität zweiten Grades nimmt die Einzugsdauer Ihrer Forderungen; aus diesem Grund wird sie auch als einzugsbedingte Liquidität bezeichnet.

Die liquiden Mittel dritten Grades (= umsatzbedingte Liquidität):

Die umsatzbedingte Liquidität beinhaltet hauptsächlich das Vorratsvermögen. Aus den ursprünglichen Rohstoffen werden fertige Erzeugnisse, für die es einen Käufer zu finden gilt. Über den Umsatzprozess wird das Vorratsvermögen zunächst Liquidität zweiten Grades und nach Eingang der Forderung zu Barliquidität. Die Liquidität dritten Grades nennt man um-

satzbedingte Liquidität, weil liquide Mittel einen Umsatzprozess voraussetzen.
Bei der umsatzbedingten Liquidität wird folgendes Verhältnis gebildet:

$$\frac{\text{Umlaufvermögen (Barliquidität + Forderungen bis zu 1 Jahr) + Vorräte}}{\text{Kurzfristig fällige Verbindlichkeiten (bis 1 Jahr)}} >= 1$$

Die liquiden Mittel des vierten Grades (auch illiquides Vermögen genannt):

Zum illiquiden Vermögen zählen neben den Sach- und Finanzanlagen auch die immateriellen Anlagewerte. In der Regel sollten diese Posten nicht veräußert, sondern in Ihrem Unternehmen längere Zeit genutzt werden. Der Rückfluss der eingesetzten Kapitalmittel im Bereich des Anlagevermögens vollzieht sich innerhalb eines sehr langen Zeitraums: Zunächst werden Sachanlagen für die Leistungserstellung eingesetzt, die damit im Zusammenhang stehenden Zinsen und Abschreibungen werden über die Kalkulation in die Verkaufspreise der Produkte eingerechnet, das angebotene Produkt wird mit Gewinn auf dem Absatzmarkt verkauft und kommt ganz zum Schluss in Form von Bargeld wieder in das Unternehmen zurück.
Sie sollten sich darüber im Klaren sein, dass die vorgestellten Verhältniszahlen nur eine gewisse „Orientierungshilfe" darstellen, die sich aus der Bilanz ableiten lassen und dem Betrachter ein Bild vom eigenen Finanzierungsgebaren machen können. Jedoch kann eine Beachtung solcher recht einfachen Verhältnisstrukturen zwischen Mittelherkunft und Mittelverwendung im Rahmen von Kreditverhandlungen bei Banken ausschlaggebend sein.

Rentabilität

Die Rentabilität sagt etwas darüber aus, wie sich Ihr eingesetztes Kapital im Laufe eines Wirtschaftsprozesses verzinst hat. Für die Berechnung setzen Sie den Reingewinn Ihres Wirtschaftsjahres zum eingesetzten Kapital in Beziehung.

Rentabilität = Gewinn · 100 / eingesetztes Kapital

In diesem Zusammenhang kann noch zwischen **Unternehmerrentabilität** und **Unternehmungsrentabilität** unterschieden werden.

↑ Von *Unternehmerrentabilität* (oder Nettorentabilität) wird immer dann gesprochen, wenn ausschließlich das Eigenkapital für die Berechnung herangezogen wird.

↑ Von *Unternehmungsrentabilität* (oder Bruttorentabilität) wird gesprochen, wenn sowohl das Eigen- als auch das Fremdkapital als Berechnungsbasis dient. Um zu einer aussagefähigen Zahl zu kommen, müssen jedoch die Zinsen für das Fremdkapital dem Gewinn hinzugerechnet werden.

> **z.B.** Am Anfang des Jahres betrug Ihr Eigenkapital 200 000 Euro. Zur gleichen Zeit belief sich das Fremdkapital auf 50 000 Euro. Nach Ablauf des Jahres haben Sie einen Gewinn von 30 000 Euro erwirtschaftet, an Fremdkapitalzinsen sind im selben Jahr 4000 Euro gezahlt worden.

1. Die Rentabilität des Eigenkapitals (**Unternehmerrentabilität**) beträgt:

   $30\,000 \cdot 100 / 200\,000 = 15\,\%$

2. Die Rentabilität des Gesamtkapitals (**Unternehmungsrentabilität**) beläuft sich auf:

   $(30\,000 + 4\,000) \cdot 100 / (200\,000 + 50\,000) = 13{,}6\,\%$

Aus dem Vergleich wird deutlich, dass die Unternehmerrentabilität größer ist als die Unternehmungsrentabilität. Beide Kennzahlen können maximal denselben Wert annehmen, nämlich dann, wenn der betriebliche Unternehmensprozess ausschließlich durch Eigenkapital finanziert wird, was allerdings die Ausnahme bilden dürfte und wovon allgemein auch abgeraten wird.

Tipp Flüssige Mittel in der Kasse oder auf dem Bankkonto bringen wenig bis keinen (Zins-)Ertrag. Aus Rentabilitätssicht sollten Sie in Ihrem Unternehmen nicht mehr liquide Mittel als nötig haben, andererseits aber auch für die Sicherung der Zahlungsfähigkeit Ihres Unternehmens insofern sorgen, als stets die zur Zahlung erforderlichen Geldbeträge rechtzeitig vorhanden sind. Diesem Konflikt begegnen Sie am besten dadurch, dass im Zweifel immer der Liquidität der Vorrang vor der Rentabilität gegeben wird.

Verschuldungsgrad

Genau genommen gibt es zwei Verschuldungsgrade: der statische und der dynamische Verschuldungsgrade.

Der **statische** Verschuldungsgrad ist immer zeitpunktbezogen, z.B. auf den Bilanzstichtag. Er bringt das Verhältnis zwischen Fremd- (FK) zu Eigenkapital (EK) zum Ausdruck.

z.B.

A	Bilanz	P	
	EK	25 000	Statistischer Verschuldungsgrad = 75 000/25 000 · 100 = 300 %
	FK	75 000	d.h. auf 1,– € Eigenkapital entfallen 3,– € Fremdkapital

Bei den meisten Unternehmen in der Bundesrepublik Deutschland sind die Schulden viermal so hoch wie das Eigenkapital, der durchschnittliche statische Verschuldungsgrad liegt somit bei 400 %. Im Zeitvergleich über mehrere Jahre sollten Sie darauf achten, dass im Laufe der Zeit der kleiner werdende statische Verschuldungsgrad eine positive Tendenz signalisiert.

Gegenüber dem statischen Verschuldungsgrad wird beim **dynamischen** Verschuldungsgrad dem Zeitfaktor Rechnung getragen. Der dynamische Verschuldungsgrad gibt den Zeitraum an, bis es Ihnen aus eigener Kraft gelingt, Ihren gesamten Schuldenbestand abzubauen.

Beim dynamischen Verschuldungsgrad dividieren Sie den Netto-Cashflow durch die Summe Ihres gesamten Fremdkapitals.

Der Netto-Cashflow kann wie folgt berechnet werden:

  Gewinn vor Steuern lt. Gewinn- und Verlustrechnung (G+V)
+ Abschreibungen auf Sachanlagen
+ Abschreibungen auf Finanzanlagen und auf das Umlaufvermögen
− Zuschreibungserträge
+− Änderung der Pensionsrückstellungen in Ihrer Bilanz
− gegenüber dem Vorjahr
+ Einstellungen in Sonderposten mit Rücklageanteil
− Auflösungen von Sonderposten mit Rücklageanteil
+ außerordentliche Aufwendungen in der G+V
− außerordentliche Erträge in der G+V
− Steuern vom Einkommen und Ertrag

= **Netto-Cashflow**

Stehen beispielsweise einem Netto-Cashflow von 34 000 Euro Schulden von insgesamt 340 000 Euro gegenüber, können Sie bei unveränderten Bedingungen erst nach Ablauf einer 10-jährigen Zeitspanne damit rechnen, schuldenfrei zu sein. Das setzt aber (theoretisch) voraus, dass sämtliche Überschüsse in den kommenden 10 Jahren zur Tilgung der Schulden verwendet werden.

Tipp Steigt der dynamische Verschuldungsgrad im Laufe der Zeit an, so ist diese Erkenntnis negativ zu bewerten, ein sinkender Verschuldungsgrad symbolisiert eine Verbesserung, weil im Zeitverlauf erkennbar wird, dass Sie wesentliche Teile Ihrer erwirtschafteten Erträge zur Tilgung Ihres vorhandenen Schuldenbestandes verwenden.

7.3 Welche Möglichkeiten der Finanzierung gibt es?

Häufig stellt man sich unter dem Begriff „Finanzierung" nur die so genannte Eigen- und Fremdfinanzierung vor. Aber es gibt darüber hinaus noch weitere Finanzierungsmöglichkeiten, die in der folgenden Abbildung zusammengestellt sind:

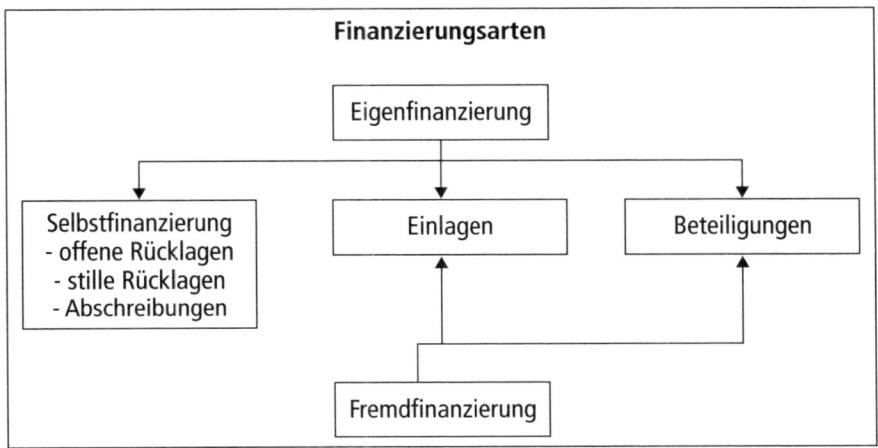

Eigenfinanzierung

Wie aus dem obigen Schema ersichtlich wird, kann Eigenfinanzierung auf unterschiedliche Art und Weise betrieben werden. Neben der anschließend näher zu betrachtenden Selbstfinanzierung besteht noch die Möglichkeit der (Privat-)Einlage sowie der Beteiligung.
Folgende Vorteile bietet die Eigenfinanzierung:

↑ Kapital steht dem Unternehmen unbefristet (d.h. in der Regel auf ewige Zeit) zur Verfügung.
↑ Sie bietet den Gläubigern die Gewähr für die Einlösung ihrer Forderungen.
↑ Teilweise Mitspracherechte durch den Kapitalgeber.

Wie jedoch im Einzelnen die Eigenfinanzierung vorgenommen wird, ist abhängig von der Rechtsform des Unternehmens:

Eigenfinanzierung beim Einzelunternehmen

Sie als Einzelunternehmer überführen Eigenkapital in Form von Geld oder Sach- und Rechtswerten (z.B. Grundstück, Pkw, Betriebs- und Geschäftsausstattung, Wertpapiere) aus Ihrem Privatvermögen in Ihr Betriebsvermögen. Ihren Willen über die betriebliche Verwendung dokumentieren Sie durch Vornahme einer entsprechenden Buchung in Ihrer Buchführung. Auf der anderen Seite ist der Finanzierungsspielraum sehr eng, sodass beabsichtigte betriebliche Investitionen mit Ihrem finanziellen Polster „stehen oder fallen".

Eigenfinanzierung bei einer offenen Handelsgesellschaft (OHG)

Bei der Gründung einer OHG sind mindestens zwei Gesellschafter beteiligt. Beide bringen ihr Eigenkapital durch die im Gesellschaftsvertrag festgelegten Bar- und Sacheinlagen ein. Durch mehrere Gesellschafter ist es bei der OHG im Gegensatz zum Einzelunternehmer bereits einfacher, die Kapitalkraft insbesondere in Krisenzeiten durch zusätzliche Privateinlagen zu stärken, weil der Bedarf von mehreren Personen leichter aufgebracht werden kann als von einer Person.

Eigenfinanzierung bei einer Kommanditgesellschaft (KG)

Die KG zeichnet sich dadurch aus, dass das Eigenkapital von mindestens einem Komplementär (=Vollhafter) und mindestens einem Kommanditisten (=Teilhafter) aufgebracht werden muss.
Der Vollhafter haftet genau wie die OHG-Gesellschafter mit seinem gesamten betrieblichen und privaten Vermögen für die Verbindlichkeiten der Kommanditgesellschaft. Die Haftung des Teilhafters beschränkt sich auf seine geleistete Einlage.

Tipp	Aufgrund des eingeschränkten Mitspracherechts des Teilhafters bietet sich in der Praxis eine Kommanditgesellschaft immer dann an, wenn viele Eigenkapitalquellen erschlossen werden sollen, die Kapitalgeber die Willensbildung der Unternehmung aber nur in eingeschränktem Maße mitbestimmen können und sollen.

Eigenfinanzierung bei einer Gesellschaft mit beschränkter Haftung (GmbH)

Bei der GmbH geschieht die Eigenfinanzierung durch die Leistung der im Gesellschaftsvertrag festgelegten Stammeinlage. Das Stammkapital (=Eigenkapital) setzt sich aus der Summe sämtlicher Geschäftsanteile zusammen. Treten in eine bereits bestehende GmbH neue Gesellschafter hinzu, werden sich sowohl die Stimmrechte in der Gesellschafterversammlung als auch die Gewinnansprüche der einzelnen Gesellschafter verschieben, da beide von der Höhe der Geschäftsanteile abhängig sind.

z.B.	Veränderung der Beteiligungsverhältnisse, wenn in eine GmbH ein neuer Gesellschafter aufgenommen wird

Gesell-schafter	Kapital vor Erhöhung			Kapital nach Erhöhung			
	A	B	Summe	A	B	C	Summe
Stamm-einlage (€)	110 000	90 000	200 000	110 000	90 000	100 000	300 000
Stimmen-anzahl	1 100	900	2 000	1 100	900	1 000	3 000
Anteil in Prozent	55	45	100	36,67	30	33,33	100

Der Hauptbeweggrund, der zur Gründung einer GmbH führt, ist die Haftungsbeschränkung, die laut Gesetz auf das Stammkapital beschränkt bleibt und sich nicht darüber hinaus noch auf das Privatvermögen der Gesellschafter der GmbH erstreckt.

Aspekte der Eigenfinanzierung:

↑ Von Eigenfinanzierung wird gesprochen, wenn der Eigentümer bzw. die Miteigentümer Geld oder Sachgüter in den Betrieb einbringen.
↑ Eigenfinanzierung hat eine große Bedeutung bei der Unternehmensgründung.
↑ Eigenfinanzierung zieht Eigenkapitalbildung nach sich.
↑ Eigenkapital steht auf unbefristete Zeit dem Betrieb zur Verfügung.
↑ Eigenkapital stärkt die Finanzkraft des Betriebs.
↑ Eigenfinanzierung unterstützt das betriebliche Wachstum.

Zusammenfassung:

Rechtsform des Unternehmens	Eigenfinanzierung	
	Möglichkeiten	Grenzen
Einzelunternehmen	Durch eine Privateinlage	Möglichkeiten bleiben auf das „private" Vermögen des Einzelunternehmers begrenzt

OHG	Aufnahme neuer Gesellschafter	Zu viele Gesellschafter verderben den „Brei", weil zu viele Entscheidungsträger vorhanden sind und der Entscheidungsweg zu lang wird
KG	Aufnahme neuer Vollhafter Aufnahme neuer Teilhafter	Vollhafter: siehe OHG Teilhafter: es bestehen keine Beschränkungen
GmbH	Stammkapitalerhöhung	Keine, jedoch erhebliche Kosten durch Notar, Handelsregistereintragung, Veröffentlichung

Selbstfinanzierung

Erzielen Sie durch den Verkauf Ihrer Produkte am Absatzmarkt höhere Erlöse, als Sie für die Herstellung im gleichen Zeitraum haben aufwenden müssen, fließt überschüssige Liquidität in Ihr Unternehmen.

z.B. Sie verkaufen innerhalb eines Wirtschaftsjahres Produkte für insgesamt 1 Mio. Euro. Weiterhin erwirtschaften Sie sonstige Erträge (z.B. Transporterlöse) in Höhe von 45 000 Euro. Dem stehen Aufwendungen für Wareneinsatz in Höhe von 750 000 Euro und sonstige Aufwendungen (z.B. Personal, Versicherung, Miete) insgesamt 200 000 Euro gegenüber.

Ihr **Reingewinn** (vor Steuern) beläuft sich demzufolge auf:

(1 000 000 + 45 000 − 750 000 − 200 000) = **95 000 €**

In welchem Zusammenhang steht aber der Reingewinn zu Ihrer Kapitalbildung?

Sofern im Unternehmen Gewinne erwirtschaftet werden, die realisiert sind und nicht an die Anteilseigner ausgeschüttet werden (sog. thesaurierte Gewinne), wird nicht nur das Eigenkapital gestärkt und vermehrt, sondern es erhöht sich auch Ihr betriebliches Vermögen.

Aktiva	Bilanz 01. 01. 2001	Passiva
Betriebs- vermögen	Fremdkapital	
	Eigenkapital	

Aktiva	Bilanz 31. 12. 2002	Passiva
Betriebs- vermögen	Fremdkapital	
	Eigenkapital	
Zuwachs an Betriebs- vermögen	thesaurierter Gewinn = zusätzliches Eigenkapital	

Selbstfinanzierung ist möglich durch Bildung offener Rücklagen

Von „offenen Rücklagen" wird immer dann gesprochen, wenn diese in der Bilanz offen ausgewiesen sind. Sie werden dem Eigenkapital (insbesondere der Kapitalrücklage) gutgeschrieben.
In der Bilanz hat das folgendes Aussehen:

Aktiva	Bilanz	Passiva
Anlagevermögen	Eigenkapital – Gezeichnetes Kapital – Kapitalrücklage … €	
Umlaufvermögen	Fremdkapital	

Tipp Auch unter dem Gesichtspunkt der Substanzerhaltung des Betriebsvermögens sollten Sie sich der Möglichkeit der offenen Rücklagenbildung bedienen. Gerade in Zeiten schleichender Geldentwertung reichen die aus den Anschaffungs- oder Herstellungskosten der Anlagegüter berechneten Abschreibungen oft nicht aus, in späteren Jahren benötigte Ersatzinvestitionen zu finanzieren. Erst eine teilweise Auflösung der Rücklage stellt die Finanzierung auf eine sichere Basis und gewährleistet gleichzeitig die Aufrechterhaltung der Leistungsbereitschaft und -fähigkeit Ihres Unternehmens.

Selbstfinanzierung ist auch durch Bildung stiller Rücklagen möglich

Bei der Aufstellung des Jahresabschlusses enthalten nicht nur das Handels- sondern auch das Steuerrecht gewisse Spielräume bei der Bewertung von Vermögensgegenständen und Schulden. Stille Rücklagen, die nicht für jeden aus der Bilanz sofort erkennbar sind, können gelegt werden durch:

↑ Unterbewertung des Betriebsvermögens auf der Aktivseite und/oder
↑ Überbewertung der Betriebsschulden auf der Passivseite.

Das Ergebnis ist in beiden Fällen gleich; Tatsächlich erwirtschafteter Gewinn wird nicht ausgewiesen und führt zu einer Verminderung des Gewinns im laufenden Wirtschaftsjahr.

Stille Rücklagen auf der Aktivseite durch Unterbewertung, d.h. Wiederbeschaffungswert ist größer als fortgeführte Anschaffungskosten	Stille Rücklagen auf der Passivseite durch Überbewertung, d.h. Rückstellungsbildung
Beispiel: Ein unbebautes Grundstück wird mit den ursprünglichen Anschaffungskosten von 1,5 Mio. € in der Bilanz ausgewiesen; der tatsächliche Wert beläuft sich auf 4 Mio. €	**Beispiel:** Bildung einer Pensionsrückstellung in Höhe von 1 Mio. €
Im Falle eines Verkaufes entsteht ein Gewinn in Höhe von 2,5 Mio. € und dem Unternehmen wird in gleicher Höhe Liquidität zugeführt.	Der unternehmerische Gewinn wird im Jahr der Rückstellungsbildung um 1 Mio. € vermindert, was zur Folge hat, dass auch weniger Steuern zu zahlen sind. Das Geld kann für andere Zwecke verwendet werden.

In beiden Fällen wird das bilanzielle Eigenkapital in der Bilanz kleiner ausgewiesen als das tatsächliche Eigenkapital.

ausgewiesene Bilanzwerte	tatsächliche Werte durch	
	Unterbewertung der Aktiva	Überbewertung der Passiva

A	Bilanz	P
Ver- mögen	Schul- den	
	Eigen- kapital	

A	Bilanz	P
Ver- mögen	Schul- den	
	Eigen- kapital	
	stille Rück- lagen	

A	Bilanz	P
Ver- mögen	Schul- den	
	stille Rück- lagen	
	Eigen- kapital	

Welche Vorteile hat es für Sie, wenn stille Reserven gelegt werden?

↑ Die Finanzkraft wird gestärkt.
↑ Es ergeben sich verbesserte Wachstumsmöglichkeiten.
↑ Die Besteuerung des Gewinns wird bis zur Auflösung hinausgeschoben.
↑ Es fallen keine zusätzlichen Zins- und Tilgungsverpflichtungen an.
↑ Sie haben keinerlei Finanzierungskosten.
↑ An den Eigentumsverhältnissen in Ihrem Unternehmen verändert sich nichts.

Wo Vorteile sind, sind meistens auch Nachteile:

↑ Es besteht große Gefahr der Fehlinvestition.
↑ Auflösung stiller Reserven kann zur „Bilanzkosmetik" genutzt werden (leichtere Verschleierung gravierender Fehler in der Unternehmensführung).
↑ Sind die stillen Reserven zu hoch, verliert die Bilanz an Aussagekraft.

Selbstfinanzierung durch kluge Abschreibungspolitik fördern

Werden zur Produktionserstellung Betriebsmittel (z. B. Maschinen) ge-kauft, fließen die Abschreibungen über die Kalkulation in die Verkaufs-preise ein und im Laufe der Zeit über die Verkaufserlöse in das Unterneh-men zurück. Bis zur Ersatzbeschaffung der Betriebsmittel stehen somit die über die Erlöse zurückgeflossenen Abschreibungen dem Unternehmen für einen gewissen Zeitraum zur freien Verfügung. Mit den auf diesem Wege gewonnenen liquiden Mitteln lassen sich weitere Anlagegüter beschaffen und finanzieren, ohne zusätzliches Eigen- oder Fremdkapital einsetzen zu müssen.

Werden sämtliche Abschreibungsbeträge wieder vollständig in neue Anla-gegüter reinvestiert, könnte sich das folgende Bild ergeben:

z. B. Ihr Unternehmen beginnt mit einer „Erstausstattung" an 20 Maschinen zu einem Preis von je 10 000 Euro. Die Maschinen werden linear abgeschrieben (d. h., es erfolgt eine gleichmäßige Verteilung der Anschaffungskosten auf die Nut-zungsdauer von angenommenen fünf Jahren). Da Sie für die Zukunft äußerst optimis-tisch sind, beschließen Sie, Ihren Maschinenpark in den kommenden Jahren unter An-wendung des Kapazitätserweiterungseffekts (d. h., sämtliche erwirtschafteten Abschreibungen werden vollständig zur Beschaffung neuer Maschinen verwendet) zu erweitern. Die Entwicklung des Maschinenparks entwickelt sich unter dieser An-nahme wie folgt:

Jahr	Maschinen-bestand (Stk.)	Abschrei-bung pro Jahr (€)	kumulierte Abschrei-bung	Kapazitäts-erweite-rung (Stk.)	Restbe-trag (€)
1	20	40 000	40 000	4	0
2	24[*1]	48 000	48 000	4	8 000
3	28	56 000	64 000	6	4 000
4	34	68 000	72 000	7	2 000
5	41	82 000	84 000	8	4 000
6	29 [*2]	58 000	62 000	6	2 000
7	31 [*3]	62 000	64 000	6	4 000
8	33 [*4]	66 000	70 000	7	0

| 9 | 34 [*5] | 68 000 | 68 000 | 6 | 8 000 |
| 10 | 33 [*6] | 66 000 | 74 000 | 7 | 4 000 |

(*1): Der Maschinenbestand ist auf insgesamt 24 Maschinen angewachsen. Daraus ergeben sich Abschreibungen von 48 000. Davon werden 40 000 für den Neukauf von Maschinen verwendet und 8 000 für das Folgejahr „angespart".

(*2): Am Ende des 5. Jahres sind 20 Maschinen voll abgeschrieben und scheiden sowohl aus der Abschreibungsberechnung als auch aus dem Produktionsprozess aus. Berechnung somit: 41 + 8 − 20 = 29

(*3): 29 + 6 − 4

(*4): 31 + 6 − 4

(*5): 33 + 7 − 6

(*6): 34 + 6 − 7

Dieser Kapazitätserweiterungseffekt funktioniert in der oben dargestellten Weise allerdings nur, wenn:

↑ die Abschreibungsgegenwerte über die Umsatzerlöse in voller Höhe zurückfließen

↑ die Wiederbeschaffungskosten den ursprünglichen Anschaffungskosten entsprechen

↑ ein technischer Fortschritt keine Auswirkungen auf den Preis hat

Der Kapazitätserweiterungseffekt hat allerdings eine obere Grenze: Er hängt von der Nutzungsdauer (n) der Maschinen ab. Im Höchstfall kann die ursprüngliche Kapazität verdoppelt werden. Der Multiplikator errechnet sich nach folgender Formel:

$$\text{Kapazitätsmultiplikator} = \frac{2}{1 + \dfrac{1}{n}}$$

Neben der Kapazitätserweiterung (= Investition in neues Anlagevermögen) können die durch die Abschreibungen freigesetzten Mittel ebenfalls verwendet werden für:

↑ Finanzierung neuer Investitionen

↑ Rückzahlungen von Fremdkapital

↑ Privatentnahmen

↑ Gewinnausschüttungen

↑ Investition in Finanzanlagen

↑ Investition in Vorräte und Forderungen

Tipp In der Praxis kommen verschiedene Anlagen mit unterschiedlicher Nutzungsdauer und unterschiedlichem Alter zum Einsatz. Daher ist die Bestimmung eines einheitlichen Kapazitätsmultiplikators für das gesamte Unternehmen mit Schwierigkeiten behaftet. Neben der linearen kommt häufig auch die degressive Abschreibung zur Anwendung und wirkt sich entsprechend unterschiedlich auf den Mittelrückfluss und damit gleichzeitig auf den Finanzierungsvorteil aus. Bei höheren Abschreibungen wirkt sich schon nach wenigen Jahren die Notwendigkeit einer schneller aufeinander folgenden Ersatzbeschaffung negativ auf die Liquidität aus, falls die ursprüngliche Kapazität beibehalten werden soll.

Außerdem sollten Sie bedenken, dass eine Kapazitätserweiterung in den meisten Fällen eine gleichzeitige Erhöhung des Vorratsvermögens, der Forderungsbestände sowie der Mitarbeiterzahlen nach sich zieht, was einen Teil Ihres Liquiditätsvorteils wieder verschlingt. Des Weiteren sind die Möglichkeiten zu prüfen, ob der Absatzmarkt die erhöhte Kapazität aufnehmen kann, ohne dass die Mehrproduktion einen Verfall der erzielbaren Preise am Absatzmarkt zur Folge hat.

Wie steht es mit der Fremdfinanzierung?

Unter Fremdfinanzierung wird die befristete entgeltliche Überlassung von Geld- oder Sachmitteln gegen spätere Rückzahlung verstanden. Diejenigen, die das Geld überlassen, werden zu Gläubigern des Unternehmens und verlangen neben der Tilgung der Schuld in der Regel auch Zinsen. In den meisten Fällen kommt noch hinzu, dass der Geldgeber Sicherheiten verlangt.

z.B. Bevor Sie Fremdkapital aufnehmen, sollten Sie sich genauestens überlegen, welche finanzielle Belastung Sie damit für die Zukunft eingehen. Speziell in von rückläufigen Umsätzen geprägten Zeiten – und damit sollten Sie langfristig immer rechnen – können hohe Tilgungs- und Zinszahlungen Ihre Finanz- und Liquiditätsplanung derart schwer belasten, dass u. U. sogar die Existenz Ihres Unternehmens auf dem Spiel steht. Darüber hinaus sollten Sie niemals aus den Augen verlieren, dass Gläubiger ihre Forderungen unabhängig vom wirtschaftlichen Erfolg Ihres Unternehmens geltend machen. Selbst im Insolvenzfall können sie ihre Ansprüche teilweise oder sogar vollständig befriedigen.

Die Fremdfinanzierungsformen lassen sich in der Praxis wie folgt einteilen:

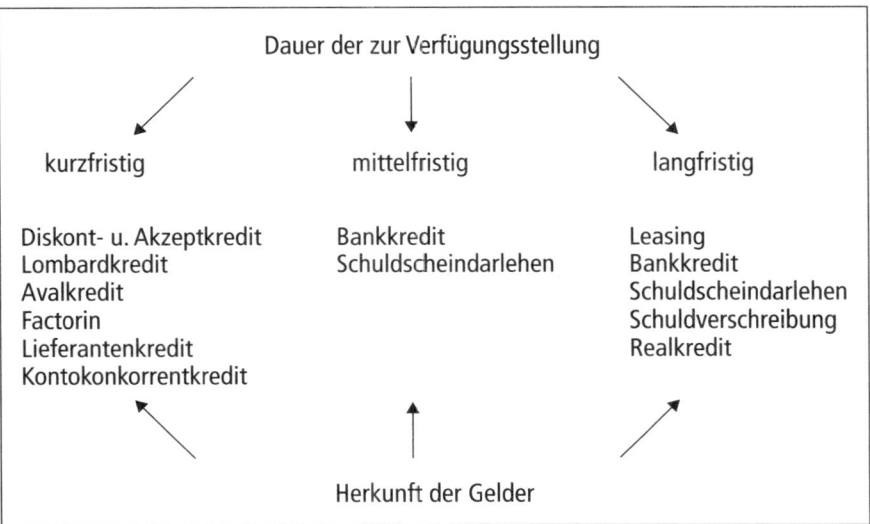

Checkliste zu den Unterschieden: Eigen- und Fremdkapital

Eigenkapital = Eigentumsverhältnis	Fremdkapital = Gläubigerverhältnis
Kapital wird unbefristet überlassen	Kapital steht nur eine gewisse Zeit dem Unternehmen zur Verfügung
Gewinn-/Verlustbeteiligung	Unabhängig von der konjunkturellen Lage des Unternehmens feste Zinszahlungen
Beteiligung am Zuwachs der stillen Reserven	Rückzahlungsanspruch des geliehenen Geldes
Geschäftsführungs-, Beschluss- oder zumindestens Widerspruchsrecht bei wichtigen Geschäften	Kein Mitspracherecht bei der Führung der unternehmerischen Geschäfte

Sollte aber in jedem Fall dem Eigen- vor dem Fremdkapital der Vorrang gegeben werden? Aus dem Blickwinkel der Zahlungsbereitschaft (Liquidität) und somit der Sicherheit des Unternehmens gesehen, ist die Frage durchaus zu bejahen.

Laufen die Geschäfte allerdings gut oder sogar sehr gut, tritt in den meisten Situationen der Fall ein, dass Fremdkapital „billiger" ist als Eigenkapital. Das ergibt sich zum einen aus einem erwirtschafteten Gewinnanteil, der höher ist als die Zinsbelastung, und zum anderen ist und bleibt der Einfluss der Kreditgeber auf die Geschäftsführung normalerweise gering.

Leasing

Die heutige Geschäftswelt zeichnet sich immer mehr durch Schnelllebigkeit und technologischen Wandel aus, der sich in immer kürzeren Zeitabständen vollzieht. Bei jeder Investition sind Sie demzufolge einem gewissen Risiko ausgesetzt, ob Sie die richtige „Spürnase" hatten. Aber warum muss alles immer sofort gekauft werden, vor allem wenn es nur für eine bestimmte Zeit benötigt wird? Ist es nicht besser, wenn Teilbereiche von anderen Unternehmen geleast werden? Im Gegensatz zum Kauf (der Ihre Liquidität auf einen Schlag enorm belasten kann) stellt das Leasing (mit in Zukunft kalkulierbaren Leasingraten) eine kalkulierbare und überschaubare Alternative zum Kauf dar.

Unter **Leasing** versteht man die vertragliche Übertragung der Nutzungsrechte an Investitions- und Konsumgütern sowie ganzer Industrieanlagen für eine bestimmte, vertraglich festgelegte Zeit auf den Mieter bzw. Pächter. An die Stelle des Kaufs tritt beim Leasing die befristete Nutzung durch Miete oder Pacht, die sich häufig auf mehrere Jahre erstreckt. Dabei treten als Leasinggeber häufig die Hersteller der Anlagegüter selber in Erscheinung, z.B. bei EDV-Anlagen die Firma Siemens (in diesem Fall spricht man auch von Herstellerleasing), oder es werden eigenständige Leasinggesellschaften gegründet, die die Anlagegüter von den Herstellern kaufen und an andere Interessenten weitervermieten (in diesen Fällen handelt es sich um Finanzierungsleasing). Leasinggesellschaften sind häufig finanzkräftige Kapitalgesellschaften, deren Hauptaufgabe in der Überbrückung der Zwischenfinanzierung zu sehen ist.

Vorteile und Nachteile beim Leasing:

Leasing	
Vorteile	**Nachteile**
↑ geringerer Kapitalbedarf für die Inanspruchnahme größerer Betriebsmittel ↑ ständige Anpassung der geleasten Gegenstände an den neuesten technischen Stand (= hohe Flexibilität) ↑ laufende Betreuung und Beratung des Leasingnehmers durch den Leasinggeber ↑ Eigenkapital kann für andere Investitionszwecke verwendet werden ↑ Leasingraten sind für die gesamte Laufzeit überschau- und kalkulierbar ↑ weitgehende Vermeidung von Investitionsrisiken durch bessere Abstimmung auf die betrieblichen Erfordernisse, insbesondere in der Vertragslaufzeitgestaltung	↑ hohe Fixkostenbelastung während der Leasingzeit (mtl. Leasingrate beträgt i.d.R.: 3-jähriger Vertragsdauer ca. 3 % bei bei 5-jähriger Vertragsdauer ca. 2 % der ursprünglichen Anschaffungskosten) ↑ langfristige Bindung an den Leasinggeber ↑ höhere Kosten als beim Kauf (auf die Gesamtlaufzeit gesehen)

z.B. Kreditkauf oder Leasing mit Kaufoption: Sie müssen dringend eine neue Maschine für Ihre Produktion haben. Diese kostet im Falle eines Kaufs aber 320 000 Euro. Sie sind sich nicht schlüssig, ob Sie den Kauf per Kredit finanzieren oder ein Angebot einer Leasinggesellschaft in Anspruch nehmen sollen, die Ihnen auf die Maschine ein Kaufoptionsrecht nach Ablauf der Grundmietzeit einräumt.

Das Angebot Ihrer Bank lautet wie folgt:

Kreditsumme	320 000 €
Kreditlaufzeit	8 Jahre
Kreditzinsen	7,5 % p.a. von der jeweiligen Restschuld
Kredittilgung	8 Raten à 40 000 € jeweils am Schluss des Jahres

Die Leasinggesellschaft gibt folgendes Angebot ab:

Grundmietzeit	8 Jahre
Abschlussgebühr	4 % der Investitionssumme, sofort zahlbar
Leasingrate pro Jahr	15,30 %, zahlbar jeweils am Schluss des Jahres
Kaufoptionsrecht nach Ablauf der Grundmietzeit für	45 000 €

Aus dem Blickwinkel der Liquiditätsbelastung ist es ratsam, als Erstes einen Gesamtausgabenplan beider Möglichkeiten zu erstellen, um dann die Alternative mit den niedrigsten Gesamtausgaben auszuwählen.

Berechnung im Falle des Kreditkaufes:

Jahr	Tilgung (€)	Zinsen (€)	Gesamtausgaben (€)
1	40 000	24 000	64 000
2	40 000	21 000	61 000
3	40 000	18 000	58 000
4	40 000	15 000	55 000
5	40 000	12 000	52 000
6	40 000	9 000	49 000
7	40 000	6 000	46 000
8	40 000	3 000	43 000
	320 000	108 000	428 000

Berechnung im Falle des Leasings:

Jahr	Leasinggebühr	Abschlussgeb.(€)	Kauf (€)	Gesamtausgaben (€)
1	48 960	12 800		61 760
2	48 960			48 960
3	48 960			48 960
4	48 960			48 960
5	48 960			48 960
6	48 960			48 960
7	48 960			48 960
8	48 960		45 000	93 960
	391 680	12 800	45 000	449.480

Stellen Sie beide Finanzierungsalternativen gegenüber, wären Sie mit dem Kreditkauf besser beraten, weil dieser die geringeren Gesamtkosten verursacht. Selbst unter Berücksichtigung der Zeitkomponente und der unterschiedlichen Zahlungshöhe in den verschiedenen Jahren würde der Barwert für den Kreditkauf am Tage „null" unter dem des Leasings liegen, wenn man bei der Berechnung einen 10%igen Abzinsungssatz pro Jahr zugrunde legt.
Bei der Gegenüberstellung sind die Kosten für den Transport und die Montage, die Einarbeitung des Personals sowie die laufende Instandhaltung bewusst außen vor gelassen worden, weil sie sowohl beim Kauf als auch bei Inanspruchnahme von Leasing anfallen werden.

Was spricht für einen Kauf, der über einen Kredit finanziert wird?

↑ geringere Belastung der Liquidität
↑ Kredit ist auf die Nutzungsdauer bezogen günstiger als Leasing

Welche Vorzüge hat der Leasingkauf?

↑ Anpassung an technische Neuerungen kurzfristig möglich
↑ Schonung des Eigenkapitals
↑ Sichere Kalkulation durch feste Leasingraten

„Sale and lease back"-Verfahren

Dabei geht im Wesentlichen um folgenden Zusammenhang:

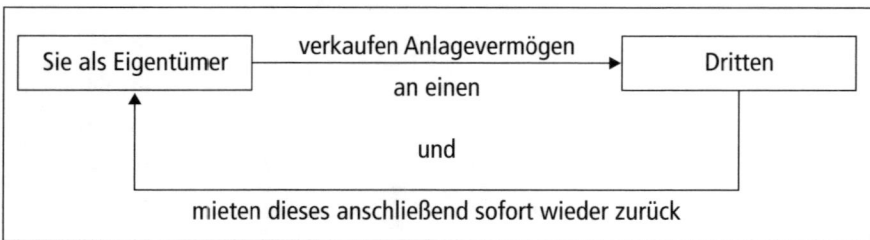

Vorteile für Sie als ehemaliger Eigentümer und zukünftigen Mieter:

↑ Durch die aufgelösten stillen Reserven fließen Ihnen liquide Mittel zu.
↑ Ihre Eigenkapitalquote steigt an.
↑ Mietzahlungen wirken sich gewinnmindernd aus.
↑ Für die Instandhaltung und laufende Wartung sorgt zukünftig der Vermieter.

Nachteile für Sie als ehemaliger Eigentümer und zukünftigen Mieter:

↑ Sie müssen die durch den Verkauf aufgesteckten stillen Reserven versteuern.
↑ Sie haben das Eigentum an den Sachen verloren.
↑ Mietzahlungen können in Zukunft Ihre Liquidität belasten.

> **Tipp** Der augenblicklich im Vordergrund stehende Finanzierungsgesichtspunkt verflüchtigt sich im Laufe der Zeit wieder, denn der anfangs hohe Liquiditätszufluss wird vom Leasinggeber durch die zu zahlenden Leasingraten allmählich wieder entzogen.

Factoring

Im Laufe Ihrer unternehmerischen Tätigkeit haben Sie sich bestimmt schon mit dem folgenden Problem beschäftigen müssen: Sie haben Ihre Leistung ordnungsgemäß erbracht, der Kunde lässt sich aber Zeit mit der Bezahlung der Rechnung. Neben der ständigen Überwachung der Zahlungstermine entstehen Ihnen durch das Schreiben der Mahnungen zusätzliche Kosten und unnötige Arbeit. Die Liquidität Ihres Unternehmens ist durch die schlechte Zahlungsmoral Ihrer Kunden so angespannt, dass Sie sich selbst außerstande sehen, Ihrerseits Lieferantenrechnungen rechtzeitig unter Ausnutzung von Skonto zu begleichen.

Eine Lösungsmöglichkeit stellt die Einschaltung eines Factors dar. Factoring ist eine besondere Form der Absatzfinanzierung. Diese Art der Fremdfinanzierung besteht in der teilweisen Finanzierung des Umlaufvermögens, indem Ihre Forderungen aus Lieferungen und Leistungen von einem Finanzierungsunternehmen (=Factor) gekauft werden, verbunden mit einer Kombination aus Kreditgewährung, Dienstleistung und Kreditsicherung seitens des Factors. Geschäftsgrundlage ist regelmäßig ein mehrjähriger Vertrag über die Globalzession einer hinreichend abgetretenen Gesamtheit von Forderungen des Faktoringkunden. Nach Entstehung einzelner Forderungen stellt der Factor Ihnen den Gegenwert der Forderungen zur Verfügung, der im Rahmenvertrag vereinbart wurde. Der Factoringkunde (also Sie) steht für den rechtlichen Bestand der Forderung, nicht aber für deren Bonität ein. Die Forderung bleibt ohne Rückgewährungsansprüche endgültig beim Factor (sog. echtes Factoring).

Den Zusammenhang verdeutlicht folgendes Schaubild:

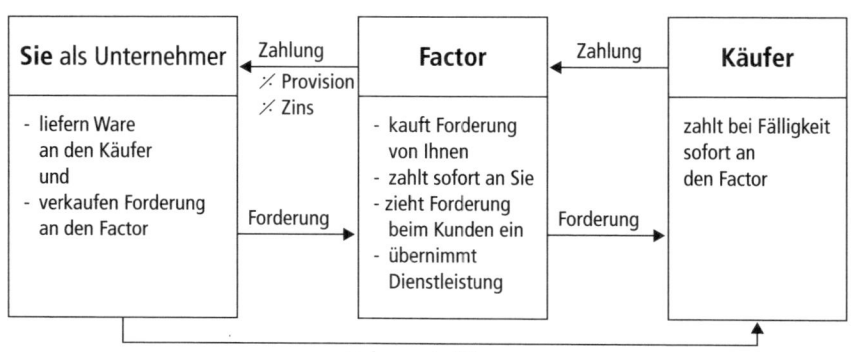

Der Factor kauft Ihnen die Forderung vor ihrer eigentlichen Fälligkeit ab und gewährt Ihnen somit einen Kredit (= **Kreditgewährung**). Außerdem übernimmt der Factor die gesamte Debitorenbuchhaltung, überwacht sämtliche Zahlungseingänge, verschickt Mahnungen und zieht ausstehende Forderungen bei Ihren Kunden ein (= **Dienstleistung**). Darüber hi-

naus übernimmt er mit dem Kauf Ihrer Forderung das volle Forderungs-
ausfallrisiko (= **Kreditsicherung**).
Die Forderungen können vom Factoringinstitut bis zu 90 Prozent in bar be-
vorschusst werden (die restlichen 10 % kommen auf ein so genanntes
„Sperrkonto"). Für die Bevorschussung verlangt die Finanzierungsgesellschaft eine Provision, die sich aus einer Dienstleistungsgebühr für die Ein-
ziehung der Forderungen und einer Delkrederegebühr, die das Ausfallrisiko des Factors abdecken soll, zusammensetzt. Der in Abzug gebrachte
Zins für den ausgezahlten, aber noch nicht fälligen Forderungsbetrag orientiert sich an dem Zinssatz für Kontokorrentkredite bei Banken oder
Sparkassen.
Wie sieht aber die Praxis aus?
Zwischen Ihnen und dem Factor wird ein Vertrag geschlossen, in dem Sie
sich gegenüber dem Factor verpflichten, ihm sämtliche Forderungen aus
Warenlieferungen und Dienstleistungen zum Kauf anzubieten. Im Gegen-
zug verpflichtet sich der Factor Ihnen gegenüber zur sofortigen Zahlung
des Forderungsgegenwertes abzüglich der bis zum Fälligkeitstag anfallenden Zinsen und einer Factoringgebühr (= Provision) für die Übernahme
der Dienstleistung und der Kreditsicherung. Sie benachrichtigen alle Ihre
Kunden über den Verkauf der Forderungen an den Factor mit der Bitte, den
fälligen Rechnungsbetrag unmittelbar an die Finanzierungsgesellschaft (=
Factor) zu zahlen (= echtes Factoring).
Ihre Vorteile sind darin zu sehen, dass keine unvorhergesehenen Verluste
aus uneinbringlichen Forderungen entstehen und Sie aufgrund der verbes-
serten Liquiditätssituation wesentlich häufiger Lieferantenskonto in Anspruch nehmen können. Der gesamte Forderungsbestand verringert sich
zugunsten einer Liquiditätserhöhung. Außerdem werden Sie in die Lage
versetzt, Ihren Kunden Zahlungsziele zu gewähren, ohne selbst Liquiditäts-
engpässe zu erleiden. Unter Umständen können Sie Verwaltungskosten in
der Buchhaltung und im Mahnwesen einsparen. Außerdem fallen die Kosten für die Eintreibung Ihrer Forderungen zukünftig weg.

z.B. Die Situation in Ihrem Unternehmen gestaltet sich wie folgt:

↑   Jahresumsatz 900 000 Euro
↑   durchschnittlicher Forderungsbestand 100 000 Euro
↑   gesamter Wareneinkauf eines Jahres 375 000 Euro
↑   durchschnittlicher Lieferantenskonti 2,25 %

In Gesprächen mit einer Factoringgesellschaft ergibt sich, dass der Factor Ihnen den gesamten Forderungsbestand abkauft, sich allerdings vorbehält, 10 % der Forderungssumme wegen bonitätsmäßiger Beschränkung und evtl. Abtretungsverbote seitens der Abnehmer nicht zu finanzieren. Weitere 10 % der finanzierten Forderungen sollen einem Sperrkonto zugeführt werden, welches zur Verrechnung der Skonti und Zinsen dient.

Sie müssen außerdem mit Gebühren von 1 % vom Rechnungsbetrag sowie mit Sollzinsen in Höhe von 8,5 % p.a. rechnen. Der Habenzins für das Sperrkontoguthaben soll mit 5,5 % verzinst werden.

Im Falle der Inanspruchnahme der Dienstleistung des Faktoringinstitutes werden in Ihrem Unternehmen voraussichtlich Kosteneinsparungen realisiert, die sich wie folgt zusammensetzen:

↑ Personalkosten von 8000 € (einschl. Arbeitgeberanteil zur Sozialversicherung)

↑ allgemeine Verwaltungskosten (für Porto, Papier, Büromaterial, Gebühren usw.) in Höhe von insgesamt 1250 €

In diesem Zusammenhang drängen sich die folgenden Fragen auf:

1. Auf wie viel € beläuft sich die Mittelfreisetzung durch den Verkauf an den Factor?
2. Ist es lohnenswert, den Verkauf an den Factor durchzuführen?

zu 1:
Die Mittelfreisetzung berechnet sich wie folgt:

Durchschnittlicher Forderungsbestand	100 000 €
– 10 % nicht finanzierter Bestand	10 000 €
Zwischensumme	90 000 €
– 10%iger Anteil auf dem Sperrkonto	9 000 €
Mittelfreisetzung	**81 000 €**

zu 2:
Der Verkauf Ihrer Forderungen an eine Factoringgesellschaft ist für Sie nur dann lohnenswert, wenn sich dadurch insgesamt eine Ersparnis für Sie ergibt.

Berechnung:

a) Zusätzlicher Aufwand durch Verkauf der Forderungen:

1,00 % Factorgebühr von 900 000 € Jahresumsatz	9 000 €
8,50 % Sollzinsen auf 90 000 € (finanz. Ford.-Bestand)	7 650 €
5,50 % Habenzinsen auf 9 000 € (Sperrkonto)	– 495 €
zusätzliche Aufwendungen für den Factor	16 155 €

b) Ersparnisse durch Forderungsverkauf:

2,25 % Skonto auf 375 000 € Wareneinkauf	8 438 €
Personalaufwand	8 000 €
allgemeine Verwaltungskosten	1 250 €
jährliche Ersparnis durch Factoring	17 688 €

Per Saldo lohnt sich ein Verkauf Ihrer Forderungen an eine Factoringgesellschaft, weil Sie dadurch 1533 Euro (17 688 – 16 155) jährlich einsparen können.

Lieferantenkredit

Durch die Einräumung eines Zahlungszieles seitens Ihres Lieferanten erhalten Sie einen Lieferantenkredit. Dieser besteht darin, dass Sie bei vorzeitiger Zahlung die Rechnungssumme um den vorher vereinbarten Skontobetrag reduzieren dürfen.

Der Lieferantenkredit stellt ein wichtiges Mittel zur Absatzförderung dar. Die kurzfristige Kreditgewährung kann für Sie als Abnehmer der Ware einen Anreiz darstellen, überhaupt einzukaufen oder mehr einzukaufen, als Sie ursprünglich geplant haben.

Tipp Sie sollten sich immer vor Augen führen, dass Lieferantenkredite, also nicht ausgenutzte Skonti, zu den teuersten Krediten im Wirtschaftsleben gehören. Aus diesem Grund sollten Sie immer so rechtzeitig an Ihren Lieferanten zahlen, dass Sie noch in den Genuss des Skontoabzuges kommen, selbst wenn Sie die hierfür benötigten liquiden Mittel vorübergehend durch andere Formen der Kreditfinanzierung (z. B. Darlehen oder Kontokorrentkredit) beschaffen müssen.

Denn die zu zahlenden Kreditzinsen an die Bank wiegen bei weitem den Vorteil der vorzeitigen Zahlung an Ihren Lieferanten nicht auf. Per Saldo stärken Sie mit jeder vorzeitigen Zahlung Ihre Rentabilität, was auch das nachfolgende Beispiel verdeutlicht.

z.B. Die Rechnung Ihres Lieferanten L, Köln, vom 11. August 2002 über einen Betrag von 2500 Euro muss spätestens nach Ablauf von 30 Tagen bezahlt werden. Bei Bezahlung innerhalb von 10 Tagen gestattet der Lieferant Ihnen, 2 % Skonto von der Rechnungssumme abzuziehen.

Zur Verdeutlichung stellen Sie sich die Angaben an einem Zahlungsstrahl dar:

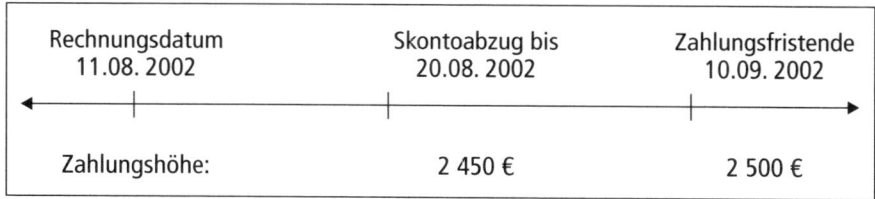

Rechnungsdatum 11.08. 2002	Skontoabzug bis 20.08. 2002	Zahlungsfristende 10.09. 2002
Zahlungshöhe:	2 450 €	2 500 €

Mit anderen Worten: Bezahlen Sie Ihre Lieferantenrechnung spätestens 20 Tage vor Zahlungsfristende, brauchen Sie 50 € weniger zu zahlen, als bei Zahlung am 10.09.2002 aufzubringen wäre.

Aus einem 2%igen Rechnungsabzug für einen Zeitraum von 20 Tagen ergibt sich ein rechnerischer Jahreszins von 36 % (360 Tage / 20 Tage · 2 %). Bei diesem Jahreszins ist es durchaus rentabel, einen Bankkredit zu z.B. 12,5 % Zinsen p.a. aufzunehmen, um den Skontoabzug in Anspruch nehmen zu können.

Dazu ist folgende Gegenüberstellung erforderlich: Der Bankkredit kostet für einen 20-tägigen Zeitraum zu 12,5 % Zinsen p.a. genau 17,01 Euro. Bei einem benötigten Kapital von 2 450 Euro berechnen sich die zu zahlenden Zinsen nach folgender Formel:

$$\frac{\text{Kapital} \cdot \text{Zinssatz} \cdot \text{Laufzeit}}{100 \cdot 360} = \frac{2\,450 \cdot 12,50 \cdot 20}{100 \cdot 360} = 17,01\ \text{€}$$

Einer Mehrbelastung von zu zahlenden Kreditzinsen in Höhe von 17,01 Euro stehen Minderausgaben durch die Inanspruchnahme von Skonto in Höhe von 50 Euro gegenüber. „Unter dem Strich" haben Sie trotz Kreditaufnahme einen Liquiditätsvorteil von 32,99 Euro.

Besonders bei kleinen, kapitalschwachen Unternehmen mit geringen Sicherheiten erlangt der Lieferantenkredit zur Finanzierung der Warenbeschaffung große Bedeutung. Für den Lieferantenkredit werden bis auf den

Eigentumsvorbehalt meistens keine zusätzlichen Sicherheiten verlangt. Bei unsicheren, zahlungsschwachen Kunden könnte als zusätzliche Sicherheit die Ziehung eines Wechsels in Betracht gezogen werden.

Der Kontokorrentkredit

Das Kontokorrentkonto entspricht dem Girokonto. Die Besonderheit besteht lediglich darin, dass die Bank Ihnen gestattet, bis zu einem vorher vereinbarten Überziehungs-(Kredit-)rahmen über Ihr Konto zu verfügen, obwohl es kein Guthaben aufweist. Sie können vertragsgemäß ohne nochmalige vorherige Rücksprache mit Ihrer Bank bis zu diesem bestimmten Betrag, dem *Limit*, ins Minus kommen (man spricht auch oft von „Soll"). Durch laufende Verrechnung sämtlicher Zahlungseingänge und -ausgänge sollten Sie dafür Sorge tragen, dass sich die Soll- und Habensalden in etwa die Waage halten.

Der besondere Vorzug des Kontokorrentkredits liegt in der Möglichkeit der flexiblen Inanspruchnahme. Er ist nicht zweckgebunden und steht für sämtliche banküblichen Transaktionen zur Verfügung, wobei die Kontokorrentzinsen nur von dem tatsächlich in Anspruch genommenen Kredit berechnet werden. Neben den Zinsen werden zusätzliche Überziehungsprovisionen von der Kredit gebenden Bank in Rechnung gestellt, falls das vereinbarte Limit ohne vorherige Absprache überschritten wird.

Tipp

↑ Aufgrund des relativ hohen Zinssatzes bietet sich der Kredit nur für kurzfristige Zeiträume an, in denen Finanzierungsspitzen ausgeglichen werden müssen.

↑ Keine langfristigen Anschaffungen über einen Kontokorrentkredit!

↑ Der Kontokorrentkredit ist für die Inanspruchnahme des Skontoabzuges einer fälligen Lieferantenrechnung immer gut.

z.B.

Der Gesamtbetrag der jährlichen Rechnungseingänge, der von Ihnen unter Ausnutzung von Skonto (im Durchschnitt: 14 Tage mit 2 % Skonto, 30 Tage netto Kasse) bezahlt werden könnte, beläuft sich auf insgesamt 1,25 Millionen Euro. Ihre Hausbank bietet Ihnen einen Kontokorrentkredit von 200 000 Euro zur Begleichung der Rechnungen an, der jährlich zu 9 % p.a. Zinsen verzinst wird.

Das jährliche Einsparungspotenzial durch die Inanspruchnahme von Skonto:

1 250 000 € · 2 % Skontoabzug = 25 000 €

Zusatzkosten durch Inanspruchnahme des Kredits pro Jahr:

$$\frac{(1\ 250\ 000 - 25\ 000) \cdot 16\ \text{Tage} \cdot 9}{360 \cdot 100} = 4\ 900\ €$$

Mit anderen Worten:

Einsparungspotenzial	25 000,00 €
− zusätzliche Kreditkosten	4 900 €
= **realisierbare Einsparungsmöglichkeit**	**20 100 €**

7.4 Der Kreditvertrag

Gerade für die Anschaffung von Wirtschaftsgütern, die mehrere Jahre dem Unternehmen zur Verfügung stehen sollen, muss die Finanzierung auf eine gesunde Basis gestellt werden. Neben vorhandenem Eigenkapital bietet sich idealerweise der Bankkredit an. Bei einem Bankkredit können neben den verschiedenen Rückzahlungsmodalitäten auch die Zinskonditionen sehr unterschiedlich ausgestaltet sein und damit flexibel den unterschiedlichsten Situationen angepasst werden. Die in der Praxis am häufigsten anzutreffenden Formen sind:

↑ eine feste Verzinsung für die gesamte bzw. einen Teil der Laufzeit
↑ variabler Zinssatz, der von der Kredit gewährenden Bank der jeweiligen Kapitalmarktsituation angepasst werden kann

Obwohl der Bankkredit neben dem Eigenkapital für eine Finanzierung von Anlagevermögen das gängigste Finanzierungsinstrument darstellt, sollten Sie einen Kreditvertrag niemals voreilig unterschreiben. Die wichtigsten Punkte, die Sie vor Leistung der Unterschrift prüfen sollten:

↑ Zinsbindungsdauer
↑ Angabe des Nominalzinssatzes
↑ Angabe des Effektivzinses
↑ Disagio
↑ Nebenkosten
↑ Anfangstilgung/Restschuld
↑ variables oder festes Darlehen
↑ Beleihungsgrenze
↑ Vorfälligkeitsentschädigung
↑ Sondertilgungsmöglichkeiten

Zinsbindungsdauer

In der Regel wird die Bank Ihnen einen 10- oder 15-jährigen Zinsfestschreibungszeitraum für Ihren Kredit vorschlagen. Der in diesem Zeitraum zu zahlende Zins (z. B. monatliche oder vierteljährliche Zahlung) bleibt unverändert. Dabei ist allerdings zu beachten, dass zwischen dem Zinssatz und der Kreditlaufzeit folgende gegenseitigen Abhängigkeiten bestehen:

je niedriger der Zinssatz	desto kürzer die Zinsbindung	desto höher das Zinsrisiko für die Anschlussfinanzierung

Sie sollten bedenken, dass gerade in Niedrigzins-Zeiten die Wahrscheinlichkeit wächst, mit Ablauf der Zinsbindungsdauer einen höheren Anschlusszinssatz zu erwischen. Damit wird aller Voraussicht nach Ihre gesamte Anschlussfinanzierung teurer als heute.

Die nachfolgende Tabelle gibt einen Überblick darüber, wann für Sie eine fünfjährige Zinsfestschreibung rechnerisch vorteilhafter ist als eine zehnjährige. Das ist immer dann der Fall, wenn nach Ablauf der fünf Jahre der Zinssatz für die Anschlussfinanzierung unter dem „kritischen Anschlusszins" liegt.

Effektivzins für 5 Jahre	Effektivzins für 10 Jahre					
	7,0	7,2	7,4	7,6	7,8	8,0
6,0	8,57	9,11	9,67	10,24	10,81	11,41

6,2	8,25	8,79	9,34	9,90	10,47	11,05
6,4	7,93	8,47	9,01	9,56	10,12	10,70
6,6	7,62	8,14	8,68	9,23	9,78	10,35
6,8	7,31	7,83	8,36	8,90	9,44	10,01
7,0	7,00	7,51	8,03	8,57	9,11	9,66

Beispiel für das „Lesen" der Tabelle:
Gehen wir davon aus, Ihnen liegen zwei Kreditangebote zur Auswahl vor.
Der erste Kredit hat eine Zinsfestschreibung von fünf Jahren und wird mit
6,60 % p.a. Zinsen effektiv verzinst, für den zweiten Kredit mit einer Laufzeit von 10 Jahren müssen 7,60 % p.a. Effektivzinssatz gezahlt werden.
Eine fünfjährige Zinsfestschreibung ist für Sie günstiger, wenn Ihnen nach
Ablauf der fünf Jahre die Anschlussfinanzierung unter 9,23 % p.a Zinsen
effektiv gelingt. Bei der Berechnung wurde allerdings davon ausgegangen,
dass die anfängliche Zinsersparnis direkt zur höheren Tilgung eingesetzt
wird.

Tipp In der Praxis sehr weit verbreitet ist der so genannte „Darlehensdrittel-Mix".
Dabei wird vor allem bei einem größeren Kreditvolumen das Risiko etwas ab-
gefedert, indem die gesamte Kreditsumme in etwa drei gleich große Teilbeträge aufgeteilt und zu unterschiedlichen Laufzeiten und damit auch zu unterschiedlichen Zins-
sätzen festgeschrieben wird. So können Sie z. B. Zinsfestschreibungen von 5, 10 und
15 Jahren wählen. Zum einen haben Sie die Möglichkeit, von den niedrigeren Zinsen
der kürzeren Laufzeit zu profitieren, zum anderen bleibt das Risiko von Zinserhöhun-
gen überschaubar, weil sie nach Ablauf der 5, 10 oder 15 Jahre immer nur einen Teil
der gesamten Darlehenssumme betreffen. Ganz abgesehen davon halten Sie sich immer noch die Möglichkeit offen, nach Ablauf der Zinsfestschreibung Sondertilgungen
zu leisten.

Angabe des Nominalzinssatzes

Steht Ihnen ein fest kalkulierter Betrag zur Darlehensrückzahlung jeden
Monat zur Verfügung, hängt die Höhe des aufzunehmenden Kreditbetrags
entscheidend vom Nominalzins ab. Einen Überblick gewährt die folgende
Tabelle:

Monatliche Höhe der Raten (€)	Nominalzins (%) bei 100 % Auszahlung des beantragten Kredites und einer Tilgung von 1 %		
	6,50	7,00	7,50
750	120 000	112 500	105 882
800	128 000	120 000	112 941
850	136 000	127 500	120 000
900	144 000	135 000	127 059
950	152 000	142 500	134 118
1 000	160 000	150 000	141 177

z.B. Wenn Ihnen zur monatlichen Kreditrückzahlung ein monatlicher Betrag von 850 Euro zur Verfügung steht und der Zinssatz sich auf 7,00 % p.a. beläuft, können Sie einen Maximalkredit von 127 500 Euro aufnehmen.

Angabe des Effektivzinses

Sie sollten sich darüber im Klaren sein, dass gerade bei hohen Darlehenssummen und langen Laufzeiten Zinsunterschiede von wenigen Zehntel Prozentpunkten bereits stattliche Summen ausmachen können. Bei einem Kredit von 150 000 Euro mit 10-jähriger Laufzeit kann ein halber Prozentpunkt Unterschied im Effektivzins schon rund 10 000 Euro ausmachen.

Disagio

Unter einem Disagio wird ein Abschlag (Abgeld oder auch Damnum genannt) verstanden, der bereits bei der Auszahlung des Kreditbetrages von der auszahlenden Bank einbehalten wird. Somit führt ein Disagio im Zusammenhang mit einer Darlehensgewährung zu einer Minderung der auszuzahlenden Darlehenssumme und damit indirekt zu einer Erhöhung der Effektivverzinsung. Das Zusammenspiel eines relativ kurzen Zinsfestschreibungszeitraums in Verbindung mit einem hohen Disagio birgt ein sehr hohes Risiko für die Zeit nach Ablauf der Festschreibung.

z.B. Sie rechnen damit, dass die Zinsen in absehbarer Zeit noch sinken werden, und entschließen sich dazu, ein Darlehen in Höhe von 50 000 Euro mit einer zweijährigen Zinsbindung zu folgenden Konditionen abzuschließen: Auszahlung 47 500 Euro (Disagio 2 500 Euro), Nominalzins 4,40 Prozent, 1 Prozent Anfangstilgung.
Unter dieser Annahme werden Sie zwei Jahre lang bei monatlicher Zins- und Tilgungsverrechnung einen Betrag von 225 Euro (50 000 · 5,40 / 100 / 12 = 225) pro Monat an die Bank zahlen. Die Restschuld beträgt nach zwei Jahren noch ca. 48 950 Euro. Diese Restschuld liegt um 1450 Euro über dem Betrag, den Sie zu Beginn der Kreditlaufzeit von der Bank ausgezahlt bekommen haben. Steigen dann auch noch die Zinsen z. B. auf 7,50 % p.a. an, so wird bei einer 1%igen Tilgung und ohne weiteres Disagio Ihre monatliche Belastung sprunghaft auf 346,73 Euro (48 950 · 8,50 / 100 / 12) anwachsen. Die monatlich dann aufzubringende finanzielle Belastung ist um 121,73 Euro oder ca. 54 % höher als bei erstmaliger Darlehensaufnahme.

Höhe der zusätzlichen Nebenkosten

Gerade die Nebenkosten können schnell zu einer großen finanziellen Belastung werden. Vor allem Schätzkosten, Bereitstellungszinsen, Teilauszahlungszuschläge und Kontoführungsgebühren können zum Problem werden.

Tipp Bevor Sie den Kreditvertrag unterschreiben, lassen Sie sich am besten von Ihrer Bank die Höhe sämtlicher Nebenkosten genauestens vorrechnen, wobei Bereitstellungszinsen und Teilauszahlungszuschläge von Ihnen überschlägig anhand der vorgesehenen Auszahlungszeitpunkte geschätzt werden können.

Wie sehr Kreditnebenkosten Einfluss auf den Effektivzinssatz nehmen können, zeigt nachstehende Tabelle:

Kreditnebenkosten in % des Darlehens	Anstieg (in Prozentpunkten) des Effektivzinssatzes bei einer Laufzeit von		
	5 Jahren	10 Jahren	15 Jahren
0,5	0,13	0,08	0,06
1,0	0,26	0,16	0,13
1,5	0,39	0,24	0,20
2,0	0,52	0,33	0,27
2,5	0,65	0,41	0,34

Sie beantragen ein Darlehen von 150 000 Euro. Die Bank berechnet für Schätzkosten voraussichtliche Bereitstellungszinsen und Teilauszahlungszuschläge insgesamt 2250 Euro. Bezogen auf Ihr Darlehen sind das 1,5 % (2 250 / 150 000 · 100). Durch die Ihnen zusätzlich in Rechnung gestellten Nebenkosten erhöht sich Ihr im Kreditangebot genannter Effektivzins bei einer Darlehenslaufzeit von 10 Jahren um 0,24 Prozentpunkte. Hat Ihnen Ihre Bank einen Effektivzins von 6,40 % genannt, so erhöht er sich unter Einbeziehung der Nebenkosten auf 6,64 %.

Anfangstilgung/Restschuld

Die meisten Darlehen und langfristigen Kredite werden in Form eines Annuitätendarlehens vergeben. Der Vorteil eines Annuitätendarlehens liegt darin, dass sich der an die Bank zu überweisende Betrag während der gesamten Laufzeit nicht verändert. Lediglich die Zusammensetzung zwischen Zins und Tilgung ändert sich mit jeder gezahlten Annuität. Dadurch, dass sich die Kreditschuld mit zunehmender Laufzeit vermindert, sinkt der in der Annuität enthaltene Zinsanteil zugunsten des Tilgungsanteils, mit der Konsequenz, dass die Restschuld zu Beginn der Laufzeit langsamer und nachher immer schneller abnimmt. Die Standardkonditionen der Kreditinstitute sehen in der Regel eine 1%ige Tilgung vor, die zu langen Kreditlaufzeiten von über 30 Jahren führen.

> **Tipp** Haben Sie die finanzielle Möglichkeit, mehr als 1 % der Anfangsschuld zu tilgen, sollten Sie dies unbedingt realisieren. Jeder Euro, der für den Schuldenabbau eingesetzt wird, spart künftige Zinsen und verkürzt die gesamte Kreditlaufzeit. Während Sie mit 1%iger Tilgung nach Ablauf einer 10-jährigen Zinsfestschreibung noch ca. 85 % des ursprünglichen Darlehens schulden, hat sich bei 3%iger Tilgung das Ursprungsdarlehen nach 10 Jahren fast halbiert.

Variables oder festes Darlehen?

Erwarten Sie in naher Zukunft hohe Sondereinnahmen, so lässt sich ein Teil des Darlehens sehr flexibel mit einem variablen Zinssatz gestalten. Der unschätzbare Vorteil eines Darlehens mit variabler Verzinsung liegt für Sie als Kreditnehmer darin, dass Sie jederzeit mit der gesetzlichen Frist von drei Monaten das Darlehen ganz oder teilweise zurückzahlen können. In der Praxis verzichten die Banken meistens auf die Einhaltung der dreimonatigen Kündigungsfrist. Damit besteht für Sie die Möglichkeit, zukünftige Sondereinnahmen zur sofortigen Tilgung des Darlehens einzusetzen.

Der für Sie doch recht angenehme Vorteil hat aber auch einen entscheidenden Nachteil, den Sie niemals unterschätzen sollten: Bei einem variabel verzinsten Darlehen behält sich die Bank die Möglichkeit vor, den Zinssatz jederzeit an das aktuelle Marktzinsniveau anzupassen. Damit steigt natürlich für Sie das Risiko höherer Zinszahlungen in Zeiten steigender Kapitalmarktzinsen.

Aus Gründen der Risikominderung bietet es sich an, maximal 10 bis 20 % Ihrer Gesamtdarlehenssumme mit variabel verzinslichen Darlehen abzudecken, den restlichen Teil von 80 bis 90 % mit einem festen Zins für einen 10- oder besser noch 15-jährigen Zinsfestschreibungszeitraum aufzunehmen.

Beleihungsgrenze

Zusätzlich sollten Sie bei Kreditvergleichen auch auf die Beleihungsgrenze achten. Günstige, erstrangig im Grundbuch abgesicherte Konditionen vergeben die meisten Banken nur bis zu einer Beleihungsgrenze von 60 bis 80 %. Darüber hinausgehende Kreditbeträge werden mit einem Zinsaufschlag von 0,5 bis 1,0 % belegt.

Vorfälligkeitsentschädigung

Sondertilgungen, d.h. Rückzahlungen des Darlehens, die nicht regelmäßig und nicht vorher vereinbart waren, sind grundsätzlich erst nach Ablauf der Zinsfestschreibung möglich. Bei Darlehenslaufzeiten von mehr als 10 Jahren besteht frühestens nach 10 Jahren mit einer „Kündigungsfrist" von weiteren sechs Monaten erstmalig die Möglichkeit, ohne Vorfälligkeitsentschädigung Sondertilgungen zu leisten.

Möchten Sie allerdings vor Ablauf der 10 Jahre Ihr Darlehen vorzeitig zurückzahlen, kann die Kredit gebende Bank eine Vorfälligkeitsentschädigung berechnen. Meistens bemisst sich die Höhe der Entschädigung nach dem entgangenen Gewinn der Bank durch Ihre vorzeitige Rückzahlung.

Tipp Haben Sie mit Ihrer Bank im Kreditvertrag keine Sondertilgungsmöglichkeit vereinbart, sollten Sie während der Kreditlaufzeit auch dann keine Sondertilgungen leisten, wenn Sie die finanziellen Mittel dazu hätten. Legen Sie Ihr überschüssiges Geld lieber in festverzinsliche Wertpapiere an, die in etwa die gleiche Laufzeit aufweisen wie die Restlaufzeit Ihres Darlehens.

Sondertilgungsmöglichkeit

Sollten Sie allerdings im Kreditvertrag Sondertilgungsmöglichkeiten vereinbart haben, so kann die Bank keine Vorfälligkeitsentschädigung berechnen.

Die Vorteile einer Sondertilgung:

↑ schnellere Rückzahlung des geschuldeten Kreditbetrags und damit auch geringerer Zinsaufwand

↑ geringere Restschuld des Darlehens nach Ablauf der Zinsfestschreibung

↑ verringertes Risiko einer unerwarteten Zinssteigerung bei neuer Festschreibung des Darlehens

> **Tipp** Sie sollten auf jeden Fall beim Kreditgespräch mit Ihrer Bank darauf bestehen, dass Sie vertraglich festgelegte Beträge als Sondertilgungen ohne Berechnung einer Vorfälligkeitsentschädigung während der Zinsfestschreibung leisten können. Damit halten Sie sich für die Zukunft sämtliche Türen offen, denn die Möglichkeit zur Sondertilgung können Sie nutzen, müssen es aber nicht.

7.5 Die Banken wollen für geliehenes Geld Sicherheiten haben

Heutzutage erhalten Sie keinen Kredit mehr ohne entsprechende Sicherheiten:

↑ Haftung weiterer Personen mit ihrem Vermögen (Personalkredit bzw. -sicherheit)

↑ Erbringung von dinglichen Sicherheiten in Form von Grundstücken, Gebäuden, Anlagen oder Waren (Realkredit bzw. grundbuchlich gesicherter Kredit)

Was sind Personalkredite?

Sollen Personalkredite vergeben werden, spielt die Kreditwürdigkeit des Schuldners die entscheidende Rolle. Aufgrund von geeigneten Unterlagen, wie z.B. Bilanzen, GuVs, sonstigen Auskünften, und durch persönliche

Gespräche wird das Kreditinstitut versuchen, sich ein zutreffendes Bild von den Vermögens- und Einkommensverhältnissen sowie von der Persönlichkeit des Kreditnehmers zu verschaffen. In der Regel werden Personalkredite als kurzfristige Kontokorrentkredite gewährt; in einigen wenigen Fällen auch als Darlehen.

Die Höhe des Kredits hängt unter anderem von der Kreditwürdigkeit des Kreditnehmers ab, die wiederum sehr von der gewählten Rechtsform des Unternehmens beeinflusst wird. Als Einzelunternehmer teilt das Schicksal Ihres Unternehmens meist das Ihre. Erfolg und Misserfolge werden beim Einzelunternehmen sehr stark von Ihnen selber abhängen und geprägt. Bei Personenhandelsgesellschaften ist die Haftung für eingegangene Schulden weiter gesteckt. Bei der GmbH bleibt in der Regel die Haftung auf das Stammkapital der GmbH beschränkt.

Bürgschaft

In der Praxis kommt es recht häufig vor, dass Sie kurzfristig Geld benötigen, aber keine ausreichenden Sicherheiten stellen können. In diesem Fall steht Ihnen die Möglichkeit offen, dem Darlehensgeber (z.B. einer Bank) einen Bürgen zu benennen, der im Zweifel bei Ihrer Zahlungsunfähigkeit von der Bank auf Rückzahlung des Geldes in Anspruch genommen werden kann.

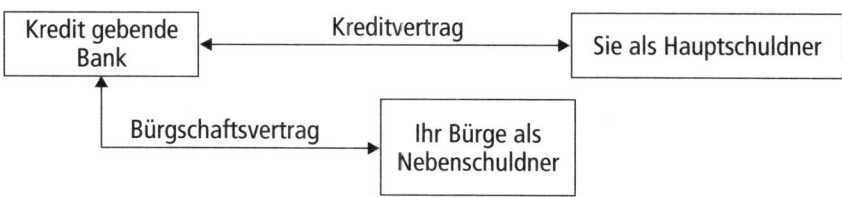

Die Bürgschaft zeichnet sich dadurch aus, dass neben dem eigentlichen Kreditvertrag zwischen Ihnen und Ihrer Bank die Bank zusätzlich einen Bürgschaftsvertrag mit Ihrem Bürgen durch die Abgabe eines Bürgschaftsversprechens und dessen formlose Entgegennahme abschließt. Aus Gründen des späteren Beweises wird von der Bank in solchen Fällen immer die Schriftform gewählt, obwohl ein Bürgschaftsversprechen unter Vollkaufleuten im Rahmen ihres Handelsgeschäftes auch mündlich rechtswirksam abgegeben werden kann.

In diesem Zusammenhang ist gut vorstellbar, dass die Darlehenshöhe, die eine Bank bereit ist Ihnen zu leihen, ganz entscheidend von der Solvenz (d.h. Zahlungsfähigkeit) Ihres Bürgen abhängig gemacht wird. Aber nicht jede abgegebene Bürgschaft zieht die gleichen Konsequenzen nach sich, zu unterscheiden ist nämlich zwischen einer Ausfallbürgschaft und einer selbstschuldnerischen Bürgschaft.

Ausfallbürgschaft

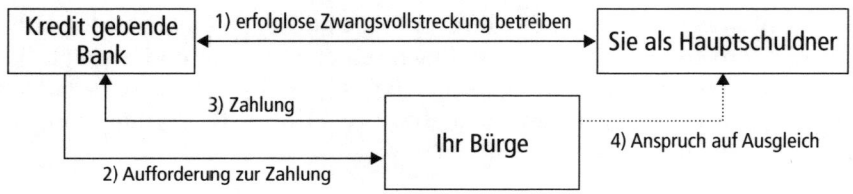

Bei der Ausfallbürgschaft ist die Kredit gebende Bank verpflichtet, zunächst die Zwangsvollstreckung in Ihr Vermögen (als Darlehensnehmer) zu betreiben und, wenn diese erfolglos ist, im Anschluss daran erst Ihren Bürgen in Anspruch zu nehmen. Dem Bürgen steht bei der Ausfallbürgschaft gegenüber der Bank die so genannte „Einrede der Vorausklage" zu. Weiterhin besitzt Ihr Bürge die gleichen Rechte wie Sie als Hauptschuldner; so kann er sich genau wie Sie z.B. auf Stundung, Aufrechnung oder Verjährung der Schuld berufen.

Muss eine Schuld zwangsweise eingetrieben werden, ist der Ausgang immer mit Unsicherheiten behaftet. Darüber hinaus entstehen durch die zwangsweise Eintreibung des Geldes Kosten. Deshalb wird die Bank immer versuchen, dass Ihr Bürge auf die „Einrede der Vorausklage" vertraglich verzichtet. Tut er das, so wird aus der Ausfallbürgschaft eine selbstschuldnerische Bürgschaft.

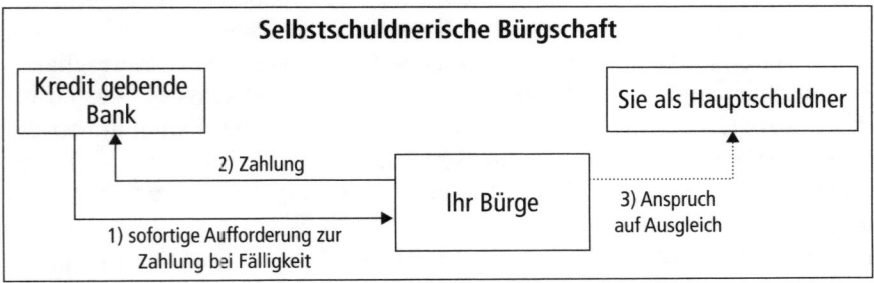

Bei der selbstschuldnerischen Bürgschaft kann sich die Bank am Fälligkeitstag direkt an Ihren Bürgen wenden und die Rückzahlung verlangen. Ihr Bürge haftet für Sie als Hauptschuldner unmittelbar und muss an die Bank bereits auch dann zahlen, wenn Sie in Zahlungsverzug geraten.

> **Tipp** Springt Ihr Bürge für Sie gegenüber Ihrer Kredit gebenden Bank in die „Bresche" und zahlt den rückständigen Darlehensbetrag für Sie zurück, erlischt seine Bürgschaftsverpflichtung. Die Forderung der Bank gegenüber Ihnen geht auf den Bürgen über. Im Gegensatz dazu erlischt mit dem Tod Ihres Bürgen das Bürgschaftsversprechen nicht. Im Gegenteil, sie geht als Nachlassverbindlichkeit auf die Erben Ihres Bürgen über.

Was ist eine Zession?

Unter einer Zession wird Folgendes verstanden: Bei der Zession treten Sie Ihre jetzigen und/oder zukünftigen Forderungen, die Sie gegenüber Ihren Kunden haben oder die noch entstehen, an einen Gläubiger (meistens eine Inkassobank) durch einen schriftlichen Abtretungsvertrag (Zessionsvertrag) ab.

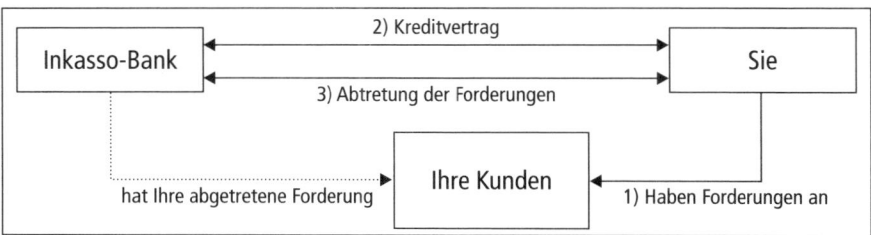

Haben Sie Ihre Kunden von der Abtretung Ihrer Forderungen unterrichtet, spricht man von einer offenen Zession, hat man den Kunden nichts mitgeteilt, liegt eine stille Zession vor.

Bei der offenen Zession kann Ihr Kunde bei Fälligkeit der Forderung mit befreiender Wirkung nur noch an denjenigen zahlen, an den Sie Ihre Forderungen abgetreten haben. Bei der stillen Zession hat sich aus der Sicht des Kunden nichts geändert, so dass er auch nach der Abtretung an einen Dritten bei Fälligkeit an Sie zahlen wird.

> **Tipp** Eine Abtretung der Forderung ist nicht von der Zustimmung Ihrer Kundschaft abhängig. Deshalb dürfen Ihre Kunden durch die Abtretung nicht schlechter gestellt werden als vorher. Jeder Kunde kann dem neuen Gläubiger (z. B. Inkassobank) gegenüber sämtliche Einreden entgegenhalten, die ihm auch Ihnen gegenüber zugestanden hätten, z. B. spätere Fälligkeit, mangelhafte Lieferung, Verjährung der Forderung usw.

Wie unterscheiden sich Realkredite von den Personalkrediten?

Realkredite sind dinglich gesicherte Kredite, bei denen der Gläubiger aus dem Vermögen des Schuldners eine zusätzliche Sicherung durch ein unmittelbares Zugriffsrecht auf bestimmte Sachen oder Vermögensrechte, z. B. Grundvermögen oder Wertpapiere, erhält.

Lombardkredit

Hochwertige und wertbeständige **bewegliche Sachen** wie Edelmetalle und Schmuck oder **Wertpapiere** werden durch Einigung und Übergabe an den Gläubiger verpfändet, wobei der Kreditnehmer nach wie vor Eigentümer der Wertgegenstände bleibt.

In der Praxis kommt es sehr häufig vor, dass sich der Pfandgegenstand bereits im Besitz des Gläubigers befindet, z. B. Aktien oder festverzinsliche Wertpapiere im Depot Ihrer Bank. In diesem Fall reicht die Einigung aus. Im Fall einer nicht vollständigen Rückzahlung des Kreditbetrages wird sich der Gläubiger nach vorheriger Androhung durch Verkauf oder Versteigerung des Pfandes aus dem Erlös befriedigen.

Trotz der relativ hohen Sicherheit insbesondere bei Wertpapieren wird immer nur ein bestimmter Prozentsatz des tatsächlichen Pfandwertes vom Gläubiger beliehen, um auch zukünftige (noch nicht vorhersehbare) Risiken auszuschalten.

> **Tipp** Für eine Lombardierung kommen nur Sachen in Betracht, auf die Sie eine Zeit lang verzichten können, ohne Ihren betrieblichen Fortbestand zu gefährden. Es sind Sachen geeignet, die sich leicht verwahren und auch verwerten lassen.

Sicherungsübereignung

Bei der Sicherungsübereignung übertragen Sie als Schuldner in einem separaten Vertrag das Eigentum an beweglichen Sachen an Ihren Gläubiger (z. B. an Ihre Bank). Für eine mögliche Übertragung kommen vor allem in Betracht: Maschinen, Gegenstände des Fuhrparks, Einrichtungsgegenstände, Rohstoffe und Waren. Übertragen wird nur das Eigentum, nicht der Besitz. Die sicherungsübereigneten Gegenstände bleiben bei Ihnen im Unternehmen. So können Sie als Schuldner z. B. eine erworbene Maschine zur Sicherheit für den erhaltenen Finanzierungskredit Ihrer Bank übereignen, brauchen aber auf die Nutzung nicht zu verzichten.

> **Tipp** Für die gesamte zeitliche Dauer erhält der Gläubiger (z. B. die Bank) das volle Eigentumsrecht, kann das Eigentum jedoch nur zur Sicherung seiner Ansprüche verwerten. Das Eigentumsrecht Ihrer Bank hat treuhänderischen Charakter. Der Gläubiger kann nicht auf die Herausgabe der übereigneten Sache klagen, solange Sie Ihren vereinbarten Zahlungsverpflichtungen pünktlich nachkommen.

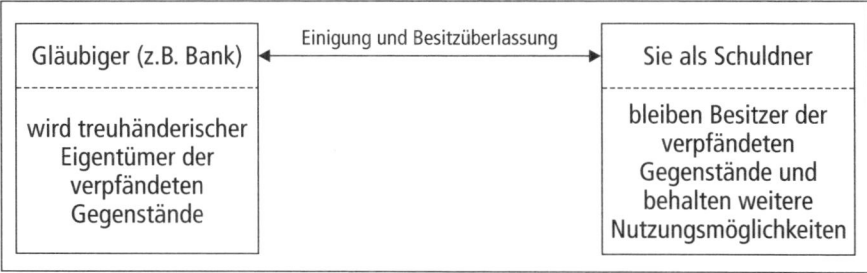

Speziell bei der Sicherungsübereignung setzt sich der Sicherungsnehmer zahlreichen Gefahren aus (z. B. bereits anderweitige Übereignung, Veräußerung an einen Dritten, Beschädigung oder Zerstörung). Deshalb wird er in der Regel nur einen bestimmten Prozentsatz des Gesamtwertes der ihm übertragenen Gegenstände beleihen.

Grundpfandrechte als weitere Besicherungsmöglichkeit von Krediten

Grundpfandrechte werden durch Einigung und Eintragung ins Grundbuch bestellt. Die Eintragung in das Grundbuch ersetzt die bei einem Grundstück nicht mögliche Übergabe.

> **Tipp** Grundpfandrechte eignen sich besonders gut für die Besicherung von langfristigen Krediten für unbebaute und bebaute Grundstücke, da die Werthaltigkeit des Grundstücks unabhängig von der geschäftlichen Entwicklung des Kreditnehmers gewährleistet ist.

Das Grundpfandrecht wird in das Grundbuch eingetragen. Bei grundbuchlich gesicherten Krediten hat der Kreditgeber die Möglichkeit, die Zwangsvollstreckung in das verpfändete Grundstück einzuleiten, sofern Sie als Kreditnehmer Ihren Kredit nicht fristgerecht zurückzahlen.

In Abteilung 3 des Grundbuchs werden Grundpfandrechte entsprechend der zeitlichen Reihenfolge ihrer Verpfändung eingetragen. Im Geschäftsleben wird auch vom ersten, zweiten, dritten Rang usw. gesprochen.

> **z.B.** Sie haben ein in Ihrem Eigentum stehendes Grundstück (= Verkehrswert von 1 Mio. Euro) mit folgenden Grundschulden belastet:

1. Rang	Deutsche Bank	480 000 Euro
2. Rang	Dresdner Bank	220 000 Euro
3. Rang	Sparkasse Musterstadt	160 000 Euro

Bei einer Zwangsvollstreckung wird das Grundstück für 750 000 Euro verkauft.

Erzielter Verkaufserlös:

1. Rang	480 000	– 480 000	270 000
2. Rang	220 000	– 220 000	50 000
3. Rang	160 000	– 50 000	0

An diesem Beispiel wird deutlich, dass zuerst immer der 1. Rang voll befriedigt wird, dann der zweite usw. bis der volle Verkaufserlös „aufgeteilt" ist.

Tipp Kreditinstitute verlangen bei Grundpfandrechten immer den ersten Rang im Grundbuch, um sicherzustellen, dass sie bei einer Zwangsvollstreckung auf jeden Fall voll befriedigt werden. Die Beleihung erfolgt im ersten Rang aber nicht, wie man aufgrund der hohen Sicherheit annehmen könnte, zu 100 %, sondern lediglich zu 60 bis 80 % des Beleihungswertes.

Hypothek

Für die Eintragung einer Hypothek in das Grundbuch ist Voraussetzung, dass eine persönliche Forderung entweder bereits besteht oder mit Sicherheit entstehen wird. Das belastete Grundstück stellt eine dingliche Sicherheit für die eingetragene Hauptforderung nebst Zinsen dar. Der Gläubiger hat bei Ihrer Zahlungsverweigerung die Möglichkeit, die Zwangsvollstreckung für Ihr Grundstück zu beantragen.

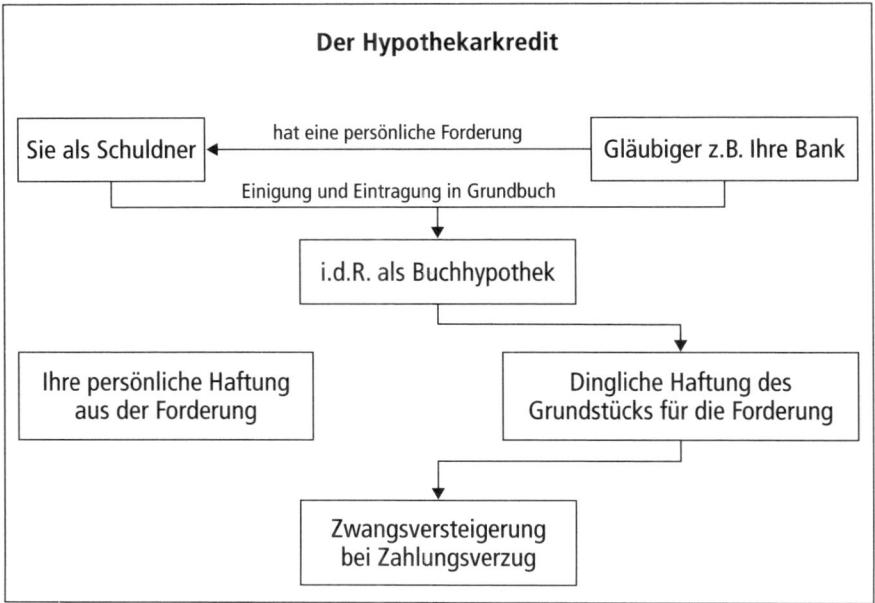

Grundschuld

Die Eintragung einer Grundschuld setzt im Gegensatz zur Hypothek keine persönliche Forderung voraus. Die Belastung eines Grundstücks erfolgt in der Weise, dass an den Berechtigten eine bestimmte Summe aus dem Grundstück zu zahlen ist. Somit haftet (im Gegensatz zur Hypothek) nur das Grundstück für die bestehende Forderung, ohne an die Person des Schuldners geknüpft zu sein.

Die Bank kann folglich den gewährten Kredit durch Eintragung einer Grundschuld im Grundbuch absichern. Ein wirtschaftlicher Zusammenhang zwischen der Gewährung des Kredits und der Grundbucheintragung liegt zwar vor, eine rechtliche Verbindung besteht aber nicht.

Ist der Kredit zurückgezahlt, sollten Sie die Grundschuld einfach in eine Eigentümergrundschuld umwandeln und damit Zeit und Geld sparen!

Bei einer Eigentümergrundschuld ist der Eigentümer selbst der Berechtigte aus der Grundschuld. Sie entsteht meistens durch Umschreibung einer bereits getilgten Hypothek. Durch eine Eigentümergrundschuld können Sie sich als Eigentümer einen günstigen Rang im Grundbuch sichern bzw. das Nachrücken der Gläubiger im Falle einer Löschung verhindern. Der große Vorteil für Sie besteht darin, dass Sie bei plötzlich benötigtem Kapitalbedarf die Eigentümergrundschuld abtreten oder verpfänden lassen können und damit nicht nur Zeit, sondern auch Kosten sparen, wenn Sie einmal knapp bei Kasse sein sollten.

8 Kosten- und Leistungsrechnung als Garant für die richtige Preisfestsetzung

Wie Sie bereits im vorherigen Kapitel erkennen konnten, besteht die Hauptaufgabe eines jeden Unternehmens darin, sicherzustellen, dass immer genug Liquidität zur Verfügung steht. Ebenso wichtig ist aber auch, dass es Ihnen gelingt, einen Verkaufspreis Ihrer hergestellten Güter und Dienstleistungen zu erzielen, mit dem Sie sämtliche Kosten abdecken können. Mit diesem Teilbereich der Betriebswirtschaftslehre beschäftigt sich die Kostenrechnung.

Solange der Absatz Ihrer Produkte zufrieden stellend verläuft, werden Sie mit Sicherheit denken: Was soll ich noch mit einer Kostenrechnung? Meine Produkte verkaufen sich doch gut, und ich habe am Ende des Jahres einen stattlichen Gewinn, den ich aus der Gewinn- und Verlustrechnung meiner Buchführung ersehen kann.

Was aber muss geschehen, wenn sich die Käufergewohnheiten oder die Mode schlagartig ändern, wenn der Export zurückgeht, die Inlandsnachfrage stagniert, wenn sich der Wettbewerb zunehmend verschärft, die Konkurrenz mit besseren Produkten zu günstigeren Preisen auf den Markt kommt und Ihnen die Kundschaft abwandert?

Es ist nicht so sehr von Bedeutung, wie hoch Ihr Gewinn ausfällt, sondern wie sehr es Ihnen gelingt, mit den Ihnen zur Verfügung stehenden Mitteln zu arbeiten und zu wirtschaften und sich am Absatzmarkt zu behaupten.

Zu einem erfolgreich geführten Unternehmen gehört es auch, dass Sie sich jederzeit und umfassend ein zutreffendes Bild Ihrer unternehmensinternen Kostenstruktur verschaffen können.

Dazu brauchen Sie allerdings Antworten auf folgende vier Fragen:

↑ Welche Kosten sind entstanden?
↑ Wie hoch sind die entstandenen Kosten?
↑ Wo sind die Kosten entstanden?
↑ Wem sind die Kosten zuzurechnen?

8.1 Kostenarten – was ist das?

Wenn Sie ein Handelsgewerbe betreiben, sind Sie aufgrund gesetzlicher Vorschriften dazu verpflichtet, über Ihre Geschäftsaktivitäten Aufzeichnungen zu machen und Bücher zu führen. Diese Bücher werden in Form einer Buchführung vorgenommen, die das zahlenmäßige Spiegelbild Ihres betrieblichen Geschehens ist. Diesen gesetzlich auferlegten Zwang, sämtliche Geschäftsvorfälle zahlenmäßig in der Buchführung aufzuzeichnen, können Sie sich auch noch für andere Zwecke zunutze machen. Dabei sind vor allem die Zahlen von besonderem Interesse, die sich auf Ihr Vermögen negativ auswirken: die Aufwendungen.

In Ihrer Buchhaltung wird zwar ein erheblicher Teil abgebildet, jedoch ist nicht alles für die Kostenrechnung brauchbar. Jeweils am Ende eines Geschäftsjahres ist ein Jahresabschluss durchzuführen, der im Wesentlichen aus einer Bilanz und der Gewinn- und Verlustrechnung (GuV) besteht. In der GuV spiegelt sich der gesamte unternehmerische Erfolg wider, der entweder mit einem Überschuss (d.h., es wurde ein Gewinn erzielt) oder einem Defizit (d.h., man hat mit Verlust gearbeitet) abschließt. Die GuV setzt sich aus den Teilbereichen Betriebsergebnis und neutrales Ergebnis zusammen.

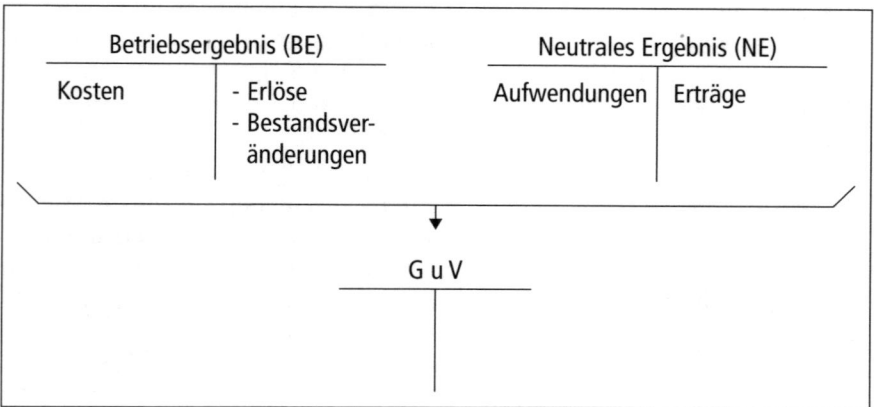

Für Kostenrechnungszwecke sind nur betrieblich verursachte Kosten relevant, also die Kosten im Betriebsergebnis. Diese Kosten müssen für die Kostenrechnung jedoch „aufbereitet" werden. Dadurch, dass die Buchführung andere Ziele als die Kostenrechnung verfolgt, ist die Kostenhöhe der Abschreibungen sowie der Zinsen auf Zweckmäßigkeit zu überprüfen.

Kalkulatorische Abschreibungen

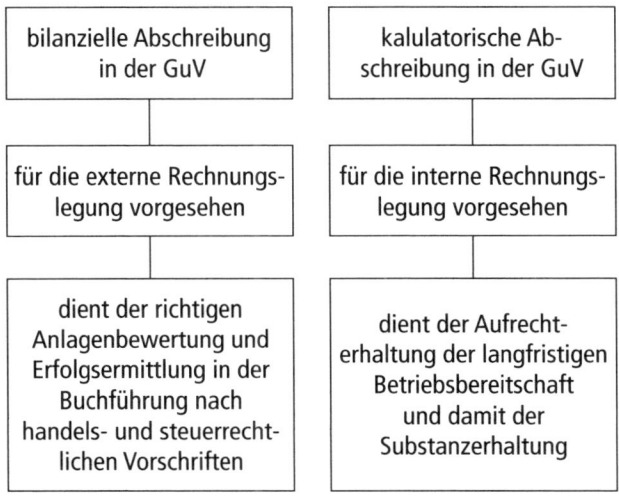

bilanzielle Abschreibung in der GuV	kalulatorische Abschreibung in der GuV
für die externe Rechnungslegung vorgesehen	für die interne Rechnungslegung vorgesehen
dient der richtigen Anlagenbewertung und Erfolgsermittlung in der Buchführung nach handels- und steuerrechtlichen Vorschriften	dient der Aufrechterhaltung der langfristigen Betriebsbereitschaft und damit der Substanzerhaltung

Abschreibungen stellen den Werteverzehr Ihres Anlagevermögens dar. Das Anlagevermögen muss aber in einigen Jahren durch neue Wirtschaftsgüter ersetzt werden, die im Zeitpunkt der Ersatzbeschaffung voraussichtlich mehr kosten werden als heute. Ziel ist, diese Ersatzinvestitionen über die im Preis einkalkulierten Abschreibungen zu finanzieren, ohne hierfür zusätzliche eigene oder fremde Finanzmittel aufbringen zu müssen. Aus diesem Grund bietet es sich an, die Abschreibungshöhe für kostenrechnerische Zwecke an dem für die Wiederbeschaffung einer gleichwertigen Ersatzanlage voraussichtlich zu zahlenden Preis zu orientieren. Dieser für die kalkulatorische Abschreibung als Bezugsgröße angesetzte Wiederbeschaffungspreis kann speziell bei langlebigen Wirtschaftsgütern in Zeiten anhaltender Preissteigerungen die ursprünglichen Anschaffungskosten übersteigen.

Kalkulatorische Zinsen

Kalkulatorische Zinsen entsprechen dem Entgelt für die Bereitstellung von Kapital, das zur Finanzierung des betrieblich genutzten Vermögens erforderlich ist. Im Gegensatz zu den tatsächlichen Zinsen, die meistens nur für aufgenommenes Fremdkapital gezahlt worden sind, bezieht sich die kalkulatorische Zinsberechnung auf ein betriebsnotwendiges Kapital, das im

Anlage- und Umlaufvermögen kurz- oder langfristig gebunden ist. Bei der Berechnung des betriebsnotwendigen Kapitals wird häufig von den in der Anlagenbuchhaltung ausgewiesenen Buchwerten ausgegangen. Folgende Berechnungsweise hat sich in der Praxis durchgesetzt:

	nicht abnutzbares Anlagevermögen
+	abnutzbares Anlagevermögen
−	betrieblich nicht genutztes Anlagevermögen
+	Umlaufvermögen
−	betrieblich nicht erforderliches Umlaufvermögen
−	Abzugskapital
=	betriebsnotwendiges Kapital (= der Teil des Gesamtkapitals, der dem eigentlichen Betriebszweck dient)

Das nicht abnutzbare Anlagevermögen (z.B. Grundstücke) fließt grundsätzlich mit seinen ursprünglichen Anschaffungskosten in die Berechnung ein. Das abnutzbare Anlagevermögen wird zu kalkulatorischen Buchwerten berücksichtigt. Die Ansatzhöhe für das Umlaufvermögen richtet sich nach den durchschnittlich im Unternehmen gebundenen Mitteln, wobei Überbestände an Materialien und/oder Erzeugnissen in der Regel herauszurechnen sind. Das Abzugskapital stellt zinslos zur Verfügung stehendes Kapital dar, das zur Finanzierung des Anlage- und Umlaufvermögens beiträgt, (z.B. zinslos erhaltene Lieferantenkredite, zinslose Darlehen, Kundenanzahlungen).

Die Höhe des kalkulatorischen Zinssatzes orientiert sich in der Regel am marktüblichen Kreditzinssatz oder an alternativen anderweitigen Anlagezinssätzen für das Eigenkapital. Durch den Ansatz von kalkulatorischen Zinsen wird eine einzelne Abrechnungsperiode gleichmäßiger mit den Zinskosten belastet, als das in der Buchführung der Fall ist.

z.B. Ihre Bilanz zum Jahresende hat folgendes Aussehen:

Aktiva	Bilanz zum 31.12.2002		Passiva
Anlagevermögen	400 000	Eigenkapital	320 000
Umlaufvermögen	300 000	Fremdkapital	380 000
Bilanzsumme	700 000	Bilanzsumme	700 000

Erläuterungen:
Ein Vorratsgrundstück mit einem Wert von ca. 70 000 Euro ist im Anlagevermögen bilanziert. Weiterhin sind aufgrund der schlechten Auftragslage verschiedene Maschinen und Anlagen im Buchwert von 20 000 Euro seit längerer Zeit ungenutzt. Im Umlaufvermögen sind Wertpapiere zur kurzfristigen Anlage von 10 000 Euro enthalten. Das Fremdkapital beinhaltet u. a. ein zinsloses Verwandschaftsdarlehen in Höhe von 60 000 Euro. Die Ihnen zinslos zur Verfügung gestellten Lieferantenkredite belaufen sich auf insgesamt 30 000 Euro, und ein Teil Ihrer Kundschaft hat bereits einen Gesamtbetrag von 30 000 Euro zinslos angezahlt.

Berechnung des betriebsnotwendigen Kapitals:

nicht abnutzbares und abnutzbares Anlagevermögen		400 000
– betrieblich nicht genutztes Anlagevermögen		
1. Vorratsgrundstück	70 000	
2. stillgelegte Maschinen und Anlagen	20 000	– 90 000
Umlaufvermögen		300 000
– betrieblich nicht genutztes Umlaufvermögen		
1. kurzfristig angelegte Wertpapiere		– 10 000
– Abzugskapital		
1. zinsloses Verwandtendarlehen	60 000	
2. zinslose Lieferantenkredite	60 000	
3. Kundenanzahlungen	30 000	– 120 000
= betriebsnotwendiges Kapital		480 000

Wird bei der Berechnung der kalkulatorischen Zinsen ein Zinssatz von 8 % zugrunde gelegt, lassen sich daraus kalkulatorische Zinsen in Höhe von jährlich 38 400 Euro errechnen.
Damit aber noch nicht genug! Neben den kalkulatorischen Abschreibungen und kalkulatorischen Zinsen, die für kostenrechnerische Zwecke nur von denen in der Buchführung abweichen, müssen noch weitere „kalkulatorische Kosten" berücksichtigt werden, die bisher in der Buchführung noch nicht aufgetaucht sind.

↑ Kalkulatorische Wagnisse
↑ Kalkulatorischer Unternehmerlohn

↑ Kalkulatorische Miete (sofern das Unternehmen im eigenen Gebäude betrieben wird)

Kalkulatorische Wagnisse

Mit jeder unternehmerischen Tätigkeit sind auch zahlreiche Gefahren verbunden. Diese werden in der Kostenrechnung als Wagnisse bezeichnet und können nochmals unterteilt werden.

Mit dem allgemeinen Unternehmerwagnis ist in erster Linie die langfristig nicht gesicherte Produktions- und Absatzmöglichkeit eines Unternehmens gemeint, die sich z. B. durch einen Konjunkturrückgang, Nachfrageverschiebungen bei der Kundschaft, Inflation oder aufgrund einer technischen Produktneuheit ergeben kann. Da das allgemeine Unternehmerwagnis im Laufe der Zeit großen Schwankungen unterliegt und darüber hinaus nur sehr schwer vorhersehbar und in Zahlen erfassbar ist, kann eine Abgeltung nur pauschal durch einen Gewinnzuschlag vorgenommen werden. Das allgemeine Unternehmerwagnis wird in der Kalkulation nicht berücksichtigt. Anders sieht es bei den betrieblichen Einzelwagnissen aus. Neben dem allgemeinen Unternehmerwagnis sieht sich ein Unternehmer auch noch zahlreichen Einzelwagnissen ausgesetzt. Das Anlagewagnis (Brand, Überschwemmung, Blitzschlag), das Entwicklungswagnis (nicht verwertungsfähige Forschungsarbeit), das Beständewagnis (Diebstahl, Schwund, Verderb, Verwitterung), das Fertigungswagnis (zu hoher Ausschuss, zahlreiche und häufige Nacharbeiten), das Vertriebswagnis (Zahlungsausfall, Insolvenzrisiko von Kunden) und das Gewährleistungswagnis (unentgeltliche Nacharbeit, kostenlose Ersatzlieferung) sind aber nur dann kosten-rechnerisch zu erfassen, wenn sie nicht bereits durch entsprechende Versi-cherungen gedeckt sind, denn ein Ansatz von kalkulatorischen Wagnissen stellt nur dann eine so genannte „Eigenversicherungsprämie" dar, wenn nicht bereits Versicherungsprämien in der Kostenrechnung Berücksichti-gung finden (Vermeidung einer möglichen Doppelerfassung).

Die Höhe der kalkulatorischen Kosten orientiert sich an den tatsächlich in den vergangenen drei Jahren eingetretenen Verlusten unter Berücksichti-gung von erwarteten Wagnisverlusten für die Zukunft.

> **z.B.** Bei der letzten körperlichen Inventur ist bei den Vorräten eine Differenz von 5 % gegenüber der Lagerbuchhaltung aufgetreten. Der durchschnittliche Vor-ratsbestand betrug 25 000 Euro. Aufgrund von freiwilligen Kulanzgewährleistungen entstanden Ihnen für Nachbesserungsarbeiten in den letzten drei Jahren Kosten in Höhe von durchschnittlich 2 % des Jahresumsatzes (Jahresumsätze: Jahr 1999: 500 000, Jahr 2000: 600 000, Jahr 2001: 800 000). Aufgrund der derzeitigen unsicheren Wirtschafts-lage rechnen Sie pro Jahr mit 4 % Forderungsausfall (durchschnittlicher Forderungsbe-stand im Jahr 1999: 350 000, im Jahr 2000: 300 000, im Jahr 2001: 600 000).

Berechnung des kalkulatorischen Wagnisses:

5 % von 25 000	1 250 €
+ 2 % von (500 000 + 600 000 + 800 000) / 3	12 667 €
+ 4 % von (350 000 + 300 000 + 600 000) / 3	16 667 €
= kalkulatorische Wagniskosten	30 584 €

Kalkulatorischer Unternehmerlohn

Speziell im Bereich der Existenzgründungen arbeiten die Eigentümer häu-fig noch selbst mit. Im Gegensatz zur Kapitalgesellschaft dürfen Einzelun-ternehmer und Gesellschafter von Personengesellschaften für ihre Tätig-keit kein Gehalt ansetzen, das Einfluss auf die Gewinnhöhe nimmt. Das Entgelt für die betriebliche Tätigkeit besteht in der Regel nur aus Privatent-nahmen als Vorauszahlung auf den zukünftigen Gewinn nach Steuern. Weil die Kostenrechnung keinen gesetzlichen Vorschriften unterliegt, steht es jedem Unternehmer frei, für Zwecke der Kalkulation ein Managergehalt inklusive Personalnebenkosten anzusetzen, das dem entspricht, was ein fremder Geschäftsführer in einer vergleichbaren Position erhalten würde.

Kalkulatorische Miete

Wird die betriebliche Tätigkeit in eigenen Gebäuden oder Räumen ausgeübt, fallen keine Mietzahlungen an; derjenige, der in gemieteten Räumen geschäftlich tätig wird, ist allerdings gezwungen, über den Verkaufspreis seiner Produkte zusätzlich noch die zu zahlende Miete zu erwirtschaften. Ein Ausgleich zwischen eigenem und angemietetem Objekt wird durch den Ansatz einer kalkulatorischen Miete erreicht. In die kalkulatorische Miete werden alle mit einem Mietobjekt zusammenhängenden Kosten eingerechnet, die bei einer effektiven Miete entstehen würden, also insbesondere die Grundmiete inklusive sämtlicher Mietnebenkosten.

8.2 Kostenstelle – warum?

Wie sich aus der Buchführung eines jeden Unternehmens ersehen lässt, fallen Kosten in unterschiedlicher Höhe für die unterschiedlichsten Zwecke an, z.B. Versicherungsbeiträge, Löhne und Gehälter oder Reparaturmaterial. Alle Kostenarten lassen sich in zwei große Gruppen von Kosten einordnen: Einzel- und Gemeinkosten. Einzelkosten besitzen die Eigenschaft, dass sie sich direkt und unmittelbar einem Erzeugnis oder Produkt zuordnen lassen. Das ist z.B. der Fall bei Fertigungsmaterial, Fertigungslöhnen und Sondereinzelkosten der Fertigung. Dagegen fallen Gemeinkosten für eine Reihe von Produkten gemeinsam an, z.B. Energiekosten, Betriebsstoffe, Abschreibungen. Sämtliche Beträge sind aber auf das gesamte Unternehmen bezogen und sagen noch nichts darüber aus, „wo und wofür die Kosten entstanden sind". Aus diesem Grund wird das gesamte Unternehmen in überschaubare „Teilunternehmen" zerlegt. In diesem Zusammenhang spricht man in der Kostenrechnung auch von Kostenstellen. Achten Sie bei der erstmaligen Einrichtung von Kostenstellen in Ihrem Unternehmen auf Folgendes:

↑ Ihr Unternehmen sollte in klar voneinander abgegrenzte Bereiche aufgeteilt werden, um die Zuordnung der angefallenen Kosten besser vornehmen zu können.

↑ Bei der Aufteilung der Kosten sollte die Überschaubarkeit immer gewahrt bleiben.

↑ Für jede Kostenstelle ist eine Bezugsgröße festzulegen.

Für die Zuordnung Ihrer gesamten Kostenstruktur auf die die einzelnen Kosten verursachenden Stellen bedient man sich neben der exakten Zurechnung (z. B. bei Gehältern, Abschreibungswerten) meistens der Schätzung. Die Umlage der Kosten geschieht im so genannten Betriebsabrechnungsbogen. An dieser Stelle werden die Zahlen aus der Finanzbuchhaltung kostenrechnerisch aufbereitet. Dabei werden die Einzel- den Gemeinkosten gegenübergestellt.

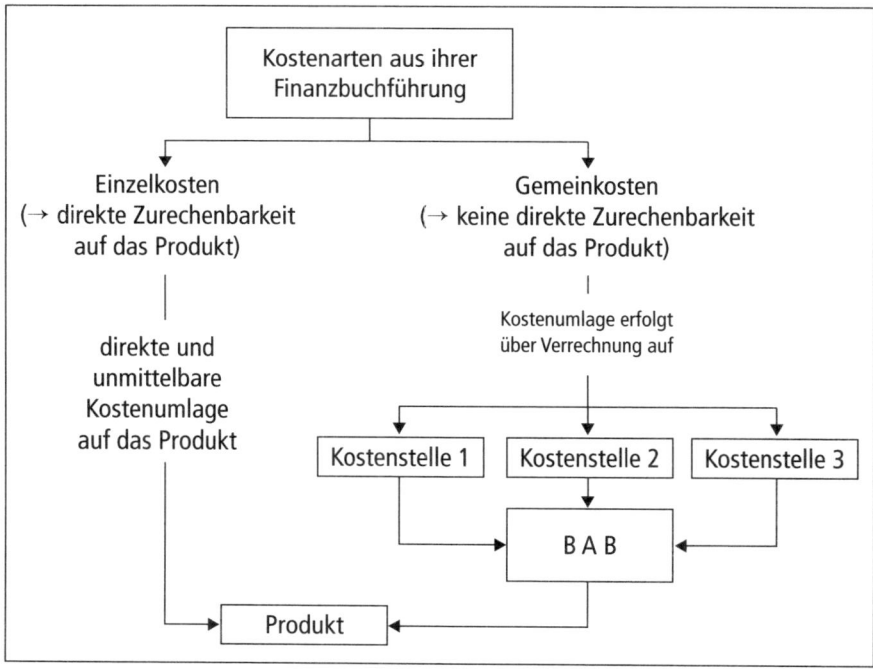

Für die Umlage der Gemeinkosten erstellen Sie am besten zuerst ein Muster-Blatt
(Das Muster soll nur als Vorschlag gedacht sein und kann selbstverständlich individuell angepasst und erweitert werden.):

Gemein-kosten	Zahlen aus der Buch-haltung	Grundlage der Ver-teilung	Kostenstellen			
			Material	Fertigung	Verwaltung	Vertrieb
Summe:						

Muster eines einfachen Betriebsabrechnungsbogens

Die Arbeit mit dem BAB verläuft in folgenden Schritten:

1. Aufteilung der Zahlen aus Ihrer Finanzbuchhaltung in Einzel- und Gemeinkosten
2. Übernahme der Gemeinkosten in den BAB
3. Gemeinkosten, die sich direkt einer bestimmten Kostenstelle zuordnen lassen (sog genannte Kostenstellen-Einzelkosten), werden in der Spalte der entsprechenden Kostenstelle festgehalten
4. Verteilung der restlichen Gemeinkosten mittels Schlüsselung, Schätzung oder sonstiger geeigneter Umlage.

Der korrekten Schlüsselung für die Verteilung der Gemeinkosten auf die verschiedenen Kostenstellen kommt in der Kostenrechnung eine entscheidende Bedeutung zu. Als Schlüssel zur Umlage der Gemeinkosten auf die einzelnen Kostenstellen kommen folgende Möglichkeiten in Betracht: Quadratmeter, Anlagewert, Rauminhalt, verbrauchte Kilowattstunden, Anzahl der Heizkörperrippen, Aufzeichnungen durch Materialentnahmescheine usw. Bei der gesamten Schlüsselung sollte Ihnen eines aber immer klar sein: Das Ziel einer 100%ig korrekten Zuordnung werden Sie niemals erreichen, Sie können sich nur bemühen, möglichst nahe an die „Traummarke" einer 100%ig exakten Umlage heranzukommen.

z.B.	Ihrer Buchführung entnehmen Sie für den Monat Mai folgendes Zahlenmaterial:

Fertigungsmaterial	225 000
Fertigungslöhne	215 000
Hilfsstoffaufwendungen	21 250
Betriebsstoffaufwendungen	1 600
Gehälter	40 000
Arbeitgeberanteil zur Sozialversicherung	51 000
Abschreibungen	90 000
Bürokosten, Miete	16 350
Kosten für Werbung, Marketing	34 000
Steuern	27 500
Versicherungen	5 475

Die Zahlen werden wie folgt den Kostenstellen Material, Fertigung, Verwaltung und Vertrieb zugeordnet:

Gemeinkosten	Zahlen aus der Buchhaltung	Grundlage der Verteilung	Kostenstellen			
			Material	Ferti-gung	Verwal-tung	Vertrieb
Hilfsstoffaufw.	21 250	Entnahmescheine	1 250	20 000	–	–
Betriebsstoffaufw.	1 600	Entnahmescheine	200	1 400	–	–
Gehälter	40 000	Gehaltsliste	7 500	10 000	17 500	5 000
AG – Anteil SV	51 000	Lohn-/Gehaltsliste	1 500	45 000	3 500	1 000
Abschreibungen	90 000	Anlagekartei	3 550	72 500	7 600	6 350
Bürokosten, Miete	16 350	Schätzung	1 350	3 900	10 000	1 100
Werbung, Marketing	34 000	Schätzung	–	–	12 500	21 500
Steuern	27 500	Anlagewerte	2 500	7 500	14 000	3 500
Versicherungen	5 475	Anlagewerte	1 140	1 675	1 425	1 235
Summe	287 175	aufgeteilt auf:	18 990	161 975	66 525	39 685

Nachdem Sie die Gemeinkosten Ihres Betriebs auf die vier Kostenstellenbereiche aufgeteilt und jeweils eine Gesamtsumme gebildet haben, werden in einem weiteren Schritt die Gemeinkostenzuschlagssätze bestimmt. Dabei werden die Materialgemeinkosten (MGK) dem Fertigungsmaterial, die Fertigungsgemeinkosten (FGK) den Fertigungslöhnen, die Verwaltungsgemeinkosten (VwGK) und Vertriebsgemeinkosten (VtGK) den Herstellkosten der Fertigung gegenübergestellt und in einem prozentualen Verhältnis ausgedrückt.

Gemeinkosten	Zahlen aus der Buchhaltung	Grundlage der Verteilung	Kostenstellen			
			Material	Ferti-gung	Verwal-tung	Vertrieb
Summe:	287 175	aufgeteilt auf:	18 990	161 975	66 525	39 685
Zuschlagsgrundlage: Fertigungsmat.			225 000			
Fertigungslöhne				215 000		
Herstellkosten der Fertigung						620 965

In einem weiteren Rechenschritt werden die Zuschlagssätze für jeden Kostenbereich ermittelt:
Sowohl in der Kostenstelle Material als auch in der Kostenstelle Fertigung liegen genaue Aufzeichnungen darüber vor, welche Summe in jeder Kostenstelle jeweils an Einzelkosten angefallen ist. Für den Materialbereich mussten an Einzelkosten (= Fertigungsmaterial) insgesamt 225 000 Euro aufgewendet werden. Hinzugerechnet werden muss nochmals ein Betrag von 18 990 Euro für angefallene Gemeinkosten, wie sie sich aus der obigen Umlage über den BAB ergeben. Auf jeden Euro Einzelkosten (= Fertigungsmaterial) entfallen nochmals 8,44 % (18 990 / 225 000 · 100) an Gemeinkosten. Der Materialgemeinkostenzuschlagssatz beläuft sich auf 8,44 %.
Die gleiche Berechnung für die Kostenstelle Fertigung ergibt einen prozentualen Aufschlag von 75,34 % (161 975 / 215 000 · 100).
Der Verwaltungs- bzw. Vertriebsgemeinkostenzuschlagssatz wird jeweils ermittelt, indem die Gemeinkosten des Verwaltungs- bzw. Vertriebsbereichs zu den Herstellkosten der Fertigung ins Verhältnis gesetzt werden. Unter dem Begriff „Herstellkosten der Fertigung" werden die bisher angefallenen Kosten (Materialgemeinkosten, Fertigungsmaterial, Fertigungsgemeinkosten, Fertigungslöhne) verstanden.
Zuschlagsgrundlage für die Verwaltungsgemeinkosten ist die Gesamtsumme aller Kosten für Material und Fertigung von insgesamt 620 965 Euro (225 000 + 18 990 + 215 000 + 161 975). Der Verwaltungsgemeinkostenzuschlagssatz beträgt demnach: 66 525 / 620 965 = 10,71 %
Der entsprechende für den Vertriebsbereich beträgt 39 685 / 620 965 · 100 = 6,39 %.

8.3 Kostenträger – Rechnung in Stück

Wenn Ihnen die Zuschlagssätze bekannt sind, besitzen Sie ein einfaches und schnelles Instrumentarium für die Preiskalkulation Ihrer Produkte. Zur Kontrolle können Sie die gesamten Zahlen in Ihrer Buchführung mittels Zuschlagsrechnung nochmals auf umgekehrte Weise berechen:

	Fertigungsmaterial	225 000
+	MGK 8,44 %	18 990
=	Materialkosten	243 990
	Fertigungslöhne	215 000
+	FGK 75,34 %	161 975
=	Fertigungskosten	376 975
=	Herstellkosten der Fertigung	620 965
+	VwGK 10,71 %	66 525
+	VtGK 6,39 %	39 685
=	**Selbstkosten**	**727 175**

Diese Summe der Selbstkosten entspricht genau der Addition der Gemeinkosten, des Fertigungsmaterials und der Fertigungslöhne aus unserer Beispielaufgabe, einmal abgesehen von rundungsbedingten Abweichungen.
So haben Sie eine einfache und praktische Möglichkeit, die Gemeinkosten den einzelnen Produkten anteilig über prozentuale Zuschlagssätze zuzuschlagen und die Selbstkosten hinreichend genau zu berechnen.

z.B. Für die Fertigung eines Auftrags brauchen Sie nach eigenen Unterlagen Fertigungsmaterial im Wert von 50 Euro. Zur Fertigstellung des Produkts müssen zusätzlich 80 Euro an Fertigungslöhnen gezahlt werden. Unter Einbezug der soeben ermittelten Zuschlagssätze können Sie den Auftrag wie folgt kalkulieren:

	Fertigungsmaterial	50,00
+	MGK 8,44 %	4,22
=	Materialkosten	54,22
	Fertigungslöhne	80,00
+	FGK 75,34 %	60,27
=	Fertigungskosten	140,27
=	Herstellkosten der Fertigung	194,49
+	VwGK 10,71 %	20,83
+	VtGK 6,39 %	12,43
=	**Selbstkosten**	**227,75**

8.4 Moderne Verfahren und Systeme der Kosten- und Leistungsrechnung

Die soeben gezeigte Möglichkeit der Kostenzurechnung hat zwei entscheidende Nachteile. Neben der Vergangenheitsorientierung liefert die Zuschlagskalkulation ein Ergebnis, dass sämtliche Kosten abdeckt. Das ist aber nicht immer sinnvoll.

Wie aus den vorangegangenen Seiten deutlich wurde, werden die in der Vollkostenrechnung zu verteilenden Gemeinkosten unter Hilfenahme realistisch erscheinender Bezugsgrundlagen mehr oder weniger willkürlich auf die einzelnen Produkte umgelegt oder geschlüsselt, was letztendlich zu einer Verzerrung des Jahresergebnisses führen kann. Aus diesem Grund sollte die Vollkostenrechnung nur den langfristigen Weg bestimmen, indem die Kostensumme ermittelt wird, die gedeckt werden muss, um auf lange Sicht unternehmerisch bestehen zu können. Sie eignet sich ebenfalls für die Kostenkontrolle in den unterschiedlichen Kostenstellen sowie für die Betriebsergebnisrechnung. Für kurzfristige Unternehmensziele unter marktpolitischen Gesichtspunkten ist die Vollkostenrechnung weniger geeignet. Einen Ausweg aus dieser Misere bietet die Deckungsbeitragsrechnung. Die gesamte Deckungsbeitragsrechnung baut auf folgendem Grundgedanken auf:

> Umsatzerlöse
> − variable Kosten
> ──────────────────
> = Deckungsbeitrag
> − fixe Kosten
> ──────────────────
> = Gewinn/Verlust

Unter Umsatzerlöse werden die Nettoverkaufspreise ohne gesetzliche Mehrwertsteuer unter Abzug von Rabatten, Preisnachlässen und Skonti verstanden. Die variablen Kosten setzen sich aus den unmittelbar zurechenbaren Einzelkosten und den leistungsabhängigen Gemeinkosten (z. b. variable Verwaltungs- und Vertriebsgemeinkosten) zusammen.

Im Gegensatz zur Vollkostenrechnung werden in der Deckungsbeitragsrechnung den Umsatzerlösen nur diejenigen Kosten gegenübergestellt, die ihnen eindeutig zugerechnet werden können, während die übrigen Kosten − sehr vereinfacht ausgedrückt − zunächst in einem Block gesammelt und anschließend der jeweils verbleibenden Differenz aus Umsatzerlös und direkt abgezogenen (variablen) Kosten, dem so genannten Deckungsbeitrag, gegenübergestellt werden. Das Hauptproblem der Deckungsbeitragsrechnung besteht darin, dass jener unverrechnete Fixkostenblock im Zeitalter zunehmender Automatisierung und in einer Zeit, in der die Bereitstellung von Dienstleistungen immer größere Bedeutung erlangt, ständig ansteigt, mit der Folge, dass ein immer größer werdender Anteil der Gesamtkosten, bedingt durch den hohen Fixkostencharakter, unverrechnet bleibt.

Mithilfe des Deckungsbeitrages können Sie für jedes Ihrer Produkte feststellen, wie hoch der jeweilige Betrag ist, den jedes Produkt zum Gesamterfolg Ihres Unternehmens beisteuert.

> **z.B.** In Ihrem Unternehmen werden zwei verschiedene Produkte gefertigt. Mit dem Produkt A erzielen Sie einen Umsatz von 50 000 Euro bei verkauften 10 000 Stück. Die variablen Stückkosten belaufen sich auf 3,25 Euro. Das Produkt B weist einen Umsatz von 17 500 Euro mit 2 500 verkauften Stück auf. Die variablen Kosten für Produkt B betragen insgesamt 8,00 Euro pro Stück. Der Fixkostenblock beläuft sich auf insgesamt 10 000 Euro.

	Produkt A	Produkt B	Summe
Erlöse – variable Kosten	50 000 € 32 500 €	17 500 € 20 000 €	67 500 € 52 500 €
Deckungsbeitrag I – fixe Kosten	17 500 €	– 2 500 €	15 000 € 10 000 €
BETRIEBSGEWINN			5 000 €

Würde das Produkt B aus Ihrem Sortiment gestrichen, ergäbe sich das folgende Bild:

	Produkt A	Produkt B	Summe
Erlöse – variable Kosten	50 000 € 32 500 €	——— ———	50 000 € 32 500 €
Deckungsbeitrag I – fixe Kosten	17 500 €	———	17 500 € 10 000 €
BETRIEBSGEWINN			7 500 €

Der Gewinn steigt absolut gesehen genau in der Höhe an, wie der negative Deckungsbeitrag des Produkts B abnimmt.
Auf den betrieblichen Gewinn nehmen im Wesentlichen die folgenden drei Faktoren Einfluss:

↑ Erlöse
↑ variable Kosten
↑ fixe Kosten

Im Folgenden sollen nun Untersuchungen angestellt werden, welche Änderung das Betriebsergebnis aufweist, wenn eine oder mehrere Einflussfaktoren eine Änderung erfahren.

	Analyse bei Veränderung von:
↑ Beurteilung der Veränderungen bei unterschiedlichen variablen Kosten	variablen Kosten
↑ Auswirkungen bei unterschiedlichen Absatzpreisen	Erlösen
↑ Aufzeigen von Veränderungen bei einer geplanten Erweiterungsinvestition	fixen Kosten

Wie verändert sich der Gewinn, wenn sich die variablen Kosten ändern?

z.B. Sie erzielen beim Verkauf von 10 000 Stück eines Produkts einen Gesamtumsatz von 50 000 Euro. Die variablen Stückkosten belaufen sich auf 3,25 Euro. An unternehmensfixen Kosten fallen insgesamt 5 000 Euro an. Durch eine unerwartete Preiserhöhung Ihres Rohstofflieferanten steigen Ihre variablen Stückkosten um 0,25 Euro auf 3,50 Euro an.

	vor Kostenerhöhung	nach Kostenerhöhung
Verkaufserlöse	50 000 €	50 000 €
– variable Kosten	32 500 €	35 000 €
Deckungsbeitrag I	17 500 €	15 000 €
– fixe Kosten	5 000 €	5 000 €
BETRIEBSGEWINN	12 500 €	10 000 €

Durch die Erhöhung der variablen Kosten sinkt Ihr Betriebsgewinn um 2 500 Euro.

Welche Auswirkungen haben unterschiedliche Absatzpreise auf den Gewinn?

Gerade in der heutigen schnelllebigen Zeit nimmt der Preisverfall der „älteren" noch im Markt befindlichen Produkte immer schneller zu. Die Folge ist, dass sich manche Produkte nur noch mit erheblichen Preisnachlässen verkaufen lassen.

z.B. Sie möchten auch weiterhin 10 000 Stück Ihres Produkts verkaufen. Da höherwertige Konkurrenzprodukte mit wesentlich verbesserter Technik und mehr Komfort zum Preis von 5,10 Euro je Stück angeboten werden, lassen sich Ihre Produkte nur noch zu einem Stückpreis von 4,50 Euro verkaufen. Die variablen Kosten pro Stück belaufen sich unverändert auf 3,25 Euro. An unternehmensfixen Kosten fallen insgesamt 5 000 Euro an.

	vor Preisreduzierung	nach Preisreduzierung
Verkaufserlöse	50 000 €	45 000 €
− variable Kosten	32 500 €	32 500 €
Deckungsbeitrag I	17 500 €	12 500 €
− fixe Kosten	5 000 €	5 000 €
BETRIEBSGEWINN	12 500 €	7 500 €

Durch die vorgenommene Preissenkung verringert sich Ihr Betriebsgewinn von 12 500 Euro um 5 000 Euro auf 7 500 Euro.

Welche Auswirkungen können geplante Erweiterungsinvestitionen haben?

Im kostenrechnerischen Sinne stellt eine Erweiterungsinvestition eine Erhöhung der fixen Kosten unter gleichzeitiger Anhebung des gesamten Kostengefüges Ihres Unternehmens dar.

z.B. Ihr Unternehmen erzielt mit einem Produkt A einen Umsatz von 50 000 Euro, wenn 10 000 Stück verkauft werden. Die variablen Stückkosten belaufen sich zur Zeit auf 3,25 Euro. An unternehmensfixen Kosten fallen insgesamt 5 000 Euro an.

	Produkt 1
Verkaufserlöse	50 000 €
− variable Kosten	32 500 €
Deckungsbeitrag I	17 500 €
− fixe Kosten	5 000 €
BETRIEBSGEWINN	12 500 €

Durch eine unumgängliche Erweiterungsinvestition von insgesamt 2 500 Euro steigen Ihre fixen Kosten in derselben Höhe an, mit der Folge, dass Ihr Betriebsgewinn auf 10 000 Euro sinkt.

Zum Schluss soll noch folgender zusammenfassender Fall untersucht werden:

Aufgrund der Auswertungen des letzten Jahres haben Sie festgestellt, dass Sie bei einem Nettoverkaufspreis von 12,90 Euro pro Stück insgesamt 62 500 Stück bei variablen Gesamtkosten (K_v) in Höhe von 478 125 Euro und fixen Kosten (K_f) von 163 000 Euro herstellen und verkaufen konnten.

1. Aufgrund des angestiegenen Konkurrenzdrucks rechnen Sie langfristig mit einem Absatzrückgang von 20 %. Wie hoch ist unter diesen Bedingungen Ihr Stückdeckungsbeitrag und reicht dieser aus, um alle fixen Kosten abzudecken?
2. Um Ihre Produktion dem neuesten technischen Stand anzupassen, ist eine einmalige Investition von 150 000 Euro nötig. Dadurch reduzieren sich die variablen Stückkosten auf 7,45 Euro. Bei einem verringerten Verkaufspreis von 9,95 Euro pro Stück planen Sie eine Absatzsteigerung auf 89 000 Stück. Lohnt sich für Sie die Vornahme einer solchen Erweiterungsinvestition?

Berechnungen:

zu 1)
Die variablen Stückkosten belaufen sich auf 7,65 Euro (= 478 125 Euro / 62 500 Stück). Ist mit einem Absatzrückgang von 20 % zu rechnen, so bedeutet das gleichzeitig eine Reduzierung der verkauften Stückzahl von 62 500 auf 50 000 Stück. Wie Sie wissen, sind die fixen Kosten von der Beschäftigung unabhängig und bleiben selbst bei einem Absatzrückgang in unveränderter Höhe von 163 000 Euro bestehen.

Zur Berechnung Ihres Stückdeckungsbeitrags eignet sich folgende Vorgehensweise:

	Verkaufserlös pro Stück	12,90 €
–	variable Stückkosten	7,65 €
=	Stückdeckungsbeitrag	5,25 €

Ihr Gesamtdeckungsbeitrag in Höhe von 262 500 Euro (5,25 · 50 000) reicht für die Deckung sämtlicher fixer Kosten in Höhe von 163 000 Euro aus. Es verbleibt ein Gewinn von 99 500 Euro, der sich jedoch um 65 625 Euro oder nahezu 39 % gegenüber der Ausgangssituation vermindert.

zu 2)
Um zu entscheiden, ob sich die Erweiterungsinvestition für Sie lohnt, ist die folgende Vergleichsrechnung anzustellen:

		vor	nach
		der Erweiterungsinvestition	
	Verkaufserlöse	806 250 €	885 550 €
−	variable Kosten (K_v)	478 125 €	663 050 €
=	Deckungsbeitrag I	328 125 €	222 500 €
−	fixe Kosten (K_f)	163 000 €	313 000 €
=	Betriebsgewinn/-verlust	165 125 €	− 90 500 €

Von der Erweiterungsinvestition ist unter Kostengesichtspunkten dringend abzuraten, weil das Unternehmen von einem Betriebsgewinn auf einen Betriebsverlust zusteuern wird. Außerdem sinkt der Deckungsbeitrag I nach der Erweiterungsinvestition auf einen Betrag, der zur Deckung der fixen Kosten nicht mehr ausreicht.

Bevor etwas unternommen wird, sind zuerst sämtliche Kosten zu planen

Bisher war immer nur von Zahlen die Rede, denen der Makel der Vergangenheit anlastet. Um jedoch heute bereits die richtigen Weichen für die Zukunft zu stellen, müssen Sie nicht nur wissen, was Sie in der Vergangenheit falsch gemacht haben, sondern auch, welche Rückschlüsse sich daraus für zukünftige unternehmerische Entscheidungen ableiten lassen. Um eine Beurteilung vornehmen zu können, was falsch gelaufen ist, müssen Sie aber wissen, wohin Sie wollen. Gefragt ist also ein Zielkorridor, der Ihnen die Richtung angibt – eine Kostenplanung. Eine Kostenplanung dient in erster Linie der Festlegung der allgemeinen Richtung. Nur mit einer Kostenplanung lässt sich feststellen, ob Sie nach Ablauf der betrachteten Periode über Ihr Ziel hinausgeschossen oder dahinter zurückgeblieben sind.

Für einen aussagekräftigen Soll/Ist-Vergleich sind nicht Mengen, sondern vor allem auch Preise planerisch zu berücksichtigen. Würden tatsächliche Istpreise in den Soll/Ist-Vergleich einfließen, hieße das, dass der Kostenverantwortliche auch für Preisschwankungen verantwortlich gemacht würde, auf die er überhaupt keinen Einfluss nehmen kann. Werden in Ihrer Planung jedoch ausschließlich Planpreise verwendet, ist das Auftreten von Preisabweichungen ausgeschlossen.

z.B. Eine Planmenge von 500 Stück wird mit einem Planpreis pro Stück in Höhe von 1,50 Euro bewertet. Bei einer ebenfalls mit 1,50 Euro bewerteten tatsächlichen Istmenge von 550 Stück kann die Differenz lediglich den Unterschied im Verbrauch aufzeigen, weil beide Werte mit demselben Planpreis multipliziert wurden. Zu einem anderen Ergebnis kämen Sie, wenn der tatsächliche Verbrauch mit einem durchschnittlichen Istpreis von 1,80 Euro bewertet würde. In diesem Fall wäre die Abweichung sowohl mit Mengen- als auch mit Preiskomponenten behaftet, was eine Kontrolle hinsichtlich der Wirtschaftlichkeit (reine Mengenabweichung unter außer Achtlassung von Preisabweichungen) erschwert.

KST: Kostenstelle Fertigung		Kostenstellen-Leiter: Herr Maier					
Fixe Kosten (€): 4 240		Nutzkosten (€):				Leerkosten (€):	
Planbeschäftigung (Std.): 500		Istbeschäftigung (Std.):				Effektivbeschäftigung (Std.):	
Konto	Kostenart	Basisplankosten				Sollkosten	Istkosten
		Gesamt	V	variabel	fix		
4000	Fertigungsmaterial	12 500	10	12 500	0		
4111	Hilfslöhne	2 750	10	2 750	0		
4360	Versicherung	2 300	10	0	2 300		
4993	Abschreibungen	1 040	0	0	1 040		
4992	Zinsen	500	0	0	500		
4200	Raumkosten	250	0	0	250		
4240	Energiekosten	485	10	485	0		
4260	Instandhaltung	475	10	475	0		
4900	Sonstige Kosten	500	7	350	150		
		20 800		16 560	4 240		

Erläuterung: Das V unter den Basisplankosten steht als Abkürzung für Variator. Der Variator gibt das Verhältnis von variablen zu fixen Kosten an. Ein V von 7 bedeutet, dass 70 % der gesamten Kosten variabel und 30 % fix sind.

Bei einer Planbeschäftigung entsprechen die Basisplankosten genau den Sollkosten. Von der Planung abweichende Sollkosten treten immer nur dann auf, wenn die Ist- mit der Planbeschäftigung nicht übereinstimmt. Sie als Unternehmer sollten Ihr Hauptaugenmerk darauf legen, wie viel Kosten Sie jedem Produkt „zumuten" können und wie viel „unter dem Strich" an Gewinn übrig bleibt.

KST: Kostenstelle Fertigung		Kostenstellen-Leiter: Herr Maier					
Fixe Kosten (€): 19 373		Nutzkosten (€):				Leerkosten (€):	
Planbeschäftigung (Std.): 1 800		Istbeschäftigung (Std.):				Effektivbeschäftigung (Std.):	

Konto	Kostenart	Basisplankosten				Sollkosten	Istkosten
		Gesamt	V	variabel	fix		
4110	Fertigungslöhne	42 750	10	42 750	0		
4111	Hilfslöhne	5 400	10	5 400	0		
4993	Abschreibungen	10 400	0	0	10 400		
4992	Zinsen	6 000	0	0	6 000		
4200	Raumkosten	750	0	0	750		
4240	Energiekosten	4 710	9	4 239	471		
4260	Instandhaltung	1 840	9	1 288	552		
4900	Sonstige Kosten	4 000	7	2 800	1 200		
		75 850		56 477	19 373		

Die von Ihnen vorgenommene Kostenplanung bezieht sich auf einen zeitlichen Horizont von einem Jahr. Unter der Bedingung, dass sich die variablen Kosten entsprechend der Beschäftigung ändern und die fixen Kosten von einer Beschäftigungsänderung nicht betroffen sind, könnte daraus folgendes Kostenstellenblatt für einen Monat entwickelt werden:

KST: Kostenstelle Fertigung	Kostenstellen-Leiter: Herr Maier	Monat: Januar
Fixe Kosten (€): 1 615	Nutzkosten (€):	Leerkosten (€): ....
Planbeschäftigung (Std.): 300	Istbeschäftigung (Std.):	Effektivbeschäftigung (Std.): ......

Konto	Kostenart	Basisplankosten				Sollkosten	Istkosten
		Gesamt	V	variabel	fix		
4110	Fertigungslöhne	3 563	10	3 563	0		
4111	Hilfslöhne	450	10	450	0		
4993	Abschreibungen	867	0	0	867		
4992	Zinsen	500	0	0	500		
4200	Raumkosten	63	0	0	63		
4240	Energiekosten	392	9	353	39		
4260	Instandhaltung	154	7	108	46		
4900	Sonstige Kosten	333	7	233	100		
		6 322		4 707	1 615		

Die Umrechnung vom Jahres-Kostenstellenblatt zum Monatsblatt erfolgt, indem angenommen wird, dass in jedem der 12 Plan-Monate 1/12 der Jahresplanbeschäftigung zu ebenfalls 1/12 der in Ansatz gebrachten Jahresplankosten entstehen wird.

Nach Ablauf des Monats Januar haben sich die unten stehenden Istzahlen ergeben, die Sie sich aus den Aufzeichnungen in Ihrer Buchführung herausgesucht haben: (Istzahlen sind fettgedruckt)

KST: Kostenstelle Fertigung	Kostenstellen-Leiter: Herr Maier	Monat: Januar
Fixe Kosten (€): 1 615	Nutzkosten (€):	Leerkosten (€): ....
Planbeschäftigung (Std.): 300	Istbeschäftigung (Std.): **290**	Effektivbeschäftigung (Std.): ......

Konto	Kostenart	Basisplankosten				Sollkosten	Istkosten
		Gesamt	V	variabel	fix		
4110	Fertigungslöhne	3 563	10	3 563	0		**3 670**
4111	Hilfslöhne	450	10	450	0		**614**
4993	Abschreibungen	867	0	0	867		**867**
4992	Zinsen	500	0	0	500		**500**
4200	Raumkosten	63	0	0	63		**63**
4240	Energiekosten	392	9	353	39		**340**
4260	Instandhaltung	154	7	108	46		**125**
4900	Sonstige Kosten	333	7	233	100		**325**
		6 322		4 707	1 615		**6 504**

Im Anschluss an die Gegenüberstellung von Plan und Ist erfolgt in einem weiteren Schritt die Abweichungsanalyse.

Schritt 1: Bestimmung der Sollkosten je Kostenart

$$\frac{\text{variable Basisplankosten}}{\text{Planbeschäftigung}} \cdot \text{Istbeschäftigung} + \text{fixe Basisplankosten}$$

vorgestellt am Beispiel der Kostenart „Energiekosten":

$$\frac{353}{300} \cdot 290 + 39 = 380{,}23$$

eingetragen in die obige Tabelle:

KST: Kostenstelle Fertigung Fixe Kosten (€): 1 615 Planbeschäftigung (Std.): 300		Kostenstellen-Leiter: Herr Maier Nutzkosten (€): .... Istbeschäftigung (Std.): **290**				Monat: Januar Leerkosten (€): .... Effektivbeschäftigung (Std.):	
Konto	Kostenart	Basisplankosten				Sollkosten	Istkosten
		Gesamt	V	variabel	fix		
4110	Fertigungslöhne	3 563	10	3 563	0	3 444	3 670
4111	Hilfslöhne	450	10	450	0	435	614
4993	Abschreibungen	867	0	0	867	867	867
4992	Zinsen	500	0	0	500	500	500
4200	Raumkosten	63	0	0	63	63	63
4240	Energiekosten	392	9	353	39	380	340
4260	Instandhaltung	154	7	108	46	150	125
4900	Sonstige Kosten	333	7	233	100	325	325
		6 322		4 707	1 615	6 164	6 504

Schritt 2: Es muss ein Verrechnungssatz bestimmt werden, der die Kostenhöhe pro Beschäftigungsstunde ausdrückt.

$$\frac{\text{Basisplankosten}}{\text{Planbeschäftigung}} = \frac{6\ 322\ \text{€}}{300\ \text{Stunden}} = \mathbf{21{,}07\ \text{€}}\ \text{je Stunde}$$

Schritt 3: In einem weiteren Schritt sind Berechnungen dahingehend anzustellen, welche Kosten entstanden wären, wenn die tatsächlich geleisteten 290 Arbeitsstunden (= Istbeschäftigung) mit dem zuvor errechneten Verrechnungssatz (= verrechneten Plankosten) berechnet worden wären:

$$\frac{\text{Basisplankosten}}{\text{Planbeschäftigung}} \cdot \text{Istbeschäftigung} = \frac{6\,322\,\text{€}}{300\,\text{Stunden}} \cdot 290\,\text{Stunden}$$

$$= 21,07\,\text{€ je Stunde} \cdot 290\,\text{Stunden} = \mathbf{6\,110,30\,€}$$

Schritt 4: Bestimmung der Abweichung, die darauf zurückzuführen ist, dass die tatsächliche Beschäftigung von 290 Stunden hinter der „Vollbeschäftigung" von 300 Stunden zurückgeblieben ist (=Beschäftigungsabweichung).

a) Berechnung durch Subtraktion der verrechneten Plankosten von den ermittelten Sollkosten

ermittelte Sollkosten der Kostenstelle „Fertigung"	6 164,00 €
./. verrechnete Plankosten	6 110,30 €
= **Beschäftigungsabweichung**	**53,70 €**

b) Berechnung, indem man bezogen auf die Fixkosten die Ist- zur geplanten Beschäftigung in Beziehung setzt

$$\frac{290\,\text{Iststunden}}{300\,\text{Planstunden}} \cdot 1\,615\,\text{€ fixe Kosten} = 1\,561,17\,\text{€ Nutzkosten}$$

$$\text{fixe Basisplankosten} - \text{errechnete anteilige Nutzkosten} = \text{anteilige Leerkosten}$$

$$1\,615\,\text{€} \quad - \quad 1\,561,17\,\text{€} \quad = \quad \mathbf{53,83\,€}$$

Die Differenz zwischen dem Ergebnis unter a) und b) lässt sich nur aus rundungsbedingten Abweichungen erklären. Damit wissen Sie auch, dass der Anteil der Leerkosten an den Basisfixkosten immer gleichbedeutend ist mit der Beschäftigungsabweichung.

Schritt 5: Wie hoch ist die insgesamt angefallene „Gesamtabweichung"?
Die Gesamtabweichung bezeichnet die Differenz zwischen den tatsächlich
angefallenen Istkosten und den verrechneten Plankosten.

Istkosten	6 504,00 €
./. verrechnete Plankosten (wie im Schritt 3 errechnet)	6 110,30 €
= Gesamtabweichung	**393,70 €**

Schritt 6: Der Unterschiedsbetrag aus dem Ergebnis unter 4. und dem Ergebnis unter 5. stellt die Verbrauchsabweichung dar:

a) Durch Subtraktion der Beschäftigungsabweichung in Höhe von 53,83
Euro von der Gesamtabweichung in Höhe von 393,70 Euro ergibt sich
für die Verbrauchsabweichung ein Wert von 339,87 Euro, der sich auf
einen erhöhten Verbrauch von Produktionsmaterial zurückführen lassen
könnte.

Gesamtabweichung	393,70 €
./. Beschäftigungsabweichung	53,83 €
= Verbrauchsabweichung	**339,87 €**

oder b)

Istkosten	6 504,00 €
./. Sollkosten	6 164,00 €
= Verbrauchsabweichung	**340,00 €**

9 Zahlen aus der Buchführung – Kennzahlenanalyse

In der heutigen von Dynamik und Hektik geprägten Arbeitswelt wird es immer wichtiger, den Überblick zu bewahren. Die Informationsflut muss geordnet und strukturiert werden. Aus diesem Grund wird es auch im Zeitalter der EDV immer wichtiger, sich ein gewisses „Ordnungssystem" einzurichten, mit dem Informationen nicht nur auf Wichtigkeit hin überprüft, sondern auch verarbeitet, abgespeichert und vor allem genutzt werden können.

In diesem Kapitel erhalten Sie einen ersten Überblick darüber, nach welchen Kriterien Sie betriebs- und finanzwirtschaftliche Informationen sortieren und für sich nutzbar machen und vor allem, auf welche Kennzahlen besonders zu achten ist.

Sie sollten immer beachten, dass eine Kennzahl lediglich eine Zahl darstellt, die für sich betrachtet keinen Aussagewert besitzt. Erst aus der (richtigen) Interpretation und Deutung der errechneten Kennzahl lassen sich Rückschlüsse auf die Vergangenheit und vor allem auch für die Zukunft ableiten.

Sie sollten sich vor Durcharbeiten dieses Kapitel allerdings vor Augen führen:

↑ Kennzahlen können nur die eigenen Entscheidungen unterstützen, sie ersetzen aber niemals Ihre Erfahrung, Ihren Instinkt und Ihr gutes Management.

↑ Kennzahlen bringen Entwicklungen zutage, die sonst vielleicht „untergegangen" wären.

↑ Die einzelne Kennzahl sollte niemals isoliert betrachtet werden, erst das Zusammenspiel mit anderen Kennzahlen führt zur richtigen Interpretation und zu aussagekräftigen Entscheidungen.

Worauf muss in jedem Fall geachtet werden?

↑ Sie sollten Ihr unternehmerisch gebundenes Vermögen fristenkongruent finanzieren.

↑ Sie sollten Ihrer Liquidität immer und zu jeder Zeit größte Aufmerksamkeit schenken.

↑ Sie sollten prüfen, ob Ihr zur Verfügung gestelltes Kapital rentabel eingesetzt wird.

9.1 Fristenkongruente Vermögensfinanzierung

Typische Kennzahlen für die Finanzierung:

↑ $\dfrac{\text{Eigenkapital}}{\text{Gesamtkapital}}$ = Kennzahl für die finanzielle Abhängigkeit

↑ $\dfrac{\text{Fremdkapital}}{\text{Gesamtkapital}}$ = Verschuldungskennzahl

↑ $\dfrac{\text{Kurzfristiges Fremdkapital}}{\text{Gesamtkapital}}$ = finanzielle Mobilität

↑ $\dfrac{\text{Eigenkapital + langfristiges Fremdkapital}}{\text{Gesamtkapital}}$ = Höhe des langfristigen Kapitalanteils

↑ $\dfrac{\text{Eigenkapital}}{\text{Eigenkapital + langfristiges Fremdkapital}}$ = Eigenkapitalanteil an der langfristigen Finanzierung

↑ $\dfrac{\text{Eigenkapital}}{\text{Anlagevermögen}}$ = Inwieweit können betriebsnotwendige Vermögensgegenstände durch eigene Mittel gedeckt werden?

↑ $\dfrac{\text{Eigenkapital + langfristiges Fremdkapital}}{\text{Anlagevermögen}}$ = Finanzierungsgrad des Anlagevermögens durch langfristiges Kapital

↑ $\dfrac{\text{Umlaufvermögen}}{\text{Kurzfristiges Fremdkapital}}$ = Kennzahl zur kurzfristigen Verschuldung

Ausgangsbasis für die Beurteilung, ob Ihr Unternehmen fristenkongruent finanziert ist, stellt die Beziehung **Eigenkapital zum Anlagevermögen** dar. Das Eigenkapital sollte mindestens so hoch sein, um damit das betriebsnotwendige Anlagevermögen finanzieren zu können! Ist das nicht der Fall, sollte nach Möglichkeit ausschließlich langfristiges Fremdkapital verwendet werden.

z.B.

Aktiva	Bilanz zum 31.12.xx		Passiva
Anlagevermögen:	200 000	Eigenkapital:	100 000
Umlaufvermögen:	350 000	Fremdkapital:	450 000
Bilanzsumme	550 000		550 000

Werden sich in Zukunft aufgrund konjunktureller Gegebenheiten sowohl der Umsatz als auch die Beschäftigung rückläufig entwickeln, wird dies zunächst entsprechende Auswirkungen beim Umlaufvermögen nach sich ziehen. Die Vorräte werden aufgrund einer verminderten Lagerhaltung zurückgehen, die Forderungen nehmen betragsmäßig aufgrund des Umsatzeinbruchs ebenfalls ab. Auf der anderen Seite werden auch die kurzfristigen Verbindlichkeiten abnehmen, wenn damit der Einkauf an Vorratsvermögen finanziert wurde.
Erst mit einem gewissen zeitlichen Verzug ergeben sich Änderungen im Anlagevermögen und bei den langfristigen Schulden. Als Beispiel sei angenommen, dass das Umlaufvermögen um 225 000 Euro gesunken ist, das Fremdkapital aber nur um 150 000 Euro, so ergibt sich folgende Zwischenbilanz:

Aktiva	Bilanz zum 31.12.xx		Passiva
Anlagevermögen:	200 000	Eigenkapital:	100 000
Umlaufvermögen:	125 000	Fremdkapital:	300 000
Verlust	75 000		
Bilanzsumme	400 000		400 000

Wird einmal die Tatsache, dass sich ein „rechnerischer" Verlust von 75 000 Euro einstellt, der 75 % des bilanziellen Eigenkapitals ausmacht vernachlässigt, ist für die fristenkongruente Finanzierung von größerer Bedeutung, dass sich wesentliche Verschiebungen im Verhältnis Umlaufvermögen zu Fremdkapital ergeben haben. Dadurch, dass sich langfristiges Fremdkapital bei einem Umsatzrückgang nicht so schnell abbauen lässt wie kurzfristiges, wird der langfristige Schuldenabbau erst mit einer zeitlichen Verzögerung einsetzen können. Das wiederum bedeutet, dass mit einem gesunkenen Umsatzvolumen gleich hohe Fremdkapitalzinsen wie vorher aufgebracht werden müssen. Dabei wird der Zeitpunkt, an dem die Zinskosten den noch verbliebenen Ertrag aufzehren, desto eher erreicht, je höher der ursprüngliche Anteil am Fremdkapital ist.

Betrachtet man nur das Verhältnis Umlaufvermögen zu Fremdkapital, ergibt sich folgende negative Verschiebung:

	Umlaufvermögen	Fremdkapital
ursprünglich	350 000	450 000
nachher	125 000	300 000

Aus einem Verhältnis von 1 : 1,28 ist ein Verhältnis von 1 : 2,4 geworden. Im Klartext bedeutet das, dass die gleiche Menge an Umlaufvermögen mit doppelt so viel Fremdkapital finanziert wird wie ursprünglich. Damit steigt für die Zukunft auch die unternehmerische Zinsbelastung an, was das unternehmerische Ergebnis negativ beeinflusst.

Weiterhin sollten Sie darauf achten, dass das **Eigenkapital zum Fremdkapital** in einem vernünftigen Verhältnis steht. Wenn man vom betriebswirtschaftlichen Standpunkt ausgeht, rechtfertigt nur ein einziger Umstand die Neuaufnahme von zusätzlichem Fremdkapital. Aufgrund der Möglichkeit, mit Fremdkapital mehr Produktionsanlagen zu kaufen, die dann wiederum für höhere Umsätze sorgen und damit den Zinsaufwand überkompensieren, erscheint es sinnvoll, statt Eigen- besser Fremdkapital zu verwenden. Im Ergebnis wird damit erreicht, dass die erzielte Kapitalrendite höher ist als der zu zahlende Fremdkapitalzins.

Damit Ihr Unternehmen nicht Insolvenzantrag stellen muss, sollte zu jeder Zeit die Zahlungsbereitschaft sichergestellt sein, d.h., die Ihnen zur Verfügung stehenden **flüssigen Mittel** (Bankguthaben, Kassenbestand, Wertpapiere) müssen immer und jederzeit dazu ausreichen, um Ihre kurzfristig **fälligen Schulden** und Kosten bezahlen zu können.

Die flüssigen Mittel im Unternehmen sind vergleichbar mit dem Blut im menschlichen Körper. Ohne Blut kann kein Mensch leben und ohne Geld ist kein Unternehmen überlebensfähig. Deshalb gehört es für jeden Unternehmer zu den wichtigsten Aufgaben, dafür Sorge zu tragen, dass die Zahlungsbereitschaft immer, d. h. zu jeder Zeit, gewährleistet ist. Versuchen Sie aber niemals, aus einer Momentaufnahme heraus auf die jederzeitige Zahlungsbereitschaft zu schließen; das kann zu Fehlentscheidungen führen. Immer nur so viel flüssige Mittel bereitzustellen, dass sämtliche fällige Schulden beglichen werden können, ist in der Praxis weit aus schwieriger zu bewerkstelligen, als es auf den ersten Blick scheint.

z.B. Beispiel 1:

Aktiva	Bilanz zum 31. 12. xx		Passiva
...	...		
Flüssige Mittel	**100 000**	**Fällige Schulden**	**20 000**

In diesem Beispiel übertreffen die jederzeit verfügbaren flüssigen Mittel die fälligen Schulden um das Fünffache, mit der Folge, dass Ihnen unnötig Zinserträge entgehen. Bei sofort fälligen Schulden von 20 000 Euro reicht es aus, wenn ein Betrag von 20 000 Euro für die Begleichung bereitgestellt wird. Die restlichen 80 000 Euro stellen eine derzeit nicht benötigte Liquiditätsreserve dar und könnten zinsbringend angelegt werden.

z.B. Beispiel 2:

Aktiva	Bilanz zum 31. 12. xx		Passiva
...	...		
Flüssige Mittel	**20 000**	**Fällige Schulden**	**100 000**

Auf der anderen Seite können auch die jederzeit fälligen Schulden die derzeitigen flüssigen Mittel bei weitem übersteigen. Müssen z. B. in wenigen Tagen kurzfristige Verbindlichkeiten in Höhe von 30 000 Euro zurückgezahlt werden, reichen die flüssigen Mittel zur Tilgung nicht mehr aus. Die Folge davon ist, dass Umlaufvermögen in Form von Vorratsvermögen oder sogar nicht mehr benötigtes Anlagevermögen verkauft werden muss, damit die Schuldentilgung fristgerecht sichergestellt ist. Müssen Sie aber kurzfristig Vorrats- oder Anlagevermögen verkaufen, werden Sie beim Verkauf nicht den Preis erzielen, den Sie erzielt hätten, wenn der Verkauf nicht unter Zeitdruck stattgefunden hätte.

Im Bereich des Anlagevermögens sollten Sie darauf achten, dass insbesondere die Sachanlagen durch langfristige Verbindlichkeiten (z. B. Darlehen) finanziert werden, allen voran die Grundstücke und Gebäude. Allgemein kann hier die Regel aufgestellt werden: Die Belastung der Sachanlagen darf einen gewissen normalen, d. h. als tragbar empfundenen Satz nicht überschreiten! Günstig ist es immer, wenn das gesamte Anlagevermögen durch eigene Mittel, also durch Eigenkapital, finanziert wird. Wenn das nicht möglich ist, sollte ausschließlich langfristiges Fremdkapital zur Finanzierung von Anlagevermögen eingesetzt werden.

Sie sollten sich vor Augen halten, dass eine fristenkongruente Finanzierung ein Garant für die Überlebensfähigkeit Ihres Unternehmens darstellt. Fristenkongruent ist ein Unternehmen immer dann finanziert, wenn das aufgenommene Kapital dieselbe Laufzeit hat wie die Vermögensgegenstände, die dafür gekauft wurden.

Wichtig ist, dass das Anlagevermögen in der Regel mit langfristigen Mitteln in Form von Eigenkapital oder langfristigem Fremdkapital finanziert wird, das Umlaufvermögen mit mittel- bis kurzfristigem Fremdkapital. Dazu die folgenden Beispiele:

z. B. Beispiel 1 (positiv):
Ihr Unternehmen weist zum Bilanzstichtag folgende Bilanz aus:

Aktiva	Bilanz zum 31. 12. xx		Passiva
Anlagevermögen:		**Eigenkapital:**	300 000
1. Grundstücke	200 000		
2. Technische Anlagen	160 000	**Fremdkapital:**	
3. Betriebs- u. Geschäfts-		1. Darlehen	300 000
ausstattung	240 000	2. Kurzfristige	
		Verbindlichkeiten	190 000
Umlaufvermögen:			
1. Vorräte	120 000		
2. Forderungen und			
sonstige Vermögens-			
gegenstände	40 000		
3. Wertpapiere	10 000		
4. Kassen- und			
Bankbestand	20 000		
Bilanzsumme	790 000		790 000

Das gesamte Anlagevermögen weist einen Betrag von 600 000 Euro aus. Ihr Umlaufvermögen hat einen Wert von 190 000 Euro. Diese Vermögensgegenstände wurden durch Eigenkapital in Höhe von 300 000 Euro und durch langfristiges Fremdkapital von 300 000 Euro sowie durch kurzfristiges Fremdkapital von 190 000 Euro finanziert. Ihr Unternehmen hat eine mustergültige Finanzierung. Geht man von einer durchschnittlichen Nutzungsdauer bei den technischen Anlagen sowie bei der Betriebs- und Geschäftsausstattung von 10 Jahren aus und unterstellt man, dass das Darlehen ebenfalls noch eine Restlaufzeit von 10 Jahren hat, ist das gesamte Anlagevermögen mindestens genauso lange finanziert wie angelegt. Was heißt das? Unterstellt man, dass das Eigenkapital dem Unternehmen auf eine unbegrenzte Zeitdauer zur Verfügung steht, sind sowohl die gesamten Grundstücke als auch ein Teilbetrag von 100 000 Euro der technischen Anlagen mit Mitteln angeschafft worden, die dem Unternehmen für einen unbegrenzten Zeitraum zur Verfügung stehen. Die restlichen 60 000 Euro der technischen Anlagen sowie die gesamte Betriebs- und Geschäftsausstattung ist durch ein langfristig laufendes Darlehen abgedeckt. Mit anderen Worten: Das Geld ist höchstens genauso lange angelegt wie aufgenommen.

Im Gegensatz dazu ist das gesamte Umlaufvermögen durch kurzfristige Verbindlichkeiten finanziert, die beide in der Regel eine Laufzeit von weniger als einem Jahr haben.

z.B. Beispiel 2 (negativ):

Aktiva	Bilanz zum 31.12.xx		Passiva
Anlagevermögen:		**Eigenkapital:**	20 000
1. Grundstücke	200 000		
2. Technische Anlagen	160 000	**Fremdkapital:**	
3. Betriebs- u. Geschäfts-		1. Darlehen	20 000
ausstattung	240 000	2. Kurzfristige	
		Verbindlichkeiten	750 000
Umlaufvermögen:			
1. Vorräte	120 000		
2. Forderungen und			
sonstige Vermögens-			
gegenstände	40 000		
3. Wertpapiere	10 000		
4. Kassen- und			
Bankbestand	20 000		
Bilanzsumme	790 000		790 000

Dieses Bilanzbild verdeutlicht eine finanzielle Instabilität. Nur ein geringer Betrag von 40 000 Euro, der dem Unternehmen langfristig zur Verfügung steht, ist im Anlagevermögen investiert. Alles andere ist durch kurzfristige Kredite abgedeckt. Dadurch, dass kurzfristige Verbindlichkeiten in der Regel eine Laufzeit bis zu einem Jahr aufweisen, müssen erhebliche Teile des Anlagevermögens immer wieder neu refinanziert werden, indem fällig werdende Verbindlichkeiten durch die Neuaufnahme von Verbindlichkeiten gedeckt werden. Gerade in solchen Situationen kann es für Sie gefährlich werden. Stellen Sie sich vor, dass ein kurzfristiger Kontokorrentkredit in Höhe von 600 000 Euro von Ihrer Kredit gebenden Hausbank nicht verlängert wird. Ein Teil des zurückzahlungsfähigen Betrages kann durch den Kassen- und Bankbestand in Höhe von 20 000 Euro gedeckt werden. Zur Not werden auch noch die Wertpapiere für 10 000 Euro verkauft. Wie aber sollen Sie den Restbetrag von 570 000 Euro aufbringen? Selbst wenn alle Forderungen schnellstmöglich eingezogen und alle Vorräte zum aktuellen Tageskurs verkauft werden, fehlt immer noch ein Betrag von 410 000 Euro. Wenn die Bank auf der Rückzahlung bestehen sollte und eine Verlängerung ausschließt, ist das Unternehmen in dieser Konstellation dazu gezwungen, Teile des Anlagevermögens zu verkaufen, sofern keine zusätzlichen Gelder von privater Seite aufgebracht werden können. Mit dem Verkauf eines Teils des Anlagevermögens beraubt man sich selbst der Existenzgrundlage und fördert somit seine eigene Insolvenz, die schließlich zum endgültigen Stillstand führen kann.

Um sich ein erstes Bild über die finanzielle Situation zu verschaffen, eignet sich auch die Kapitalstrukturanalyse, die zur Abschätzung der Finanzierungsrisiken eingesetzt wird. Dazu wird die Zusammensetzung des Kapitals nach Art, Sicherheit und Fristigkeit untersucht. Zunächst gibt der statische Verschuldungsgrad Auskunft über die Verteilung bzw. Gewichtung des Gesamtkapitals.

$$\text{Statischer Verschuldungsgrad} = \frac{\text{Eigenkapital}}{\text{Fremdkapital}}$$

Bei einem sehr hohen statischen Verschuldungsgrad (d.h. eine Zahl zwischen 0 und 0,20) ist auch Ihre Zinsbelastung sehr hoch. Je mehr Geld von auswärtigen Kapitalgebern geliehen wurde, desto mehr muss auch für die Zinsbelastung veranschlagt werden und desto abhängiger ist man von seinen Kapitalgebern.

Tipp Je kleiner die Zahl für den statischen Verschuldungsgrad wird, desto größer ist die Gläubigerabhängigkeit und desto größer ist die in der Zukunft zu tragende Zinslast, die in den kommenden Geschäftsjahren den Gewinn negativ beeinflussen wird.

z.B. Ihr Unternehmen arbeitet mit einem Eigenkapital von 50 000 Euro, welches jährlich durch Gewinnerzielung von mindestens 4 000 Euro (d.h. mit mindestens 8 % pro Jahr) verzinst werden soll. Zur Finanzierung des Anlage- und Umlaufvermögens wurde neben dem Eigenkapital auch Fremdkapital eingesetzt. Das gesamte Fremdkapital beträgt 150 000 Euro und setzt sich aus einem Darlehen in Höhe von 75 000 Euro zu einem jährlichen Zinssatz von 8,5 %, aus einem kurzfristigen Kontokorrentkredit in Höhe von 62 500 Euro zu einem jährlichen Zinssatz von 11 % und zinslosen Verbindlichkeiten bei mehreren Lieferanten in Höhe von 12 500 Euro zusammen.

Resultieren die gesamten finanziellen Mittel aus Eigenkapital, so müsste ein jährlicher Gewinn von mindestens 4 000 Euro (50 000 · 8 %) erzielt werden. Aufgrund der Tatsache, dass das Unternehmen mit 50 000 Euro

Eigenkapital und 150 000 Euro Fremdkapital ausgestattet ist, ergibt sich ein statischer Verschuldungsgrad von 0,33.

$$\text{Statischer Verschuldungsgrad} = \frac{\text{Eigenkapital}}{\text{Fremdkapital}} = \frac{50\,000}{150\,000} = 0,33$$

Ein hoher Verschuldungsgrad zieht in den Folgejahren eine hohe Zinsbelastung nach sich.

8,5 % Zinsen für das Darlehen in Höhe von 75 000 €	= 6 375 €
11,0 % Zinsen für den Kontokorrentkredit in Höhe von 62 500 € =	6 875 €
Zinsaufwand insgesamt	**= 13 250 €**

Um das vorgegebene Ziel einer Eigenkapitalrentabilität von 8 % zu erreichen, muss unter Einsatz von Fremdkapital der nach Abzug sämtlicher Kosten verbleibende Jahresüberschuss mindestens 17 250 Euro (13 250 Euro Zinsaufwand plus 4000 Euro Gewinn) betragen, was immerhin noch 1250 Euro mehr ist, als wenn ausschließlich Eigenkapital zum Einsatz gekommen wäre.

9.2 Liquidität

Typische Kennzahlen für die Liquidität:

$$\uparrow \quad \frac{\text{Flüssige Mittel}}{\text{Kurzfristige Schulden}} = \text{Kennzahl für die Zahlungsbereitschaft}$$

$$\uparrow \quad \frac{\text{Liquide Mittel 1. und 2. Grades}}{\text{Kurz- und mittelfristige Schulden}} = \text{Wie schnell können kurz- und mittelfristige Schulden getilgt werden?}$$

$$\uparrow \quad \frac{\text{Forderungen aus Lieferungen und Leistungen}}{\text{Verbindlichkeiten aus Lieferungen und Leistungen}} = \text{Kennzahl für die Finanzdispositionsmöglichkeit}$$

$$\uparrow \quad \frac{\text{Bankmäßige Verschuldung}}{\text{Eingeräumter Kontokorrentkredit}} = \frac{\text{Ausmaß der vorhandenen}}{\text{Kreditreserven}}$$

Warum sind lang-, mittel- und kurzfristige Liquiditätskennzahlen von Bedeutung und wofür stehen sie?

Die Kennzahlen, die im Finanz- und Liquiditätsbereich gebildet werden, können im Wesentlichen auf die folgenden vier Kennzahlen reduziert werden:

↑ Deckungsgrade
↑ Liquiditätsgrade
↑ Working Capital
↑ Effektivverschuldung

Deckungsgrade

Deckungsgrad A:

$$\frac{\text{Eigenkapital}}{\text{Anlagevermögen}} \quad \text{sollte größer oder gleich 1 sein}$$

Der Deckungsgrad A basiert auf folgender Überlegung: Das Anlagevermögen stellt in der Regel für das Unternehmen langfristig gebundenes Vermögen dar, das folglich mit einem gewissen finanziellen Risiko behaftet ist. Demzufolge soll das Anlagevermögen langfristig mit Eigenkapital finanziert sein.

Deckungsgrad B:

$$\frac{\text{Eigenkapital} + \text{langfristiges Fremdkapital}}{\text{Anlagevermögen}} \quad \begin{array}{l} \text{sollte größer oder} \\ \text{gleich 1 sein} \end{array}$$

Die Anforderungen, die der Deckungsgrad B stellt, sind weniger weit reichend als beim Deckungsgrad A. Wegen der langfristigen Bindung soll das Anlagevermögen, wenn schon nicht mit Eigen-, so doch mindestens mit langfristigem Fremdkapital finanziert sein.

Weisen die Deckungsgrade A und B eine Zahl auf, die kleiner als 1 ist, ist das ein sicheres Indiz dafür, dass Geld längerfristig angelegt als geliehen wurde.

Deckungsgrad C:

$$\frac{\text{Eigenkapital} + \text{mittel-} + \text{langfristiges Fremdkapital}}{\text{Anlagevermögen}}$$ sollte größer oder gleich 1 sein

Häufig wird die Meinung vertreten, dass es sinnvoll ist, beim Deckungsgrad C das Vorratsvermögen in die Betrachtung einzubeziehen, weil in der Regel ein gewisser „Bodensatz" oder eiserner Bestand an Vorräten das dafür benötigte Kapital während eines längeren Zeitraums bindet.
Die Forderung nach 100%igen Deckungsgraden wird auch als **goldene Bilanzregel** bezeichnet. Dabei wird unterstellt, dass die Erfüllung der goldenen Bilanzregel die finanzielle Stabilität des Unternehmens sichert und zu einer optimalen Bilanz und Finanzstruktur führt. Entgegenzuhalten ist allerdings, dass für die optimale Finanzstruktur letztlich nicht bestimmte Bilanzrelationen, sondern Renditeüberlegungen (z.B. auch der „Leverage-Effekt") und Sicherheitsüberlegungen wesentlichen Einfluss auf die Entscheidung haben. Die Abwägung zwischen den beiden Polen „Rendite" und „Sicherheit" ist letzten Endes eine Sache des unternehmerischen Gespürs und nicht von Formeln oder Kennzahlen. Zudem können die Deckungsgrade nicht exakt angeben, ob und inwieweit die Forderung Kapitalbindungsfrist = Kapitalüberlassungsdauer erfüllt wurde, weil man weder die Kapitalbindungsfrist (z.B. bei Anlagegütern und Vorräten) noch die Kapitalüberlassungsdauer (wegen Möglichkeiten der Prolongation und des Revolving sowie wegen nicht ausgenutzter, aber zur Verfügung stehender freier Kreditlinien) genau messen kann.

Tipp Die Erfahrung in der Vergangenheit hat immer wieder gezeigt, dass Unternehmen, die ihre Finanz- und Bilanzpolitik an der goldenen Bilanzregel ausrichten und auf 100%ige Deckungsgrade achten, finanzielle oder strukturelle Krisen besser überwinden als Unternehmen, die dies nicht tun. Außerdem bekommen Unternehmen, die sich nach den klassischen Finanzierungsregeln finanzieren, leichter Kredite bei den Banken.

Liquiditätsgrade

Für die Betrachtung der **kurzfristigen Liquiditätssituation** können Liquiditätsgrade herangezogen werden, die sich durch die unterschiedliche Fristigkeit der einbezogenen Aktiv- und Passivposten voneinander unterscheiden:

Liquidität 1. Grades:

$$\frac{\text{Liquide Mittel}}{\text{Kurzfristiges Fremdkapital innerhalb von 1 Jahr fällig}} \quad \text{sollte größer oder gleich 1 sein}$$

Liquidität 2. Grades:

$$\frac{\text{Liquide Mittel + Forderungen bis zu 1 Jahr fällig}}{\text{Kurzfristiges Fremdkapital innerhalb von 1 Jahr fällig}} \quad \text{sollte größer oder gleich 1 sein}$$

Liquidität 3. Grades:

$$\frac{\text{Umlaufvermögen}}{\text{Kurzfristiges Fremdkapital (LZ bis zu einem Jahr)}} \quad \text{sollte größer oder gleich 1 sein}$$

Working Capital und Effektivverschuldung.

Wird das kurzfristige Fremdkapital vom Umlaufvermögen in Abzug gebracht, erhält man als Ergebnis das **Net working Capital** und stellt damit die absolute Zahl dessen dar, was im 3. Liquiditätsgrad relativ ausgedrückt wird. Durch die Subtraktion der Schulden vom Umlaufvermögen können „zufallsbedingte" Liquiditätskonstellationen weitgehend ausgeschaltet werden, die durch Bezahlung von Verbindlichkeiten entstehen.
Im Gegensatz dazu wird bei der Betrachtung der **Effektivverschuldung** das monetäre Umlaufvermögen (d.h. Forderungen einschließlich liquider Mittel) dem gesamten Fremdkapital gegenübergestellt. Die Kennzahl „Effektivverschuldung" steht dafür, wie hoch die Schulden eines Unternehmens effektiv, d.h. nach Abzug von Barmitteln und Forderungen, sind. Steigt z. B. die Effektivverschuldung gegenüber dem Vorjahr an, indiziert das im Allgemeinen eine sinkende finanzielle Stabilität und damit größere Gläubigerabhängigkeit sowie eine sich verschlechternde Liquidität. Dieses

Phänomen kommt häufig bei innovativen Unternehmen vor, die Neuanschaffungen von Sachanlagevermögen hauptsächlich mit Fremdkapital unter gleichzeitiger Abnahme der liquiden Mittel finanzieren. Warum zufallsbedingte Liquiditätskonstellationen sowohl beim Net working Capital als auch bei der Effektivverschuldung ausgeschaltet werden können, zeigt folgendes Beispiel:

z.B.

Bilanz zum 31.12. 2001

Anlagevermögen	45 000	Eigenkapital	45 000
Vorräte	30 000	Langfr. Fremdkapital	15 000
Forderungen	30 000	Kurzfr. Fremdkapital	150 000
Bank	105 000		
Summe	210 000	Summe	210 000

Bilanz zum 08.01. 2002

Anlagevermögen	45 000	Eigenkapital	45 000
Vorräte	30 000	Langfr. Fremdkapital	15 000
Forderungen	30 000	Kurzfr. Fremdkapital	60 000
Bank	15 000		
Summe	120 000	Summe	120 000

	31.12. 2001	08.01. 2002
Kurz- und langfristige Schulden	165 000 €	75 000 €
Forderungen	– 30 000 €	– 30 000 €
Bankguthaben	– 105 000 €	– 15 000 €
Effektivverschuldung	30 000 €	30 000 €

	31.12. 2001	08.01. 2002
Umlaufvermögen	165 000 €	75 000 €
Kurzfristiges Fremdkapital	– 150 000 €	– 60 000
Net working Capital	15 000 €	15 000 €

Aus dem Beispiel wird deutlich, dass selbst dann die Liquidität unverändert bleibt, wenn kurz nach Beginn des neuen Geschäftsjahres ein hohes Bankguthaben zur Tilgung von kurzfristigem Fremdkapital verwendet wird. Dieser Vorgang hat weder Auswirkungen auf die Effektivverschuldung noch auf das Net working Capital.

Cashflow

In jedem Unternehmen gibt es Kosten (z.B. für Mitarbeitergehälter, Mietzahlungen, Telefonkosten), die bezahlt werden müssen. Es wäre aber falsch, daraus abzuleiten, dass alle Kosten immer zu einer Geldausgabe führen. Bei den Kosten muss in ausgabewirksame und nicht ausgabewirksame Kosten unterschieden werden. So mindern z.B. Abschreibungen oder Zuführungen zu den Rückstellungen in der derzeitigen Rechnungsperiode Ihren Gewinn, führen aber zurzeit nicht zu Ausgaben. Diese Überlegung macht sich die Cashflow-Analyse zunutze.

Im Rahmen der Cashflow-Analyse wird ermittelt, wie hoch der aus dem Umsatz resultierende finanzwirtschaftliche Überschuss einer Unternehmung ist. Der Cashflow ist ein wichtiger Indikator sowohl für die Ertragskraft wie auch für die Finanzkraft einer Unternehmung, wobei er zwei Hauptaufgaben erfüllt:

1. Als finanzwirtschaftliche und bewertungsunabhängige Überschussgröße liefert er Aussagen über die vergangene Entwicklung des tatsächlich erzielten Ergebnisses, das aufgrund bilanzpolitischer Maßnahmen im Jahresüberschuss nicht immer zuverlässig wiedergegeben wird (z.B. durch Abschreibungsspielräume, Zuführungen und Auflösungen von Rückstellungen).
2. Unter dem Gesichtspunkt, dass der Cashflow in erster Linie einen ausschließlich aus eigener Kraft erwirtschafteten finanzwirtschaftlichen Überschuss darstellt, können aus Sicht der Analyse daraus Rückschlüsse für die zukünftige Ertragskraft des Unternehmens abgeleitet werden.

Der Cashflow als **Indikator der Ertragskraft** geht von der Annahme aus, dass der offiziell ausgewiesene Jahresüberschuss durch bilanzpolitische Maßnahmen (z.B. Sonderabschreibung oder vorgenommene Zuschreibungen) und/oder steuerliche Besonderheiten (z.B. Steuernachzahlungen oder -erstattungen) in seiner Aussagekraft verfälscht sein kann. Aus diesem Grund werden finanzunwirksame und „manipulierbare" Erfolgsbestandteile mit dem offiziellen Jahresüberschuss zu einer Bruttoüberschussgröße zusammengefasst, dem so genannten Cashflow.

Dem Cashflow als **Indikator der Finanzkraft** liegt folgende Überlegung zugrunde: Zur freien Liquiditätsdisposition steht nicht nur der Gewinn eines Geschäftsjahres (= Jahresüberschuss), sondern auch die Aufwendungen, die nicht sofort zu Ausgaben führen, insbesondere Abschreibungen (nach Abzug von eventuell vorgenommenen Zuschreibungen) und Erhöhung der langfristigen Rückstellungen; weiterhin erhöhen Erlöse aus Anlagenverkäufen die Liquidität der Unternehmung. Werden zum Jahresergebnis die Abschreibungen und die Zuführung zu langfristigen Rückstellungen sowie der Buchwert verkaufter Anlagen addiert, vermittelt die Summe einen Eindruck von der Fähigkeit des Unternehmens, aus eigener Kraft neue Investitionen zu finanzieren oder Schulden zu tilgen.

Als ersten Maßstab zur Ermittlung einer nachhaltigen Ertragskraft hat sich folgendes Berechnungsschema als geeignet erwiesen:

> Jahresüberschuss
> + Abschreibungen auf immaterielle Vermögensgegenstände und Sachanlagen
> + Abschreibungen auf Finanzanlagen
> + Abschreibungen auf Vermögensgegenstände des Umlaufvermögens
> + Außerplanmäßige Abschreibungen
> − Zuschreibungen auf Vermögensgegenstände des Anlagevermögens
> − Zuschreibungen auf Vermögensgegenstände des Umlaufvermögens
> + Erhöhung (- Verminderung) des Sonderpostens mit Rücklageanteil
> + Erhöhung (- Verminderung) der Pensionsrückstellungen
> _____
> = **Brutto-Cashflow**

z.B. Ein Unternehmen legt Ihnen folgendes Zahlenmaterial vor:

Aktiva	Bilanz zum 31.12. 01		Passiva
Anlagevermögen:		**Eigenkapital:**	100 000
Sachanlagevermögen	200 000		
		Sonderposten:	5 000
Umlaufvermögen:		**Pensionsrückstellungen:**	60 000
Vorräte 20 000		**Verbindlichkeiten a.**	
– geleistete Anz. 2 500	17 500	**L.+L.**	120 000
Ford. a. L.+L.	62 500		
Akt. RAP (Disagio)	5 000		
Bilanzsumme	285 000		285 000

Aktiva	Bilanz zum 31.12. 02		Passiva
Anlagevermögen:		**Eigenkapital:**	123 600
Sachanlagevermögen	325 000		
		Sonderposten:	10 000
Umlaufvermögen:		**Pensionsrückstellungen:**	69 000
Vorräte 25 000		**Verbindlichkeiten a.**	
– geleistete Anz. 6 000	19 000	**L.+L.**	90 000
		Verbindlichkeiten gegen	
Ford. a. L.+L.	60 000	**Kreditinstituten**	115 400
Akt. RAP (Disagio)	4 000		
Bilanzsumme	408 000		408 000

Soll	Gewinn- und Verlustrechnung 1.1. bis 31.12.xx		Haben
Sonstige Aufwendungen	465 400	Umsatzerlöse	294 000
Zinsaufwendungen	1 000	Sonstige betriebliche	
Abschreibungen auf		Erträge	227 500
Sachanlagen	44 000	Zuschreibungserträge	38 900
Jahresüberschuss	50 000		
Bilanzsumme	560 400		560 400

Im laufenden Geschäftsjahr konnten Gewinne aus dem Verkauf von Gegenständen des Anlagevermögens in Höhe von 5000 Euro erzielt werden. Im laufenden Geschäftsjahr wurde neues Anlagevermögen (Maschinen) für insgesamt 169 000 Euro angeschafft.

	Jahresüberschuss	50 000 €
+	Abschreibungen auf immaterielle Vermögensgegenstände und Sachanlagen	44 000 €
+	Abschreibungen auf Finanzanlagen	0 €
+	Abschreibungen auf Vermögensgegenstände des Umlaufvermögens	0 €
+	Außerplanmäßige Abschreibungen	0 €
–	Zuschreibungen auf Vermögensgegenstände des Anlagevermögens	– 38 900 €
–	Zuschreibungen auf Vermögensgegenstände des Umlaufvermögens	0 €
+	Erhöhung (- Verminderung) des Sonderpostens mit Rücklageanteil	5 000 €
+	Erhöhung (- Verminderung) der Pensionsrückstellungen	9 000 €
=	**Brutto Cashflow**	**69 100 €**

9.3 Kapitalrentabilität

Typische Kennzahlen für die Rentabilität:

$$\uparrow \quad \frac{\text{Gesamtgewinn}}{\text{Eigenkapital}} = \text{Eigenkapitalrentabilität}$$

$$\uparrow \quad \frac{\text{Gesamtgewinn+ Fremdkapitalzinsen}}{\text{Eigenkapital}} = \text{Gesamtkapitalrentabilität}$$

Die Kennzahl der Gesamtkapitalrentabilität steht stellvertretend dafür, welche Verzinsung einen Ein-Jahres-Zeitraum für das gesamte eingesetzte Gesamtkapital (= Eigen- und Fremdkapital) stattfand.
Hauptaugenmerk der Rentabilität ist die Ertragskraft eines Unternehmens. Darunter wird die Fähigkeit verstanden, in der Zukunft Gewinn zu erwirtschaften. Dazu werden in erster Linie zukunftsbezogene Informationen be-

nötigt, die nicht nur aus der Bilanz und GuV gewonnen werden, sondern hauptsächlich aus intern zugänglichen Quellen.
Um eine Beurteilung der Ertragskraft von der vergangenen auf die künftige Ergebnisentwicklung zu ermöglichen, müssen zuerst die in der zurückliegenden Periode erwirtschafteten Erfolge festgestellt und anschließend Untersuchungen hinsichtlich des Zustandekommens angestellt werden.

Wiederbeschaffungskosten

Steigen die Wiederbeschaffungskosten von verwendeten Materialien im Umlaufvermögen, ist der Wertansatz in der Bilanz, der immer zu (fortgeführten) Anschaffungskosten zu erfolgen hat, teils durch echten Erfolg begründet, zum Teil aber auch ein inflationsbedingter Scheinerfolg.

z.B. Am 31. 12. 2001 befinden sich in Ihrem Warenlager noch 3000 Stahlrohre, die zum Bilanzstichtag bewertet werden müssen. Da der Verbrauch im Laufe des Jahres den einzelnen Zugängen nicht mehr exakt zugeordnet werden kann, wenden Sie bei der Bewertung das steuerlich zulässige Lifo-Verfahren an. Lifo-Verfahren ist eine Abkürzung für Last in first out, d.h., das Vorratsvermögen, was zuletzt angeschafft wurde (last-in) wurde zuerst verbraucht (first out). Im Umkehrschluss bedeutet das, dass der zuerst angeschaffte Bestand noch vorrätig ist.

Im Laufe des Jahres 2001 haben Sie Stahlrohre zu folgenden Preisen und Mengen angeschafft:

	Menge	Preis (€)	Wert (€)
Anfangsbestand 01. 01. 2001	1 500	12,00	18 000
Zugang am 16. 03. 2001	2 300	10,00	23 000
Zugang am 28. 05. 2001	1 800	13,50	24 300
Zugang am 09. 10. 2001	1 000	11,70	11 700
Zugang am 31. 12. 2001	2 000	13,00	26 000

Basiert die Bewertung der 3 000 Stahlrohre auf der Lifo-Methode, beträgt der Bilanzansatz am 31. 12. 2001 insgesamt 33 000 Euro.

	Menge	Preis (€)	Wert (€)
Anfangsbestand 01. 01. 2001	1 500	12,00	18 000
+ Zugang am 16.0 3. 2001	1 500	10,00	15 000
Summe am 31. 12. 2001	3 000		33 000

Zieht man den Wert am 31. 12. 2001 von 33 000 Euro vom Gesamtwert des Anfangsbestandes und sämtlicher Zugänge ab, müssen wertmäßig im Laufe des Jahres 70 000 Euro verbraucht worden sein.

Zu einem anderen Ergebnis kommt man, wenn man statt der Lifo-Methode unterstellt, dass der Verbrauch immer genau dann stattfand, sobald ein Zugang verzeichnet wurde. Im Ergebnis setzt sich der Endbestand aus den letzten Zugängen zusammen, was einen Wertansatz für 3000 Stahlrohre von insgesamt 37 700 € ergibt und einen anteiligen Verbrauch im Wert von nur 65 300 Euro.

	Menge	Preis (€)	Wert (€)
Zugang am 09. 10. 2001	1 000	11,70	11 700
Zugang am 31. 12. 2001	2 000	13,00	26 000
Summe am 31. 12. 2001	3 000		37 700

Stellt man alleine diese zwei Werte, die zwar denselben Sachverhalt beschreiben, aber aufgrund einer anderen Bewertungsvorschrift zustande kommen, gegenüber, ergibt sich in Abhängigkeit des gewählten Verbrauchsfolgeverfahrens bereits ein Unterschied von 4 700 Euro. Um diesen Betrag wird im ersten Fall der Gewinn zusätzlich gemindert, im zweiten Fall nicht.

Stille Reserven

Mit der Legung stiller Reserven durch bewusste Ausnutzung bestimmter Wahlrechte wird eine „unechte" verminderte Ertragskraft des Unternehmens „vorgegaukelt".

Das Gesetz bietet Ihnen eine Vielzahl von verschiedenen Abschreibungsarten. Die in der Praxis am gebräuchlichsten Abschreibungsarten, bezogen auf das Anlagevermögen, sind die lineare und degressive Abschreibung.

Lineare Abschreibung

Bei der linearen Abschreibung ist der Abschreibungsbetrag jedes Jahr gleich hoch. Der Abschreibungssatz berechnet sich aus 100 % geteilt durch die voraussichtliche Nutzungsdauer und wird demnach jedes Jahr von den ursprünglichen Anschaffungskosten berechnet. Die lineare Abschreibungsmethode kann grundsätzlich für jedes abnutzbare Anlagegut gewählt werden.

Degressive Abschreibung

Im Gegensatz zur linearen Abschreibung ergibt sich bei der degressiven Abschreibungsmethode jedes Jahr ein unterschiedlich hoher Abschreibungsbetrag, der jedes Jahr vom Buchwert am Bilanzstichtag des vorangegangenen Jahres berechnet wird. Aus diesem Grund wird die degressive Abschreibung auch als Abschreibung mit fallenden Jahresbeträgen bezeichnet. Die jährliche degressive Abschreibung beträgt das Zweifache der linearen Abschreibung, höchstens jedoch 20 %, und kann nur für bewegliche Wirtschaftsgüter des Anlagevermögens in Anspruch genommen werden.

z.B. Sie haben am 2. 1. 2001 für Ihr Unternehmen eine neue Produktionsmaschine zu einem Preis von 50 000 Euro angeschafft. Die voraussichtliche Nutzungsdauer nach den amtlichen Abschreibungstabellen beträgt 8 Jahre. Die Maschine kann degressiv abgeschrieben werden, weil es sich um ein bewegliches Wirtschaftsgut des Anlagevermögens handelt. Die degressive Abschreibung für das Anschaffungsjahr berechnet sich wie folgt: Das Zweifache der linearen Abschreibung ergibt einen Abschreibungsbetrag von 2 · 6 250 Euro = 12 500 Euro, maximal zulässig sind aber nur 20 % von den Anschaffungskosten in Höhe von 50 000 Euro, also 10 000 Euro. Im zweiten Jahr beträgt die Abschreibung 20 % vom Buchwert in Höhe von 40 000 Euro = 8000 Euro.

Vergleicht man die lineare mit der degressiven Abschreibung, wird deutlich, dass die Abschreibungsbeträge speziell in den ersten beiden Jahren bei der degressiven Abschreibung höher sind als bei der linearen. Dafür sinken sie aber in den letzten Jahren deutlich unter die der linearen ab. Aufgrund der Tatsache, dass gerade in den ersten Jahren nach der Neuanschaffung die meisten Anlagegüter den höchsten Wertverlust aufweisen, bildet die degressive Abschreibung den Werteverzehr realistischer ab als die lineare.

Abschreibungsplan bei degressiver Abschreibung	
Kauf einer Maschine am 2. 1. 2001 zum Preis von	50 000
Abschreibung im Jahr 2001	10 000
Buchwert am 31. 12. 2001	40 000
Abschreibung im Jahr 2002	8 000
Buchwert am 31. 12 . 2002	32 000
Abschreibung im Jahr 2003	6 400
Buchwert 31. 12. 2003	25 600
Abschreibung im Jahr 2004	5 120
Buchwert 31. 12. 2004	20 480
Abschreibung im Jahr 2005	4 096
Buchwert 31. 12. 2005	16 384

Abschreibungsplan bei linearer Abschreibung	
Kauf einer Maschine am 2. 1. 2001 zum Preis von	50 000
Abschreibung im Jahr 2001	6 250
Buchwert am 31. 12. 2001	43 750
Abschreibung im Jahr 2002	6 250
Buchwert am 31. 12. 2002	37 500
Abschreibung im Jahr 2003	6 250
Buchwert 31. 12. 2003	31 250
Abschreibung im Jahr 2004	6 250
Buchwert 31. 12. 2004	25 000
Abschreibung im Jahr 2005	6 250
Buchwert 31. 12. 2005	18 750

Vergleich der linearen mit der degressiven Abschreibung			Differenz
Kauf einer Maschine am 2. 1. 2001 zum Preis von	50 000	50 000	
Abschreibung im Jahr 2001	6 250	10 000	3 750
Buchwert am 31. 12. 2001	43 750	40 000	
Abschreibung im Jahr 2002	6 250	8 000	1 750
Buchwert am 31. 12. 2002	37 500	32 000	
Abschreibung im Jahr 2003	6 250	6 400	150
Buchwert 31. 12. 2003	31 250	25 600	
Abschreibung im Jahr 2004	6 250	5 120	− 1 130
Buchwert 31. 12. 2004	25 000	20 480	
Abschreibung im Jahr 2005	6 250	4 096	− 2 154
Buchwert 31. 12. 2005	18 750	16 384	

Die Differenzspalte stellt die Gewinnauswirkung dar, wenn der degressiven gegenüber der linearen Abschreibung der Vorzug gegeben wird. Hierbei wird sehr gut deutlich, dass gerade in den ersten zwei bis drei Jahren die degressive Abschreibung höher ist als die lineare und damit zu einer erheblichen Gewinnminderung in den ersten drei Jahren nach einer Neuanschaffung beiträgt.

Gewinn- und Verlustrechnung und ROI

Wünschenswert wäre eine Aufschlüsselung des gesamten Ergebnisses in betriebliche und außerbetriebliche Bestandteile sowie die Bestimmung der Gewichtung einzelner Erfolgskomponenten an der Ergebnisentstehung.

z.B. Obwohl der Erfolg unter dem Strich gleich hoch ist, macht es einen erheblichen Unterschied, ob der Erfolg ursächlich auf den einmaligen Verkauf eines wertvollen Grundstücks zurückzuführen ist oder auf den erfolgreichen Absatz selbst hergestellter Produkte.

Das Unternehmen A erzielt keine Umsatzerlöse, hat jedoch im Geschäftsjahr 2001 ein Grundstück zum Preis von 1 000 000 Euro verkauft; das Grundstück hatte zum Zeitpunkt des Verkaufs einen Buchwert von 100 000 Euro.

S	Gewinn- und Verlustkonto		H
Außerpl. AfA	100 000	Sonstige betriebliche Erträge	1 000 000

Beim Unternehmen A tritt im Geschäftsjahr 2001 eine Gewinnerhöhung von 900 000 Euro ein.

Im Vergleich dazu erzielte das Unternehmen B ebenfalls einen Umsatz von 900 000 Euro durch den Verkauf von selbst hergestellten Produkten.

S	Gewinn- und Verlustkonto		H
...		Umsatzerlöse	900 000

Auch hier tritt eine Gewinnerhöhung von 900 000 Euro ein.

Obwohl beide Unternehmen im Geschäftsjahr 2001 eine Gewinnerhöhung von 900 000 Euro erzielten, steht das Unternehmen B wirtschaftlich besser da, weil angenommen werden kann, dass es auch in den Folgejahren ähnliche Umsatzerlöse erwirtschaften wird, wohingegen es beim Unternehmen A bei einem einmaligen Gewinn bleiben wird.

Gerade in Bezug auf Rentabilitätskennzahlen kann es häufig vorkommen, dass für den Erfolg eines Unternehmens wesentliche Einflussfaktoren isoliert voneinander betrachtet und interpretiert werden. Diesen Nachteil können Sie ausschließen, indem Sie sich ein System aufeinander aufbauender und mit einander in Beziehung stehender Kennzahlen schaffen. In diesem Geflecht kommen die Wechselbeziehungen zwischen den einzelnen Kennzahlen zum Vorschein. Wichtig bei dem Aufbau eines Kennzahlensystems ist die Bestimmung und Definition einer Oberkennzahl, von der alles Weitere abgeleitet wird.

In den meisten Unternehmen wird der Return on Investment (ROI), der die Rentabilität des im Unternehmen eingesetzten Kapitals zum Ausdruck bringt, als Oberkennzahl verwendet.

Wie Sie sich für Ihr eigenes Unternehmen ein solches Kennzahlensystem mit der Oberkennzahl ROI aufbauen können, soll anhand des folgenden Beispiels verdeutlicht werden:

z.B. Ein Unternehmen legt Ihnen die folgende Zahlenstruktur vor:

Soll	Gewinn- und Verlustrechnung 1. 1. bis 31. 12. 02		Haben
Materialaufwendungen	750 000	Umsatzerlöse	1 850 000
Aufwendungen für			
bezogene Leistungen	250 000		
Löhne und Gehälter	350 000		
Zinsaufwendungen	20 000		
Abschreibungen	50 000		
Sonstige ausgabe-			
wirksame Kosten	300 000		
Gewinn	130 000		
	1 850 000		1 850 000

Aktiva	Bilanz zum 31. 12. 01		Passiva
Anlagevermögen:		**Eigenkapital:**	400 000
Gründstücke und			
Gebäude	150 000		
Sachanlagevermögen:		**Fremdkapital:**	
Technische Anlagen	175 000	Verbindlichkeiten a.L.+L	100 000
Betriebs- und		Verbinglichkeiten gegen-	
Geschäftsausstattung	200 000	über Kreditinstituten	250 000
		Sonstige Verbindlich-	
Umlaufvermögen:		keiten	25 000
Vorräte	100 000		
Ford. a. L.+L.	125 000		
Zahlungsmittel			
(Bank, Kasse)	25 000		
Bilanzsumme	775 000		775 000

Geplant ist folgende Entwicklung im Anlagevermögen:

Anfangsbestand	500 000 €
Zugänge im Planjahr	75 000 €
Abschreibungen im Planjahr	50 000 €

Voraussichtlich erst Mitte des Planjahres wird sich beim Vorratsvermögen der höchste Vorratsbestand von 175 000 Euro ergeben, weil die Unternehmensleitung von einer Nachfragebelebung im 2. Halbjahr ausgeht. Die voraussichtliche Entwicklung stellt sich wie folgt dar:

Anfangsbestand	100 000 €
Vorratsvermögen am 30. 06.	175 000 €
Vorratsvermögen am 31. 12.	100 000 €

Ziel des zukünftigen Geschäftsjahres muss auf jeden Fall sein, die ausstehenden Forderungen schneller einzutreiben. Deshalb plant man die Entwicklung der Forderungen wie folgt:

Anfangsbestand	150 000 €
Forderungsbestand am 30. 06.	137 500 €
Forderungsbestand am 31. 12.	125 000 €

Bei den Aufwendungen wird die Relation fixe zu variablen Kosten wie folgt veranschlagt:

	Fixer Kostenanteil	Variabler Kostenanteil
Löhne und Gehälter	175 000	175 000
Sonstige ausgabewirksame Kosten	300 000	0

Es sind folgende Berechnungen vorzunehmen:

1. Erstellung eines typischen Kapitalstammbaumes
2. Berechnung des ROI nach den vorliegenden Informationen
3. Um wie viel verändert sich der ROI gegenüber 2, wenn der Umsatz um 5 % gesteigert werden kann und die proportionalen Kosten einen gleich hohen Anstieg erfahren?
4. Um wie viel verändert sich der ROI gegenüber 2, wenn der Fixkostenanteil auf 90 % des Ursprungsniveaus gesenkt werden kann?
5. Welche Veränderungen treten ein, wenn das Vorratsvermögen durch straffere Planungsvorgänge nachhaltig um 15 % abgebaut werden kann?

Zu 1:
Der typische Kapitalstammbaum hat folgende Ordnung:

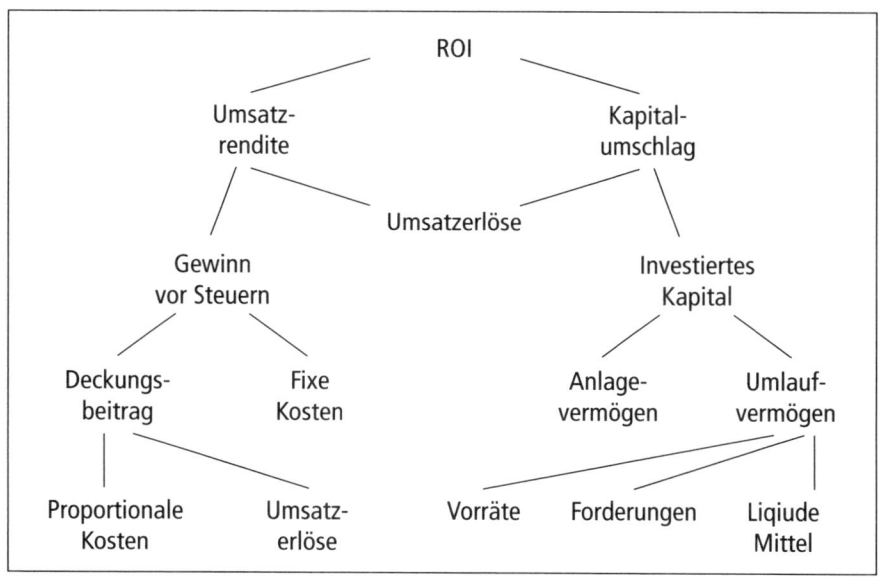

Berechnung der fixen Kosten:

Löhne und Gehälter	175 000 €
Abschreibungen	50 000 €
Zinsaufwendungen	20 000 €
Sonstige ausgabewirksame Kosten	300 000 €
Gesamtsumme der fixen Kosten	545 000 €

Berechnung der proportionalen Kosten:

Materialaufwendungen	750 000 €
Aufwendungen für bezogene Leistungen	250 000 €
Löhne und Gehälter	175 000 €
Gesamtsumme der proportionalen Kosten	1 175 000 €

Daraus lässt sich ein Deckungsbeitrag ableiten in Höhe von

Umsatzerlöse	1 850 000 €
– Gesamtsumme der proportionalen Kosten	1 175 000 €
= Deckungsbeitragshöhe	675 000 €

Zu 2:
Werden die Werte aus der zuvor vorgenommen Berechnung einschließlich der Angaben in Bilanz und Gewinn- und Verlustrechnung in den Kapitalstammbaum eingetragen, erhält man folgendes Bild:

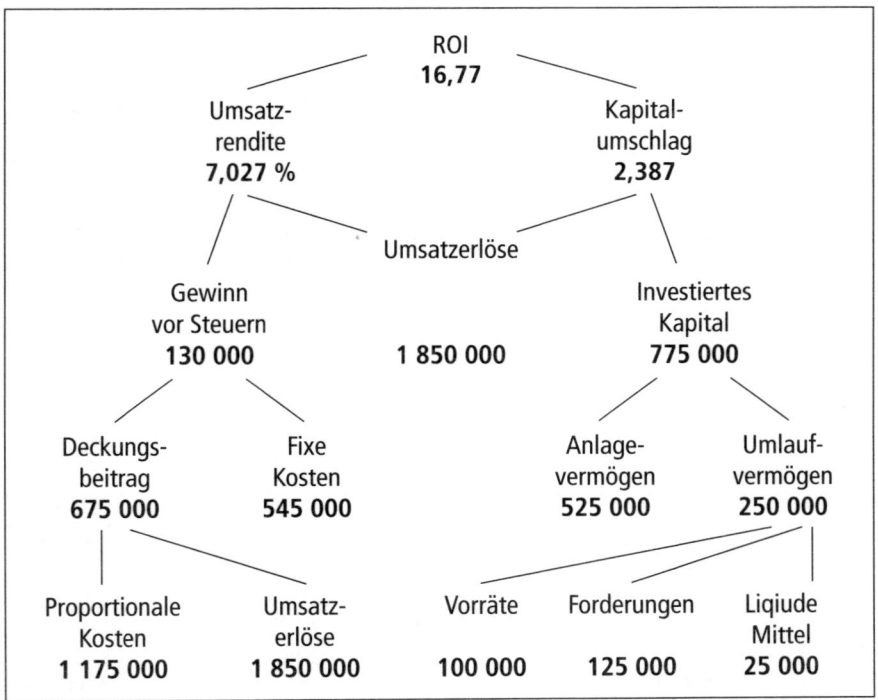

Erläuterungen:
Die proportionalen Kosten können Sie aus der zuvor angestellten Berechnung entnehmen. Die Umsatzerlöse sind aus der Gewinn- und Verlustrechnung abzulesen, die Vorräte, Forderungen und liquiden Mittel (= Zahlungsmittel) unmittelbar aus der Bilanz.

Die Differenz von Umsatzerlösen und proportionalen Kosten ergibt den Deckungsbeitrag. Wird dem Deckungsbeitrag der gesamte Fixkostenkostenblock gegenübergestellt, ergibt sich der Gewinn. Stellt man den Gewinn in ein prozentuales Verhältnis zu den Umsatzerlösen, ergibt sich die Umsatzrendite.
Die Summe aus Vorräten, Forderungen und liquiden Mitteln bildet das Umlaufvermögen, das zusammen mit dem Anlagevermögen das investierte Kapital ergibt. Wird das investierte Kapital den Umsatzerlösen gegenübergestellt, kann der Kapitalumschlag ermittelt werden.
Somit ist der ROI das Ergebnis aus:

Umsatzrendite	·	Kapitalumschlag	=	Return on Investment
7,027 %	·	**2,387**	=	**16,77**

Der ROI lässt sich noch auf eine andere Weise bestimmen:

Umsatzrendite · Kapitalumschlag = Return on Investment

$$\frac{\text{Gewinn} \cdot 100}{\text{Umsatz}} \cdot \frac{\text{Umsatz}}{\text{Investiertes Kapital}}$$

$$\frac{130\,000 \cdot 100}{1\,850\,000} \cdot \frac{1\,850\,000}{775\,000}$$

7,027 %	·	**2,387**	=	**16,77**

oder gekürzt:

$$\frac{\text{Gewinn} \cdot 100}{\text{Investiertes Kapital}} = \frac{130\,000 \cdot 100}{775\,000} = 16,77$$

Zu 3:

Um wie viel verändert sich der ROI gegenüber 2, wenn der Umsatz um 5 % gesteigert werden kann und die proportionalen Kosten einen gleich hohen Anstieg erfahren?

Soll ein Umsatzanstieg um 5 % erfolgen, beziffert sich der neue Umsatz auf 1 942 500 Euro. Im gleichen Zeitraum verzeichnen die proportionalen Kosten einen Anstieg von ursprünglich 1 175 000 Euro auf 1 233 750 Euro.

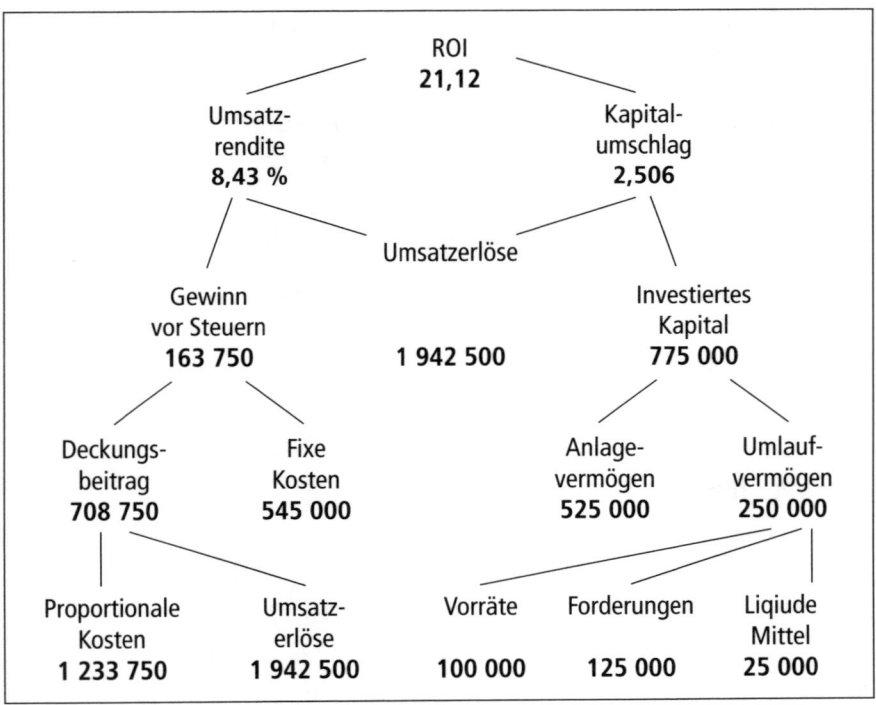

Erläuterungen:

Durch den veränderten Deckungsbeitrag bei gleich bleibenden Fixkosten stellt sich ein neuer Wert für den Gewinn vor Steuern ein. Dadurch, dass sich auch die Umsatzerlöse verändert haben, verändern sich sowohl die Umsatzrendite als auch die Kapitalumschlagszahl, die wiederum einen veränderten ROI-Wert ergeben.

Zu 4:
Kann das Fixkostenniveau auf 90 % des ursprünglichen Wertes gesenkt werden, ergeben sich daraus folgende positive Wirkungen:

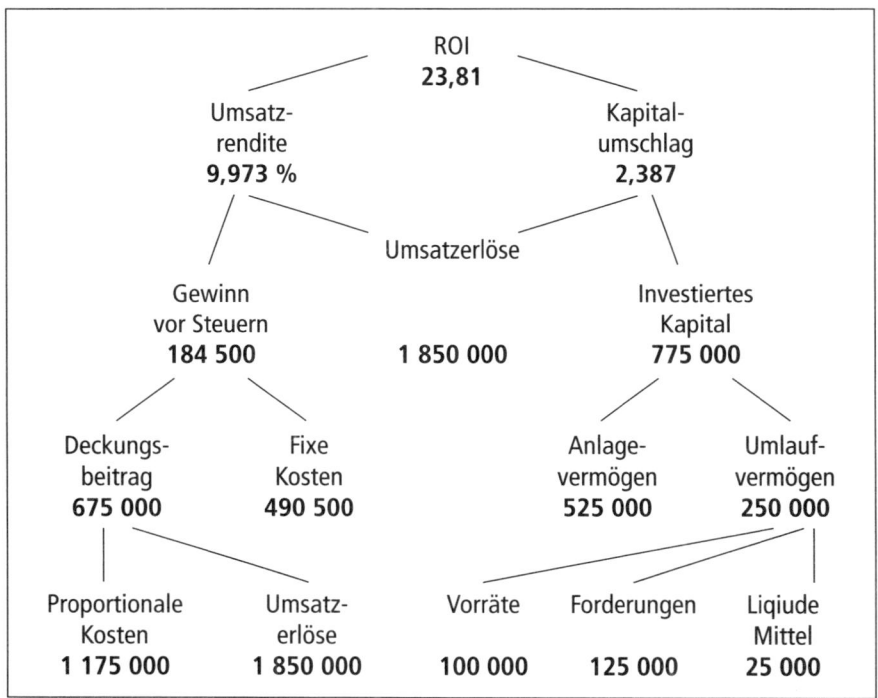

Erläuterungen:
Die Fixkosten von ursprünglich 545 000 Euro können nach der Fixkostensenkungsmaßnahme nur noch mit einem Betrag von 490 500 Euro (545 000 · 90 %) in Ansatz gebracht werden. Das zieht auch eine Änderung der Gewinnhöhe vor Steuern und eine höhere Umsatzrendite nach sich, die wiederum Auswirkungen auf den ROI hat.

Zu 5:
Kann ein nachhaltiger Abbau des Vorratsvermögens um 15 % verwirklicht werden, hat das zur Folge, dass der ROI von ursprünglich 16,77 auf 17,10 ansteigt.

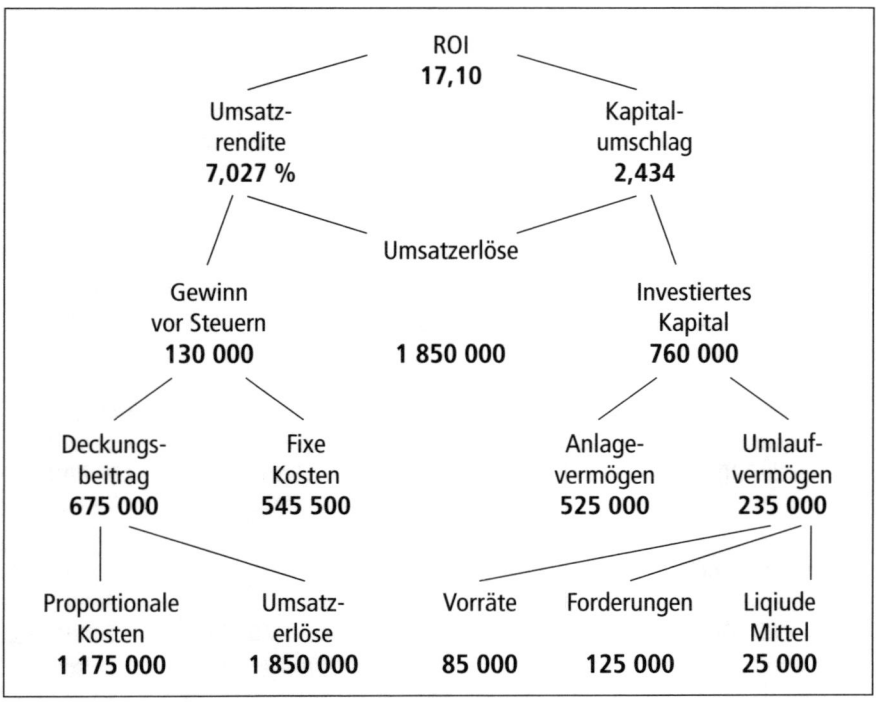

Erläuterungen:
Der Wertansatz des Vorratsvermögens sinkt von ursprünglich 100 000 Euro auf einen Betrag von 85 000 Euro. Damit verringert sich auch das Umlaufvermögen um 15 000 Euro, ebenso das gesamte investierte Kapital. Im Ergebnis werden gleich hohe Umsatzerlöse mit einem geringeren Kapitaleinsatz erreicht und insofern erhöht sich der Kapitalumschlag bei unveränderter Umsatzrendite der ROI.
Um die Vermögens- und Finanzlage zutreffend beurteilen zu können, wird vorwiegend auf Bilanzzahlen zurückgegriffen (z. B. Anlage- und Umlaufvermögen, Finanzmittel, Forderungen und Vorräte). Dagegen werden zur Beurteilung der Rentabilität Zahlen aus der Gewinn- und Verlustrechnung herangezogen (z. B. Umsatzerlöse, bestimmte Kosten). Der Kapitalstamm-

baum trägt der gegenseitigen Beeinflussung von Bilanz- und Gewinn- und Verlustzahlen dadurch Rechnung, dass sämtliche Zahlen in einem einzigen Wert (dem Return on Investment) vereint werden, der sich aus zwei verschiedenen Unterwerten, dem Kapitalumschlag und der Umsatzrendite, zusammensetzt.

Durch die Umschlagshäufigkeit des Kapitals wird eine Größe der Gewinn- und Verlustrechnung (hier Umsatzerlöse) einer Größe, die sich aus der Bilanz ablesen lässt, gegenübergestellt, um eine Verbindung zwischen Bilanz und Gewinn- und Verlustrechnung zu schaffen. Sie sollten jedoch immer beachten, dass die Umschlagshäufigkeit in einem mehr oder minder starken Maße von angewandten Bilanzierungs-, Bewertungs- und Ausweismethoden beeinflusst sein kann. So haben rein aus steuerrechtlichen Gründen in Anspruch genommene Sonderabschreibungen, erhöhte Abschreibungen oder die bilanzielle Behandlung des Geschäfts- oder Firmenwertes (Aktivierung oder sofortiger gewinnmindernder Aufwand im Jahr der Erwerbs) Einfluss auf die Berechnung und somit auch auf die Höhe des ROI.

a) Der entgeltliche Erwerb eines Geschäfts- oder Firmenwertes in Höhe von 75 000 Euro wird im Jahr der Anschaffung sofort in voller Höhe als Aufwand gewinnmindernd berücksichtigt. Die sonstigen ausgabewirksamen Kosten steigen von ursprünglich 300 000 Euro auf 375 000 Euro an, und der Gewinn geht von ursprünglich 130 000 Euro um 75 000 Euro auf 55 000 Euro zurück.

Demnach ergeben sich gegenüber unserem Ausgangsbeispiel folgende Änderungen:

Soll		Gewinn- und Verlustrechnung 1. 1. bis 31. 12. 01	Haben
Materialaufwendungen	750 000	Umsatzerlöse	1 850 000
Aufwendungen für bezogene Leistungen	250 000		
Löhne und Gehälter	350 000		
Zinsaufwendungen	20 000		
Abschreibungen	50 000		
Sonstige ausgabewirksame Kosten	375 000		
Gewinn	55 000		
	1 850 000		1 850 000

Aktiva	Bilanz zum 31. 12. 01	Passiva

Anlagevermögen:		**Eigenkapital:**	400 000
Gründstücke und Gebäude	150 000		
Technische Anlagen		**Fremdkapital:**	
Betriebs- und Geschäfts-	175 000	Verbindlichkeiten a.l.+L.	100 000
ausstattung		Verbindlichkeiten gegen-	
	200 000	über Kreditinstituten	250 000
Umlaufvermögen:			
Vorräte	100 000	**Sonstige Verbindlich-**	
Forderungen a.L.+L.	125 000	**keiten**	**25 000**
Zahlungsmittel			
(Bank, Kasse)	25 000		
	775 000		775 000

Berechnung der fixen Kosten:

Löhne und Gehälter	175 000 €
Abschreibungen	50 000 €
Zinsaufwendungen	20 000 €
Sonstige ausgabewirksame Kosten	300 000 €
Gesamtsumme der fixen Kosten	545 000 €

Berechnung der proportionalen Kosten:

Materialaufwendungen	750 000 €
Aufwendungen für bezogene Leistungen	250 000 €
Löhne und Gehälter	175 000 €
Ausgaben für den Geschäfts- oder Firmenwert	75 000 €
Gesamtsumme der proportionalen Kosten	1 250 000 €

Daraus ergibt sich ein Deckungsbeitrag von

Umsatzerlöse	1 850 000 €
− Gesamtsumme der proportionalen Kosten	1 250 000 €
= Deckungsbeitragshöhe	600 000 €

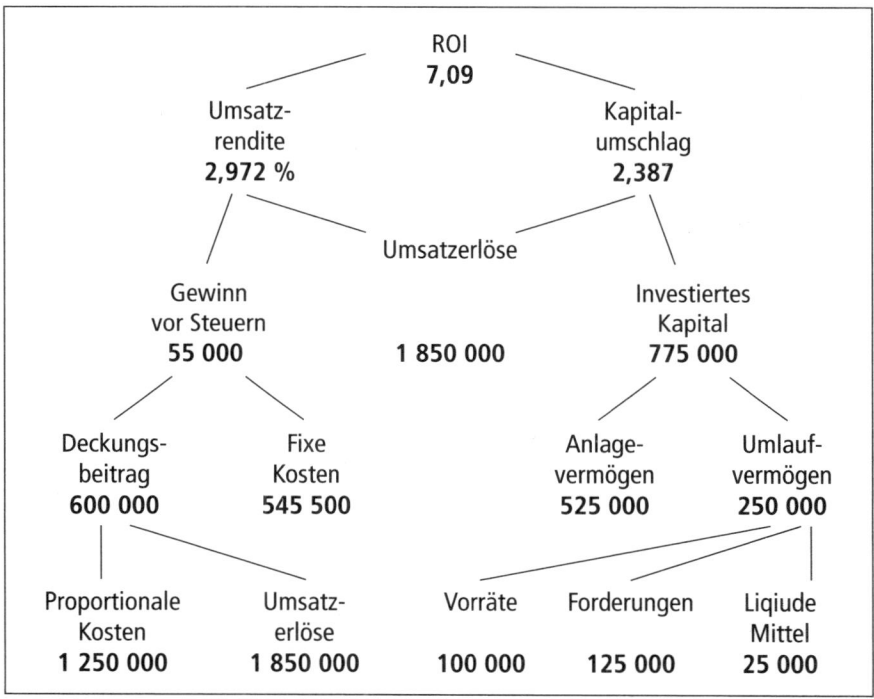

Erläuterungen:
Durch die Erhöhung der proportionalen Kosten bei gleich bleibenden Umsatzerlösen sinkt der Deckungsbeitrag, der zur Deckung der fixen Kosten herangezogen werden kann. Im Ergebnis verringert sich auch der Gewinn, der zu einer niedrigeren Umsatzrendite führt. Bei unverändertem Kapitalumschlag folgt daraus ein rückläufiger ROI.

b) Zur Gegenüberstellung soll der entgeltliche Erwerb eines Geschäfts- oder Firmenwertes in Höhe von 75 000 Euro im Jahr der Anschaffung aktiviert und auf eine Laufzeit von 15 Jahren abgeschrieben werden. Bei dieser Alternative ergibt sich folgendes Bild:

Soll	Gewinn- und Verlustrechnung 1.1. bis 31.12.01		Haben
Materialaufwendungen	750 000	Umsatzerlöse	1 850 000
Aufwendungen für			
bezogene Leistungen	250 000		
Löhne und Gehälter	350 000		
Zinsaufwendungen	20 000		
Abschreibungen	55 000		
Sonstige ausgabewirk-			
same Kosten	300 000		
Gewinn	125 000		
	1 850 000		1 850 000

Werden Anschaffungskosten von insgesamt 75 000 Euro aktiviert und jährlich mit 1/15 abgeschrieben, ergibt sich daraus ein zusätzlicher jährlicher Abschreibungsbetrag von 5 000 Euro, was in gleicher Höhe den Gewinn mindert.

Aktiva	Bilanz zum 31.12.01		Passiva
Anlagevermögen:		**Eigenkapital:**	400 000
Immaterielle Vermögens-			
gegenstände	70 000	**Fremdkapital:**	
Gründstücke und Gebäude	150 000	Verbindlichkeiten a.L.+L.	100 000
Technische Anlagen	175 000	Verbindlichkeiten gegen-	
Betriebs- und Geschäfts-		über Kreditinstituten	320 000
ausstattung	200 000		
		Sonstige Verbindlich-	
Umlaufvermögen:		**keiten**	**25 000**
Vorräte	100 000		
Forderungen a.L.+L.	125 000		
Zahlungsmittel			
(Bank, Kasse)	25 000		
	845 000		845 000

In der Bilanz wurde der Geschäfts- oder Firmenwert mit den Anschaffungskosten von 75 000 Euro abzüglich der anteiligen Abschreibung von 5000 Euro für das erste Jahr angesetzt.

Berechnung der fixen Kosten:

Löhne und Gehälter	175 000 €
Abschreibungen	55 000 €
Zinsaufwendungen	20 000 €
Sonstige ausgabewirksame Kosten	300 000 €
Gesamtsumme der fixen Kosten	550 000 €

Berechnung der proportionalen Kosten:

Materialaufwendungen	750 000 €
Aufwendungen für bezogene Leistungen	250 000 €
Löhne und Gehälter	175 000 €
Gesamtsumme der proportionalen Kosten	1 175 000 €

Daraus lässt sich ein Deckungsbeitrag errechnen von

Umsatzerlöse	1 850 000 €
− Gesamtsumme der proportionalen Kosten	1 175 000 €
= Deckungsbeitragshöhe	675 000 €

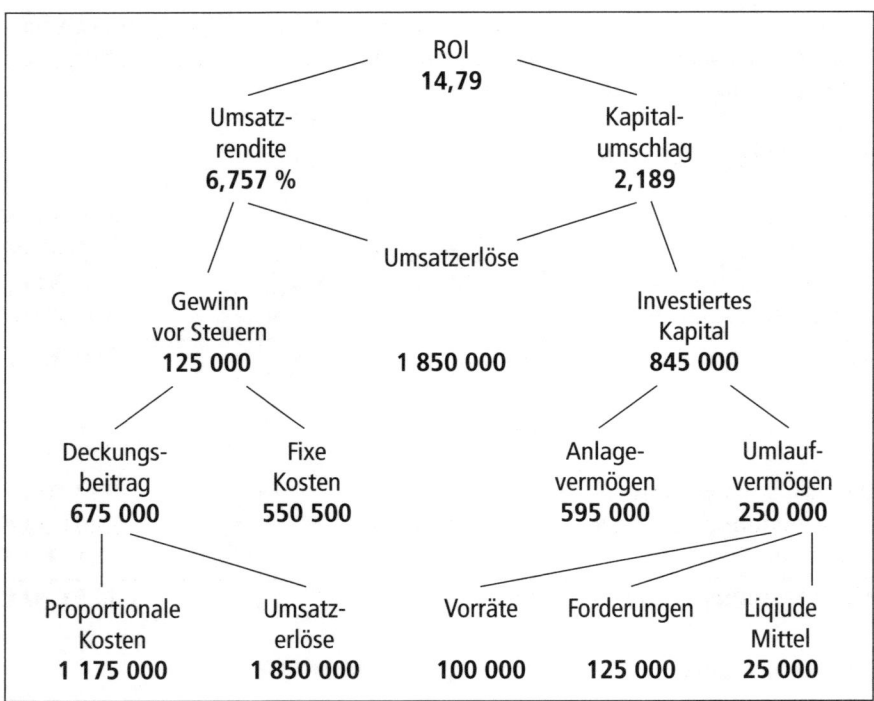

An diesem einfachen Beispiel lässt sich bereits erkennen, dass mit einfachen Gestaltungsmöglichkeiten hinsichtlich des bilanziellen Ausweises eines gegen Entgelt erworbenen Geschäfts- oder Firmenwertes der ROI mehr als verdoppelt werden kann.

Eigenkapitalrentabilität und Gesamtkapitalrentabilität

Eine Veränderung des Verhältnisses von Eigen- zu Fremdkapital nimmt Einfluss auf Ihre Rentabilität. Ein hohes Fremdkapital zieht einen hohen Zinsaufwand pro Jahr nach sich, der den Gewinn negativ beeinträchtigt. Lässt das den Rückschluss zu, dass bei anstehenden Investitionen immer der Eigenkapitaleinsatz dem Fremdkapital vorzuziehen ist?

z.B. Ihr Eigenkapital beläuft sich zurzeit auf insgesamt 400 000 Euro. Sie planen in absehbarer Zeit eine größere Investition in Höhe von 60 000 Euro und erwarten dadurch einen zusätzlichen Gewinn von 10 000 Euro pro Jahr. Angenommen, Ihr Gewinn läge (ohne Berücksichtigung der geplanten Investition) durchschnittlich bei 40 000 Euro pro Jahr. Welche Rentabilität wäre

a) bei Finanzierung der Investition durch Fremdkapital bei einem Darlehenszins von 7,5 % p.a. für eine zehnjährige Laufzeit oder
b) bei Finanzierung ausschließlich durch zusätzliches Eigenkapital zu erzielen?

Berechnungen zu a):
Vorüberlegungen: Sie benötigen 60 000 Euro und können dieses Geld bei Ihrer Bank zu einem Zinssatz von 7,5 % p.a. erhalten. Daraus ergeben sich für Ihre Liquidität jährliche Zinsbelastungen in Höhe von 60 000 · 7,50 / 100 = 4 500 €. Somit verringert sich Ihr prognostizierter zusätzlicher jährlicher Gewinn von 10 000 Euro auf 5 500 Euro, mit der Folge, dass Sie einen jährlichen Gesamtgewinn von 45 500 Euro mit einem Gesamtkapitaleinsatz von 460 000 Euro (= 400 000 Euro Eigenkapital und 60 000 Euro Fremdkapital) erzielen.

Rentabilität
vor Investition $= $ Gesamtgewinn / Gesamtkapital · 100

$$= \quad 40\,000\,€ \quad / \quad 400\,000\,€ \quad · \ 100 = 10,00\,\%$$

Rentabilität
nach Investition $= \quad 45\,500\,€ \quad / \quad 460\,000\,€ \quad · \ 100 = 9,89\,\%$

Berechnungen zu b):
Finanzieren Sie hingegen die gesamte Investition ausschließlich durch Eigenkapital, so beträgt die

Rentabilität
vor Investition $= \quad 40\,000\,€ \quad / \quad 400\,000\,€ \quad · \ 100 = 10,00\,\%$

Rentabilität
nach Investition $= \quad 50\,000\,€ \quad / \quad 460\,000\,€ \quad · \ 100 = 10,87\,\%$

Oberflächlich betrachtet, lässt das den Schluss zu, dass die Finanzierung ausschließlich durch Eigenkapital die günstigere Alternative wäre, weil die Rentabilität nach Investition gegenüber der Rentabilität vor Investition leicht ansteigt, wohingegen eine rückläufige Tendenz von vorher 10,0 % auf nunmehr 9,89 % sichtbar wird, falls bei der Investition zusätzliches Fremdkapital eingesetzt wird.

Das ist aber nicht ganz korrekt. Bei Ihrer Entscheidung sollten Sie noch die „Opportunitätskosten" mit in Ihre Überlegungen einbeziehen:

Das zur Finanzierung eingesetzte Eigenkapital steht Ihrem Unternehmen zur Verfügung und verzinst sich lediglich durch den jährlich erzielten Gewinn. Verwenden Sie zur Finanzierung ausschließlich Fremdkapital zu 7,5 % p. a., könnte das nicht benötigte Eigenkapital für eine Laufzeit von ebenfalls 10 Jahren in Form von z. B. festverzinslichen Wertpapieren auf dem Kapitalmarkt zu beispielsweise 6,30 % p. a. angelegt werden. Kommt ausschließlich Fremdkapital für die Investition zum Einsatz, erhalten Sie neben einer erwirtschafteten Rentabilität von 9,89 % p. a. in Ihrem Unternehmen nochmals 6,30 % p. a. Zinsertrag für die Anlage des nicht benötigten Eigenkapitals. Somit addiert sich Ihre Gesamtrentabilität unter Einbeziehung von Opportunitätskosten auf weit mehr als „nur" 10,87 % bei ausschließlicher Eigenkapitalverwendung.

Dieses kleine Beispiel macht exemplarisch deutlich, dass Sie vor Tätigung einer größeren Investition sorgfältig sämtliche Möglichkeiten durchrechnen und nicht immer bedenkenlos Eigenkapital dem Fremdkapital vorziehen sollten.

Der Jahresüberschuss stellt das Ergebnis nach Abzug von Fremdkapitalzinsen dar. Wenn der Jahresüberschuss auf das Eigenkapital bezogen wird, kann die Eigenkapitalrentabilität bestimmt werden. Dagegen müssen sowohl der Jahresüberschuss als auch die Fremdkapitalzinsen erwirtschaftet werden, um das Gesamtkapital rentabel anzulegen. Dieser Zusammenhang kann anhand des „Leverage-Effekts" verdeutlicht werden.

Die Gesamtkapitalrentabilität lässt sich durch folgende Berechnungen bestimmen:

$$\frac{\text{Jahresüberschuss} + \text{Fremdkapitalzinsen}}{\textit{Gesamtkapital}} = \text{Gesamtkapitalrentabilität}$$

$$\frac{\text{Jahresüberschuss} + \text{Fremdkapitalzinsen}}{\textit{Eigen- und Fremdkapital}} = \text{Gesamtkapitalrentabilität}$$

$$\frac{JÜ + FKZ}{EK + FK} = GKR$$

1. JÜ + FKZ = GKR · (EK + FK)

Sowohl der Jahresüberschuss als auch die Fremdkapitalzinsen können auch auf andere Art und Weise bestimmt werden:

JÜ + FKZ = Eigenkapitalrendite · Eigenkapital + Fremdkapitalzinsen · Fremdkapital

2. JÜ + FKZ = EKR · EK + FKZ · FK

Setzt man nun die Gleichungen 1 und 2 gleich, so erhält man:

EKR · EK + FKZ · FK = GKR · (EK + FK)

Diese Formel wird nun nach EKR hin aufgelöst:

EKR · EK = GKR · (EK + FK) – FKZ · FK
EKR · EK = GKR · EK + GKR · FK – FKZ · FK
EKR · EK = GKR · EK + (GKR – FKZ) · FK
EKR = GKR · EK/EK + (GKR – FKZ) · FK/EK_
EKR = GKR + (GKR – FKZ) · FK / EK

Daraus folgt, dass die Eigenkapitalrentabilität ein Ergebnis aus Gesamtkapitalrentabilität, Fremdkapitalzinsen und Verschuldungsgrad ist. In diesem Zusammenhang liegt die Eigenkapitalrentabilität von der Gesamtkapitalrentabilität desto weiter entfernt, je größer der (positive oder negative) Klammerausdruck (d. h. GKR – FKZ) und je höher der Verschuldungsgrad (FK / EK) ist. Im Folgenden soll anhand von mehreren Beispielen exemplarisch aufgezeigt werden, dass sich die Eigenkapitalrentabilität mit zunehmender Verschuldung gegenüber der Gesamtkapitalrentabilität immer stärker erhöht, wenn die Gesamtkapitalrentabilität größer ist als der Fremdkapitalzins, bzw. dass die Eigenkapitalrentabilität mit zunehmender Verschuldung gegenüber der Gesamtkapitalrentabilität immer weiter abnimmt, wenn die Gesamtkapitalrentabilität kleiner ist als der Fremdkapitalzins. Daraus folgt, dass der Verschuldungsgrad auf die Eigenkapitalrentabilität eine „Hebelwirkung" ausübt. Im Falle eines positiven Klammerausdrucks (GKR > FKZ) spricht man auch vom „Leverage-Effekt", der die eigenkapitalrentabilitätssteigernde Wirkung wachsender Verschuldung umschreibt.

z.B. a) Sie haben in Ihrem Unternehmen genauso viel Fremdkapital wie Eigenkapital eingesetzt. Das Verhältnis Fremdkapital zu Eigenkapital beträgt damit 1. Die Gesamtkapitalrentabilität soll 20 % betragen, für das in Anspruch genommene Fremdkapital sind 7,5 % p.a. Zinsen zu zahlen. Wie hoch ist die Eigenkapitalrentabilität?

$$EKR = GKR + (GKR - FKZ) \cdot FK / EK$$
$$EKR = 20 + (20\text{-}7,5) \cdot 1 / 1$$
$$EKR = 20 + 12,5 = 32,5 \%$$

z.B. b) Sie haben in Ihrem Unternehmen 250 00 Euro Fremdkapital und nur 50 000 Euro Eigenkapital eingesetzt. Das Verhältnis Fremdkapital zu Eigenkapital beträgt damit 5. Die Gesamtkapitalrentabilität beträgt 20 %, für das in Anspruch genommene Fremdkapital sind 7,5 % p.a. Zinsen zu zahlen. Wie hoch ist die Eigenkapitalrentabilität?

$$EKR = GKR + (GKR - FKZ) \cdot FK / EK$$
$$EKR = 20 + (20\text{-}7,5) \cdot 250\ 000 / 50\ 000$$
$$EKR = 20 + (12,5 \cdot 5)$$
$$EKR = 20 + 62,5 = 82,5 \%$$

z.B. c) Sie haben in Ihrem Unternehmen 5000 Euro Fremdkapital und 50 000 Euro Eigenkapital eingesetzt. Das Verhältnis Fremdkapital zu Eigenkapital beträgt damit 0,1. Die Gesamtkapitalrentabilität soll 20 % betragen, für das in Anspruch genommene Fremdkapital müssen Sie 7,5 % p.a. Zinsen zahlen. Wie hoch ist die Eigenkapitalrentabilität?

$$EKR = GKR + (GKR - FKZ) \cdot FK / EK$$
$$EKR = 20 + (20\text{-}7,5) \cdot 5\ 000 / 50\ 000$$
$$EKR = 20 + (12,5 \cdot 0,1)$$
$$EKR = 20 + 1,25 = 21,25 \%$$

z.B. d) Sie haben in Ihrem Unternehmen genauso viel Fremdkapital wie Eigenkapital eingesetzt. Das Verhältnis Fremdkapital zu Eigenkapital beträgt damit 1. Die Gesamtkapitalrentabilität soll 5 % betragen, für das in Anspruch genommene Fremdkapital müssen Sie 7,5 % p.a. Zinsen zahlen. Wie hoch ist die Eigenkapitalrentabilität?

$EKR = GKR + (GKR - FKZ) \cdot FK / EK$
$EKR = 5 + (5\text{-}7,5) \cdot 1/1$
$EKR = 5 - 2,5 = 2,5 \%$

z.B. e) Sie haben in Ihrem Unternehmen 250 000 Euro Fremdkapital und nur 50 000 Euro Eigenkapital eingesetzt. Das Verhältnis Fremdkapital zu Eigenkapital beträgt damit 5. Die Gesamtkapitalrentabilität soll 5 % betragen, für das in Anspruch genommene Fremdkapital müssen Sie 7,5 % p.a. Zinsen zahlen. Wie hoch ist die Eigenkapitalrentabilität?

$EKR = GKR + (GKR - FKZ) \cdot FK / EK$
$EKR = 5 + (5\text{-}7,5) \cdot 250\ 000 / 50\ 000$
$EKR = 5 - (2,5 \cdot 5)$
$EKR = 5 - 12,5 = -7,5 \%$

z.B. f) Sie haben in Ihrem Unternehmen 5000 Euro Fremdkapital und 50 000 Euro Eigenkapital eingesetzt. Das Verhältnis Fremdkapital zu Eigenkapital beträgt damit 0,1. Die Gesamtkapitalrentabilität soll 5 % betragen, für das in Anspruch genommene Fremdkapital müssen Sie 7,5 % p.a. Zinsen zahlen. Wie hoch ist die Eigenkapitalrentabilität?

$EKR = GKR + (GKR - FKZ) \cdot FK / EK$
$EKR = 5 + (5\text{-}7,5) \cdot 5\ 000 / 50\ 000$
$EKR = 5 - (2,5 \cdot 0,1)$
$EKR = 5 - 0,25 = 4,75 \%$

Anhand dieser Beispiele wird exemplarisch belegt, dass die Eigenkapitalrentabilität dann unter die Gesamtkapitalrentabilität sinkt, wenn die Gesamtkapitalrentabilität kleiner ist als der Fremdkapitalzins. Kommt dann noch ein hoher Verschuldungsgrad hinzu, kann sehr schnell das gesamte Eigenkapital aufgezehrt und das Unternehmen überschuldet sein. Deshalb sind ein anwachsender Verschuldungsgrad und/oder eine von Jahr zu Jahr abnehmende Gesamtkapitalrentabilität Anzeichen dafür, dass sich die Rentabilität bereits verschlechtert hat oder in Zukunft verschlechtern wird.

9.4   Verknüpfung der wichtigsten Kennzahlen

Die auf den ersten Blick scheinbar sinnlos und völlig zusammenhanglos nebeneinander stehenden Kennzahlen müssen zum Schluss noch in ein sinnvolles Gesamtgefüge eingebracht werden. In Form eines „Schnelltests" können Sie sich über Ihr Unternehmen einen ersten (meistens auch zutreffenden) Überblick verschaffen, indem Sie nur vier Kennzahlen richtig zu deuten wissen. Mithilfe dieser vier Kennzahlen kann bereits eine grundsätzliche Aussage über die wirtschaftliche Stellung des Unternehmens gemacht werden.

Um sich ein zusammenfassendes Urteil bilden zu können, sollten Sie in einem „Schnelltest" folgende vier Kennzahlen genauer untersuchen:

↑ Gesamtkapitalrentabilität
↑ Eigenkapitalquote
↑ Schuldentilgungsdauer
↑ Cashflow bezogen auf die Betriebsleistung

Diese vier Kennzahlen sind nicht störanfällig und darüber hinaus schöpfen sie das gesamte Informationsspektrum der Bilanz und Gewinn- und Verlustrechnung weitmöglichst aus. Das ist dadurch sichergestellt, dass jedem wichtigen Analysebereich eine entsprechende Kennzahl zugeordnet worden ist:

Rentabilität	→ zielt ab auf	→ Gesamtkapitalrentabilität
Finanzierung	→ zielt ab auf	→ Eigenkapitalquote
Liquidität	→ zielt ab auf	→ Schuldentilgungsdauer
Erfolg	→ zielt ab auf	→ Cashflow

z.B.   Ihr Unternehmen ist mit einem Eigenkapital von 50 000 Euro ausgestattet. Der Jahresgewinn für das abgelaufene Wirtschaftsjahr beträgt 5 000 Euro. Daraus lässt sich die Eigenkapitalrentabilität berechnen.

$$\frac{\text{Jahresgewinn}}{\text{Eigenkapital}} \qquad \frac{5\,000}{50\,000} = 10\,\%$$

Die Eigenkapitalrentabilität kann als gut bezeichnet werden. Erweitert man den Vergleich allerdings auf die Gesamtkapitalrentabilität, so können zwei gegensätzliche Verhältnisse zutage treten.

a) Zusätzlich hat das Unternehmen Fremdkapital von 500 000 Euro aufgenommen und muss dafür jährlich 40 000 Euro an Zinsen zahlen.
b) Das Unternehmen hat zusätzliches Fremdkapital von 5000 Euro, für das es jährlich insgesamt 400 Euro an Zinsen aufbringen muss.

Im Fall a) errechnet sich eine Gesamtkapitalrentabilität von

$$\frac{\text{Jahresgewinn} + \text{Fremdkapitalzinsen}}{\text{Gesamtkapital}} \qquad \frac{5\,000 + 40\,000}{540\,000} = 8{,}33\,\%$$

Im Fall b) errechnet sich eine Gesamtkapitalrentabilität von

$$\frac{\text{Jahresgewinn} + \text{Fremdkapitalzinsen}}{\text{Gesamtkapital}} \qquad \frac{5\,000 + 400}{55\,000} = 9{,}82\,\%$$

Die ursprünglich auf das Eigenkapital bezogene Eigenkapitalrentabilität unterliegt je nach Umfang des aufgenommenen Fremdkapitals einer Schwankungsbreite, die zum Teil erheblich von der anfänglich „fehlgeleiteten" Eigenkapitalrentabilität abweichen kann.

Die vier oben genannten Kennzahlen geben deshalb einen ersten groben Überblick über das wirtschaftliche Geschehen in Ihrem Unternehmen, weil je zwei Kennzahlen für die finanzielle Stabilität und je zwei Kennzahlen Aussagen über die Ertragslage zulassen.

Die Eigenkapitalquote gibt Auskunft darüber, ob das Unternehmen absolut gesehen (in Geldeinheiten oder in % der Bilanzsumme) einen zu hohen Schuldenstand hat. Die Schuldentilgungsdauer liefert Ihnen wichtige Informationen darüber, wie lange es dauert, bis sämtliche Schulden des Unternehmens bei gleich bleibender Ertragslage zurückgezahlt sind. Die alleinige Kennzahl sagt aber noch nichts über die Vorteilhaftigkeit oder Nachteiligkeit aus. Aus diesem Grund brauchen Sie Vergleichswerte von anderen Branchen und/oder Betrieben. Zur ersten Orientierung und Einordnung der Kennzahlen Ihres Unternehmens empfiehlt sich die Verwendung nachstehender Beurteilungsmatrix. Dabei gehen Sie am besten wie folgt vor:

Kennzahl	trifft Aussage über	Berechnung	Kennzahl steht für
Gesamtkapital-rentabilität	Rendite des insge-samt im Unterneh-men arbeitenden Kapitals	$\dfrac{\text{JÜ} + \text{FK-Zinsen} \cdot 100}{\text{Bilanzsumme}}$	Ertragslage
Cashflow bezogen auf die Betriebs-leistung	die finanzielle Leis-tungsfähigkeit des Unternehmens	$\dfrac{\text{Cashflow} \cdot 100}{\text{Betriebsleistung}}$	Ertragskraft
Eigenkapitalquote	die eigene Kapital-kraft des Unterneh-mens	$\dfrac{\text{Eigenkapital} \cdot 100}{\text{Gesamtkapital}}$	absolute finanzielle Stabilität
Schuldentilgungs-dauer	die Dauer (in Jah-ren), bis sämtliche Schulden zurück-gezahlt sind	$\dfrac{\text{Fremdkapital} - \text{flüssige Mittel} \cdot 100}{\text{Jahres-Cashflow}}$	relative finanzielle Stabilität

1. Jede dieser vier Kennzahlen erhält eine Note von 1 (= sehr gut) bis 5 (= hohe Gefahr der Insolvenz).
2. Durch die Addition der vier Noten und anschließende Division durch 4 erhalten Sie eine Durchschnittsnote.
3. Zusätzlich ist empfehlenswert, je eine Durchschnittsnote für die finanzielle Stabilität und Ertragslage zu bilden.

Kennzahl	Skala für die Beurteilung				
	Sehr gut (1)	Gut (2)	Befriedi-gend (3)	Schlecht (4)	Gefahr der Insolvenz (5)
Gesamtkapital-rentabilität (%)	> 15	> 12	> 8	0 – 8	unter 0
Cashflow bezogen auf die Betriebsleistung (%)	> 10	> 8	> 5	0 – 5	unter 0
Eigenkapitalquote (%)	> 30	> 20	> 10	0 – 10	unter 0
Schuldentilgungsdauer (Jahren)	< 3	< 5	< 12	12 – 30	> 30

z.B. Ihre Gesamtkapitalrentabilität beläuft sich auf 11 % p.a., Ihr Cashflow bezogen auf die Betriebsleistung schlägt mit 9 % p.a. zu Buche, die Eigenkapitalquote beträgt 21 %, und es müssen insgesamt 13 Jahre vergehen, bevor Ihre derzeitigen Schulden zurückgezahlt werden können. Mithilfe dieser Angaben können Sie Ihre eigene Tabelle erstellen:

Kennzahl	Skala für die Beurteilung				
	Sehr gut (1)	Gut (2)	Befriedigend (3)	Schlecht (4)	Gefahr der Insolvenz (5)
Gesamtkapital-rentabilität (%)			11 %		
Cashflow bezogen auf die Betriebsleistung (%)		9 %			
Eigenkapitalquote (%)		21 %			
Schuldentilgungsdauer (Jahren)				13 Jahre	
Erzielte Noten:		2·2	1·3	1·4	

Aus dieser Bewertungsskala lässt sich eine Durchschnittsnote von 2,75 errechnen ((2·2 + 1·3 +1·4) / 4).
Des Weiteren kann noch eine durchschnittliche Bewertungszahl für die finanzielle Stabilität sowie die Ertragslage gebildet werden.

Bewertungszahl für die finanzielle Stabilität:

Kennzahl	Skala für die Beurteilung				
	Sehr gut (1)	Gut (2)	Befriedigend (3)	Schlecht (4)	Gefahr der Insolvenz (5)
Eigenkapitalquote (%)		21 %			
Schuldentilgungsdauer (Jahren)				13 Jahre	
Erzielte Noten:		1·2		1·4	

Die Durchschnittsnote für die finanzielle Stabilität liegt bei 3,0 ((1·2 + 1·4) / 2).

Bewertungszahl für die Ertragslage:

Kennzahl	Skala für die Beurteilung				
	Sehr gut (1)	Gut (2)	Befriedi-gend (3)	Schlecht (4)	Gefahr der Insolvenz (5)
Gesamtkapital-rentabilität (%)			11 %		
Cashflow bezogen auf die Betriebsleistung (%)		9 %			
Erzielte Noten:		1 · 2	1 · 3		

Die Durchschnittsnote für die Ertragslage liegt bei 2,5 ((1·2 + 1·3) / 2).
Die Durchschnittsnote für die Ertragslage ist besser als die für die finanzielle Stabilität. Daraus könnte geschlossen werden, dass sich langfristig auch die finanzielle Stabilität verbessern wird, weil eine gute Ertragslage in diesem Jahr positive Auswirkungen auf den Abbau von Schulden in den Folgejahren hat.
Auf der nächsten Seite folgt ein Beispiel, wie sich die vorgestellten vier Kennzahlen anhand von eigenem Zahlenmaterial ermitteln lassen.

z.B.

Aktiva	Bilanz zum 31. 12. 01		Passiva	
Anlagevermögen:		**Eigenkapital:**		30 000
1. Grundstücke	50 000			
2. Technische Anlagen	40 000	**Fremdkapital:**		
3. Betriebs- u. Geschäfts-		1. Hypothek		45 000
ausstattung	60 000	2. Darlehen		30 000
		3. Verbindlichkeiten		
Umlaufvermögen:		a.L.+L.		35 000
4. Vorräte	30 000	4. Kontokorrentverbind-		
5. Forderungen und		lichkeiten		50 000
sonstige Vermögens-		5. Sonstige Verbindlich-		
gegenstände	10 000	keiten		7 500
6. Wertpapiere	2 500			
7. Kassen- und				
Bankbestand	5 000			
Bilanzsumme	197 500			197 500

Soll	Gewinn- und Verlustrechnung 1. 1. – 31. 12. 01		Haben	
sonstige Aufwendungen	160 000	Umsatzerlöse		300 000
Fremdkapitalzinsen	45 000			
Abschreibungen	40 000			
Gewinn vor Steuern	55 000			
	300 000			300 000

Analyse der Gesamtkapitalrentabilität:

Dazu brauchen Sie die folgenden drei Angaben:

a) das Gesamtkapital (= Bilanzsumme) = 197 500 €
b) den Jahresüberschuss (= Gewinn vor Steuern) = 55 000 €
c) die Höhe der Fremdkapitalzinsen = 45 000 €

Die Gleichung lautet:

$$\frac{\text{Jahresüberschuss} + \text{Fremdkapitalzinsen}}{\text{Gesamtkapital}} = \text{Gesamtkapitalrentabilität}$$

$$\frac{55\,000 + 45\,000}{197\,500} = 50,63\,\%$$

In das zuvor dargestellte Beurteilungsschema einklassifiziert, ergibt sich eine Benotung von sehr gut.

Kennzahl	Skala für die Beurteilung				
	Sehr gut (1)	Gut (2)	Befriedi-gend (3)	Schlecht (4)	Gefahr der Insolvenz (5)
Gesamtkapital-rentabilität (%)	> 15				

Analyse des Cashflow bezogen auf die Betriebsleistung:

Zur Bestimmung der Cashflow-Kennzahl benötigen Sie die folgenden Zahlen:

a) die Abschreibungshöhe = 40 000 €
b) den Jahresüberschuss (= Gewinn vor Steuern) = 55 000 €
c) die Betriebsleistung (= Umsatzerlöse) = 300 000 €

Die Gleichung lautet:

$$\frac{\text{Jahresüberschuss} + \text{Abschreibungshöhe}}{\text{Betriebsleistung}} = \text{Cashflow}$$

$$\frac{55\,000 + 40\,000}{300\,000} = 31,67\,\%$$

In der Notenskala ergibt sich die für Cashflow-Kennzahl ebenfalls eine sehr gute Note.

Kennzahl	Skala für die Beurteilung				
	Sehr gut (1)	Gut (2)	Befriedi-gend (3)	Schlecht (4)	Gefahr der Insolvenz (5)
Cashflow bezo-gen auf die Betriebsleistung (%)	> 10				

Analyse der Eigenkapitalquote:

Zur Errechnung der Eigenkapitalquote sind folgende Angaben erforderlich:

a) das Eigenkapital $\quad\quad\quad\quad\quad\quad\quad$ = $\quad$ 30 000 €
b) das Gesamtkapital (= Bilanzsumme) $\quad$ = $\quad$ 197 500 €

Die Gleichung lautet:

$$\frac{\text{Eigenkapital}}{\text{Gesamtkapital}} = \text{Eigenkapitalquote}$$

$$\frac{30\,000}{197\,500} = 15{,}19\,\%$$

Dieser Wert ist in unserer zuvor aufgestellten Bewertungsskala allerdings nur Mittelmaß.

Kennzahl	Skala für die Beurteilung				
	Sehr gut (1)	Gut (2)	Befriedi-gend (3)	Schlecht (4)	Gefahr der Insolvenz (5)
Eigenkapitalquote (%)			> 10		

Analyse der Schuldentilgungsdauer:

Soll die Schuldentilgungsdauer errechnet werden, sind Angaben erforderlich zu:

a) Abschreibungshöhe   =   40 000 €
b) Jahresüberschuss (= Gewinn vor Steuern)   =   55 000 €
c) Summe des Fremdkapitals
   (= Bilanzsumme – Eigenkapital)   =   167 500 €
d) flüssige Mittel (Wertpapiere sowie
   Kassen- und Bankbestand)   =   7 500 €

Die Gleichung lautet:

$$\frac{\text{Fremdkapital} - \text{flüssige Mittel}}{\text{Jahresüberschuss} + \text{Abschreibungen}} = \text{Schuldentilgungsdauer}$$

$$\frac{167\,500 - 7\,500}{55\,000 + 40\,000} = 1{,}68 \text{ Jahre}$$

Liegt die Schuldentilgungsdauer unter 3 Jahren, ist das als sehr gut zu beurteilen.

Kennzahl	Skala für die Beurteilung				
	Sehr gut (1)	Gut (2)	Befriedigend (3)	Schlecht (4)	Gefahr der Insolvenz (5)
Schuldentilgungs-dauer (Jahren)	< 3				

Zum Schluss unseres Beispiels soll noch eine Durchschnittsnote insgesamt und für die Teilbereiche „finanzielle Stabilität" sowie „Ertragslage" errechnet und beurteilt werden.

Die Durchschnittsnote berechnet sich aus der Addition aller vier Teilbereiche dividiert durch 4.

	Note	Bereich
Gesamtkapitalrentabilität	1	1
Cashflow	1	
Eigenkapitalquote	3	2
Schuldentilgungsdauer	1	
Durchschnittlich	1,5	1,5

Im Ergebnis lässt sich sagen, dass es sich abgesehen von der Eigenkapitalquote um ein sehr gut geführtes Unternehmen handelt, da in drei von vier Bereichen die Note „sehr gut" erzielt werden konnte. Das Unternehmen hat weder absolut noch relativ gesehen einen zu hohen Schuldenstand. Die finanzielle Stabilität kann zusammenfassend als gut bezeichnet werden.
Neben einer als überdurchschnittlich zu bezeichnenden Ertragslage signalisiert eine Gesamtkapitalrentabilität von über 50 %, dass ein ausgewogenes Verhältnis zwischen Gewinn und dem dafür eingesetzten Kapital besteht. Aus dem Cashflow alleine können keine vernünftigen Schlüsse gezogen werden. Erst wenn der Cashflow in Bezug zur Betriebsleistung gesetzt wird, lässt sich beurteilen, wie gut es mit der Selbstfinanzierung steht.

Stichwortverzeichnis